흰 그늘의 길

3

김지하 회고록

흰 그늘의 길 3

ⓒ 김지하, 2003

지은이/김지하
펴낸이/우찬규
펴낸곳/도서출판 학고재

초판 1쇄 발행일/2003년 7월 10일
초판 2쇄 발행일/2003년 7월 20일

등록/1991년 3월 4일(제1-1179호)
주소/서울시 종로구 소격동 77
홈페이지/www.hakgojae.co.kr
전화/736-1713~4, 팩스/739-8592

주간/손철주
편집/김양이, 천현주, 문해순, 김은정
관리·영업/김정곤, 박영민, 이창후, 김미라

인쇄/독일P&P 제본/영신제책

값 13,000원
ISBN 89-5625-019-7 04810
ISBN 89-5625-016-2 (전3권)

김지하
회고록

흰 그늘의 길 3

학고재 2003

글머리에

　　내 속 시끄럽듯이 세상 시끄럽다. 안팎이 모두 시끄러우니 안팎 모두를 안돈해야 하리라. 변혁과 명상의 길. 여기서 느닷없이 고 장준하 선생이 떠오르고 안산에서 서울로 돌아오던 장선생 차 속에서의 기억이 잇따른다. 그 붉은 햇발에 비쳐드는 두 개의 작은 봉우리가 떠오른다. 무엇일까? 이미 시작하자 동시에 끝나버린 나의 그 두 봉우리는 구성되는 것이고, 또 그 기억은 구성되고 구성되고 또다시 구성되는 것이다. 환각마저도 사실인 것이다. 저 지독한 유물론자 알튀세르의 말이다. 이것은 작은 일이 아니다. 내가 말하는 생명론에 들뢰즈의 생성의 이중성, 생명의 양면성, 즉 '둘'이 항상 붙어서 떨어지지 않는 까닭을 엉뚱한 자리에서 문득 알았다. 그러고는 다시 희미해진다. 또 다른 차원에서 재구성되는 것이다. 그래서 인간이란 그 자체가 이미 생명과정이다. 붉은 마이馬耳와 같은 원시적인 두 뿔은 아마도 나의 깊고 깊은 곳에 서식하는 사랑의 땅거미일 게다. 재편된 나의 사랑. 흰 그늘이 가깝다. 내 가슴에 가득한 것은 탄식이다. 그것은?

단기 4336년(2003년)
양력 5월 12일
일산에서 김지하 모심

차례_ 흰 그늘의 길 3

글머리에 _ 3

269 병사에서 1 _ 17
270 병사에서 2 _ 20
271 병사에서 3 _ 23
272 병사에서 4 _ 30
273 오월 _ 32
274 출옥 _ 36
275 감시 _ 39
276 동학과 생명론 _ 44
277 새벽 _ 46
278 생명사상 세미나 _ 51
279 번뇌 _ 55
280 무릉계 _ 61
281 난초 _ 65

282 벗들, 아우들 _ 70
283 담론들 _ 73
284 대령들 _ 77
285 허문도 _ 79
286 원주 사변 _ 84
287 외로움 _ 88
288 애린 _ 90
289 탑골 _ 100
290 찬우물 _ 102
291 바가본도 _ 105
292 두 사람 _ 108
293 민중문학의 형식문제 _ 111
294 사상기행 _ 115

295	외국의 벗들 _ 121	316	쉰 _ 211
296	나카가미 겐지 _ 124	317	카를 융 _ 215
297	촛불 _ 128	318	척분 _ 219
298	탈脫원주 _ 131	319	정신병동에서 _ 225
299	문경새재 _ 134	320	줄탁 _ 227
300	최동전 _ 138	321	그물코 _ 237
301	아내의 집 _ 141	322	탑 _ 243
302	손님들 _ 145	323	일산 _ 247
303	백방포 _ 148	324	서거 _ 251
304	음유시인 _ 150	325	변산의 밤 _ 252
305	무화과 _ 153	326	슬픈 사랑 _ 255
306	향목 _ 156	327	안데스 _ 257
307	검은 산 하얀 방 _ 158	328	치우 _ 260
308	현실 1 _ 187	329	율려 _ 264
309	현실 2 _ 191	330	흰 그늘 _ 269
310	제주 _ 194	331	삼남민족 네트워크 _ 273
311	재발 _ 197	332	일본 _ 277
312	기독병원 _ 201	333	산에서 _ 290
313	해창에서 _ 205	334	부용 _ 292
314	되돌아간 그곳 _ 207	335	등답암 _ 300
315	광주 _ 209	336	민족미학 _ 304

337 동대문병원 _ 311

338 아내에게 _ 313

339 역易 _ 319

340 순례 _ 322

341 회갑 _ 329

342 묵란전 _ 335

343 지용 _ 339

344 붉은 악마 _ 348

345 만해 _ 371

346 중심 없는 중심들 _ 380

다시 회상을 마치며 _ 417

김지하 연보 _ 430

* 회고록 발표 시기 : **1**~**43**은 1991년, **44**~**88**은 2001년,
　　　　　　　　　89~**229**는 2002년, 그 이후는 2003년

흰 그늘의 길 1

글머리에

1 앞글
2 내력
3 증조부
4 주아실
5 할아버지
6 할아버지의 여인들
7 할머니
8 외가
9 외할아버지
10 외할머니
11 아버지
12 어머니
13 나의 출생
14 사쿠라마치
15 고통
16 해방

17 연동
18 문태 숙부
19 정일담
20 수돗거리
21 검은 함석집
22 로선생
23 땅거미
24 표랑
25 흰 운동화
26 여선생님
27 불알친구들
28 빛
29 집
30 물
31 정치
32 종교
33 대지
34 그림

35 손	59 상리
36 큰집	60 대공습
37 성性	61 뒷방
38 오줌싸개	62 신호
39 소감小龕	63 달밤
40 기러기 훨훨	64 입산
41 빛나던 날들	65 해병
42 길	66 체포
43 우리집	67 병정놀이
44 방송	68 하산
45 개 운동회	69 음독
46 불빛	70 나산
47 만세	71 입대
48 깃발	72 흉년
49 유희	73 광인
50 학교	74 전쟁
51 소년단	75 대구
52 인민군	76 연극
53 영채 형	77 장미집
54 뚜껑이	78 유달산
55 서만열	79 채석장
56 부줏머리	80 양비와 옥청
57 뱀과 개구리	81 쌀
58 휘파람	82 천승세
	83 대전

84 여자들
85 미술
86 문학
87 연극열
88 음악
89 밤
90 사투리
91 치악산
92 극장
93 귀신
94 벗들
95 포르노
96 무실리
97 도벽
98 미학
99 전봉흥
100 미군
101 서울
102 어쭈!
103 늑막염
104 삼청동
105 명동
106 백일장
107 문학의 밤

108 최초의 철학
109 생활
110 하숙집들
111 빨치산
112 박선생
113 자상한 어른들
114 최선생
115 검은 텐트
116 원주에서
117 연애편지
118 수음
119 삼총사
120 그레이엄 그린
121 졸업
122 시험날
123 데생
124 김윤수 현상
125 주변
126 조풍삼
127 전곡
128 암야의 집
129 4·19
130 혁명
131 농성

132 달빛 있는 생신
133 인촌 김성수
134 민통
135 방랑
136 판문점
137 귀향
138 땅끝
139 가난
140 거지
141 술꾼들
142 스승
143 시화
144 윤노빈
145 조동일
146 김현
147 봉제 삼촌
148 순애 고모
149 황톳길
150 광주공민학교
151 미국

흰 그늘의 길 2

글머리에

152 그 겨울
153 성병
154 화형
155 최루탄 문학
156 민족적 민주주의 장례식
157 6·3으로 가는 길
158 계엄령
159 첫 미소
160 김기팔
161 박재일
162 사상
163 청맥
164 최한기
165 청강
166 전선
167 여장부들
168 선언문
169 답십리
170 남상
171 굽이
172 오윤
173 봄
174 첫여름
175 철학의 과정들
176 영화
177 모색
178 주선생
179 김신조
180 스테이션 러브
181 진달래 필 때까지
182 악어 형
183 마케팅
184 쓰레기 위에 시를!
185 현실동인선언

186	등단	210	결별
187	나폴레옹 꼬냑	211	그 사람
188	오적	212	정릉
189	오적 이후	213	야설본사
190	끝	214	회귀
191	불꽃	215	사랑
192	물 흐르는 곳	216	병실
193	새로운 시각	217	창녕 할배
194	한 영상	218	약혼
195	미치코	219	결혼
196	루시아 수녀	220	원주의 나날들
197	원주 시위	221	현장 다큐
198	가톨릭 문화운동과 민족문화운동	222	현해탄 저쪽
199	노동자 문제	223	포위
200	전학련	224	주석균 선생
201	윤배 형님	225	황성모 선생
202	비어	226	동생들
203	홍수	227	천관우 선생
204	지학순 주교	228	아내의 모습
205	김수환 추기경	229	파도
206	공소	230	조영래
207	가라 주로	231	김대중 씨
208	쓰루미 슌스케 선생	232	함석헌 선생
209	남북회담	233	이철 아우

234 테르툴리아누스
235 절두산
236 민청학련
237 박정희의 코
238 모래내
239 홍도
240 부두에서
241 제6국
242 슬라이딩 태클
243 인혁당
244 군사재판
245 통방
246 징역
247 석방
248 사제단
249 여론
250 기독교회관
251 원주에서 보낸 며칠
252 동교동
253 서울역
254 하동
255 민주회복국민회의
256 제7국
257 노란 책

258 양심선언
259 문세광의 방
260 안팎
261 소리들
262 성경
263 재판 소묘
264 공부 1
265 공부 2
266 벽면증 壁面症
267 백 일
268 독재자의 죽음

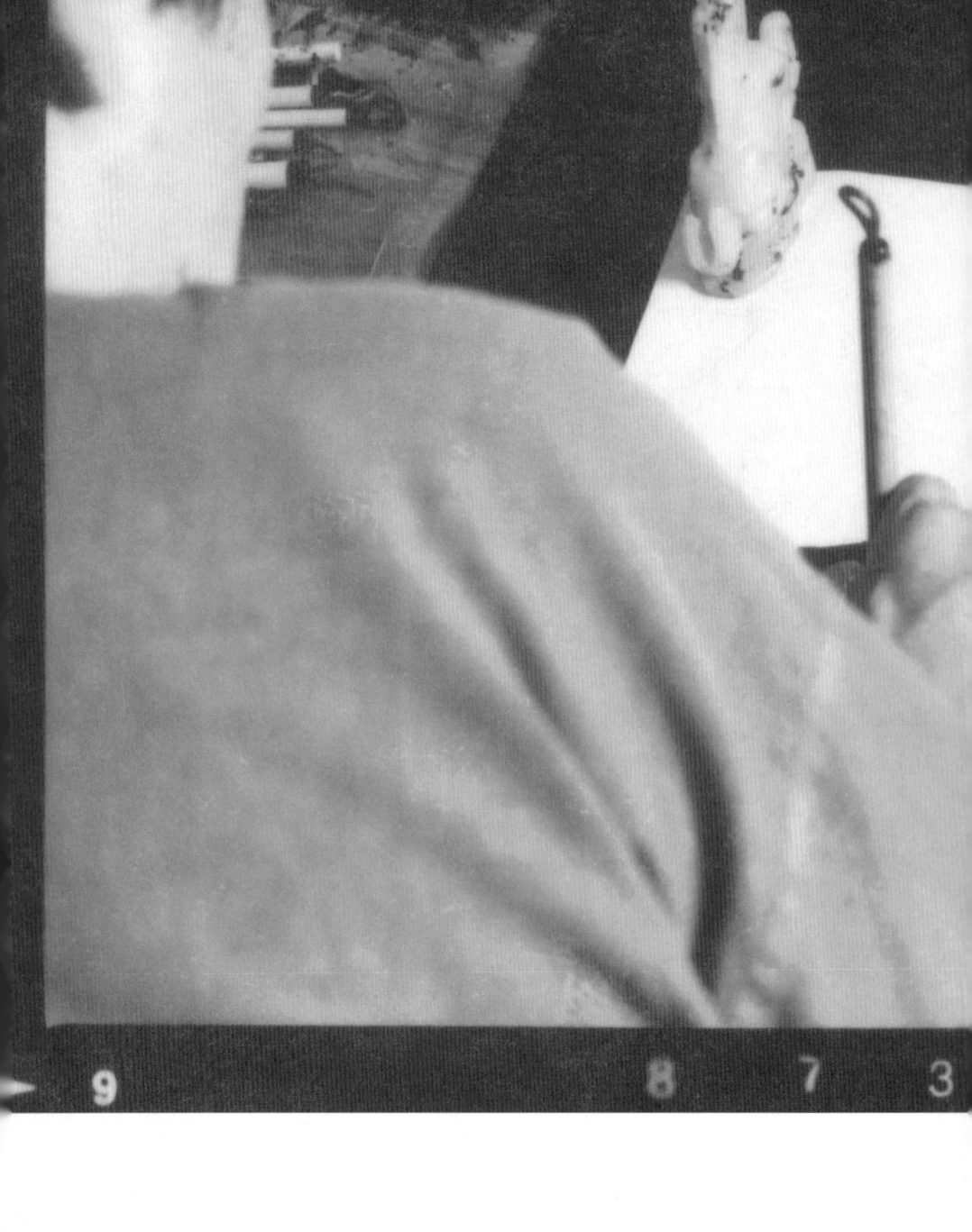

사진 이재용

269_ 병사에서 1

서울구치소 맨 끝 한 귀퉁이에 병사가 있고 병사 이층 맨 끝 한 모퉁이에 내 방이 있었다. 창밖으로 인왕산과 무악재가 환히 보였다. 창밖 가까이에 구치소 벽돌담이 있는데 매일 정해진 시각에 매가 한 마리 날아와 그 위에 앉아 있곤 하였다. 나는 매번 매와 눈을 맞추는 연습을 하곤 했으니 그 역시 참선이었다.

그러나 산 대상과 선적禪的 관계를 맺기는 매우 어려웠다. 내가 일정한 심리 상태로 들어간다 해도 상대가 갑자기 푸드득 날거나 눈을 끔벅끔벅해버리면 끝장이다. 그러나 어려운 만큼 해볼 만도 했다. 마치 매의 날개 깃처럼 싱싱한 포근함이 가슴에 번져나갔다.

시작한 지 보름이 못 돼서 웬일로 매가 더 이상 오지 않았다. 왜 그랬을까?

그때 병사의 책임자인 의무과장은 소설가요 의사인 윤호영尹虎永 박사였다. 같은 문인으로서 나를 돌봐주시는 일로 여기고 거의 매일 한 번씩 문을 따고 의무과장실로 불러내어 놀다가도록 배려해주셨다.

한번은 그렇게 의무과장실에 놀러갔을 때 이상한 사람이 윤박사와 마주앉아 얘기하는 것을 보았다. 윤박사는 종시 웃으며 눈짓으로 내게 뒤에 있는 의자에 앉도록 했다. 뒤에 앉아 가만히 들었다. 전라도 사투리였다.

"아이고! 인자는 정치의 정 자만 들어도 신물이 납니다. 절대로 정치는 안 할랍니다."

눈이 툭 튀어나오고 얼굴이 새카만 사람, 꼭 촌사람 같은 그이가 바로 국선도國仙道라는 선仙 수련의 대가인 '청산 거사靑山居士'라고 윤박사가 알려줬다.

청산 거사는 박정희가 죽고 세상이 흔들흔들하자 참선 끝에 자기의 사명을 크게 깨닫고 자기 추종자들을 총집결시켜 일종의 관제 데모를 통해서 민심을 수렴한 뒤 정부와 협력하여 사회를 안정시키는 쪽으로 의견을 정한 뒤에 그것을 청와대와 보안사에 알렸다는 것이다. 그런데 하루는 느닷없이 보안사에 붙들려가 보안사 기관원들에게 쇠파이프로 직신작신 몹시 얻어맞은 뒤에, 이렇게 당했다고 한다.

"너 임마, 김대중이 알지?"

"모르는디요."

"이 새꺄! 네 말투가 벌써 그쪽인데 모른다면 말이 돼?"

그러고는 또 패고 또 패고.

"너 이 새끼! 관제 데모 한답시고 네 졸개들 모두 동원해서 학생들하고 손잡고 진짜 데모를 하려고 했지? 야, 임마! 빨리 불어! 김대중이 몇 번 만났어?"

"한 번도 안 만났는디라우."

"이 새꺄!"

죽도록 맞았다고 했다. 그러나 자기가 수련을 많이 한 사람이라 가까스로 버티어냈다고도 했다. 이제 나가면 다시 산에 들어가 절대로 나오지 않겠다고도 했다. 청산 거사를 돌려보낸 뒤에도 윤박사는 내내 웃고 있었다.

"왜 그렇게 웃으십니까?"

"하하하. 저 사람이 저래 봬도 졸개가 수만 명이나 돼요. 그리고 우리나라 선도仙道의 정맥正脈을 이어받은 사람이라느만!"

기이했다. 그러나 기이하기로 말하면 청산만이 아니었다. 병사에는 소요逍遙라는 이름을 가진 이상한 스님이 있었는데, 가끔 이 사람을 보면 '묵'이라고 불리는 한 '앗사리 깡패'와 형제처럼 붙어다니며 그 '묵'을 보살피는 것이 내 눈엔 똑 카슨 맥컬러스의 〈슬픈 카페의 노래〉와 흡사했다. 한편으로는 우습고 또 한편으로는 슬픈 풍경이었다.

그 소요 스님이 까딱하면 한시漢詩 몇 줄을 써서 청소를 통해 보내오곤 했는데 다 잊었고 그 중 괴상한 한 줄만 기억에 남아 있으니, 12월 한겨울에 버들 애기여서 기이한 중에도 또한 기이했다.

"이 겨울 한복판에 저 연못 버들의 새롭고 새로운 푸르름이라!(冬中塘柳 新新靑)"

하하하.

말이 되지를 않으니 조끔 삐딱한 것은 아니었을까? 아니면 '소요 혁명가'던가! '동중당신청冬中塘新靑'이란 혁명이 아니고 무엇인가?

270_ 병사에서 2

박정희를 살해한 김재규의 오른팔이라 일컫던 부하 박선호 씨를 만난 일이 기억난다. 그리고 몇 마디 인사 중 딱 한마디만이 기억에 남아 있다.

"부장님이 그 며칠 전 미 중앙정보국을 만났습니다. 반드시 어떤 조치가 있을 겁니다."

나도 그럴 줄 알았다. 그러나 아무런 조치도 없이 김재규 등의 사형집행이란 조치만 있었을 뿐이다.

아아, 무정無情!

또 무정하기로 하면 우리 백기완 선생에 대한 기관의 무자비한 대우가 유명하다. 백선생은 한국인이라면 누구나 다 아는 일대 협객이다. 중국과 일본에는 협객과 낭인浪人을 잘 대접하지 않으면 천기天機를 잡을 수 없다는 뜻의 말들이 많이 있다.

어쩌자고 쇠파이프로 선생의 뇌수에 타격을 가하는가 말이다. 그 백선생의 소식을 듣고, 밤만 되면 선생이 크게 울부짖는다는 소식을 듣고 내가 할 수 있는 모든 방법을 다 써서 선생을 병사로 옮겨드렸다. 병사의 일층 끝방이었다.

나는 운동 때마다 나가서 선생과 통방을 했는데, 그때 선생이 말씀하셨다.

"문익환 목사가 다녀갔어. 곧 전격적인 사태 변화가 있을 거래. 지금

내각 명단까지 다 짜고 있다는데…… 우리는 곧 다 석방될 거라는군."

"내 느낌에는 군부 반동이 올 것 같습니다."

"그럴까? 그렇게 쉽게 올까?"

"옵니다."

선생은 창백한 얼굴에 봉두난발로 가끔은 나도 안 뵈는 듯 허공에 대고 '민족통일'을 울부짖곤 했다. 선생의 방 창살 밖은 마당이자 테니스 코트였고 그 마당 너머 언덕 위에는 철조망 안에 탱크부대가 주둔해 있었다.

창살을 부여잡고 통곡하듯, 피를 토하듯 민족통일을 울부짖는 백선생과 그것을 내려다보며 포신을 이리저리 움직이는 캐터필러 전투원들의 우중충한 국방색 사이의 대결!

어느 날 밤이었다. 지축을 울리는 굉음 때문에 잠에서 문득 깨었다. 병사 뒤에 있던 탱크부대가 드디어 서울 시내 쪽으로 이동하고 있었다.

올 것이 왔구나!

이른바 '12·12'였다.

길고 긴, 그리고 복잡다단한 내용을 가진 날들이 다가오고 있었다. 이제부터야말로 근본적인 데에 토대를 두고 일해야 하는 것이다. 우리는 단연코 전략을 바꿔야 한다.

그러나 이종찬 선배는 어찌 됐을까? 그이의 군부는 힘을 못 쓰는가? 아예 괴멸되었나? 왜인가?

언제 나갈는지 알 순 없으나 이번에 나가면 새롭게 대응해야, 아마도 사상과 이념에서부터 전략까지 전체를 수정해야 할 것이다. 이미 사태가 바꿰었다. 우리의 모든 것이 다 노출되었다. 스테레오 타입으로는 어림없다. 엇비슷한 해결책이 나타난다 하더라도 그것은 근본적인 것이 아니다. 근본에서부터 새로운 지향이 먼저 있고 그 전개과정에서 엇비슷한 것들이 다시 나타나야 한다. 최수운의 〈흥비가興比歌〉의 비밀이다. 신기루에 속아선 안 된다. 아마도 새 길은 불교와 동학, 생명의 길일 것이다.

'12·12' 직후부터 나는 마음을 정리하고 책읽기에만 몰두했다. 소요의 표현으로는 '독선讀禪'에 들어갔으니 눈앞에서 계속 책장을 넘기면 의미심장하거나 기억해둘 부분은 눈이 미리 알아서 멈춰 서고 되풀이하여 읽는다. 이것이 이른바 '독선'이니 나머지는 다 흘러가는 여담일 뿐이고 정보일 뿐이었다.

매와 눈 맞추는 일은 없었으나 허공에 나는 매를 보기는 자주 보았다. '엘 콘도르 파사'처럼 나는 매를 부러워했다. 먹이를 찾으며 서서히 비행하는 그 두 날개의 넓적한 곳에서 바람조차 숨을 멎는 듯, 아아, 나도 훨훨훨 날고 싶었다.

271_ 병사에서 3

3월 1일. '서울의 봄'이 왔다.

구속되었거나 계류중인 자 전원이 석방되었다. 나만 남았다. 까닭은 두 가지다. 하나는 '또다시 도전할 놈'이라는 것과 다른 하나는 '날개 달린 컴퓨터'라는 거였다.

서운했다. 그러나 지난 몇 달간 밥도 제대로 먹고 운동시간도 한 시간으로 늘어났으며 책은 거의 모든 것이 허용되니 살맛이 나는 차였다. 못 나간들 어떠랴? 내일에 먹을 새 샘물을 장만하리라! 우선 벽면증이 씻은 듯 사라지고 생명의 에코로부터 시작된 동양의 생생화화生生化化의 사상과 서양의 생태학에 관한 관심 및 독서로 나의 넋은 참으로 바쁘고 또 바빴으니, 감옥이 바로 광장이요 창문이 곧 화면이었다. 머릿속에서는 문득문득 시를 써서 외웠으니 걸작은 아니더라도 시경詩境은 유지할 수 있었다.

흰 벽 위에 지두指頭로 눌러 시구를 쓰고, 창밖 인왕산 쪽으로 자그맣게 시구를 외워 나의 시들을 허공에 새겼다.

서울의 봄에 대한 느낌 한 가지를 담은 〈소식〉.

자네 언 똥구멍에 매화 피었다는 한 소식.

독재자가 죽기 직전의 그 수상한 날들을 담은 〈어느 한 날〉.

쇠창살 너머 방안으로
구더기가 기어오고
바람이 오고 큰비가 오고
소문, 소문, 소문이 오고
휘몰이, 휘몰이 발들이 오고
와서 내 앞에 온종일 난무하고
잎 위에 잎그늘
흰 모래 위에 빠른 새 그늘
1979년 10월 초순 빛 밝은
어느 한 날 오후.

참선과 벽면증의 고통이 뒤범벅이던 한때의 심경을 담은 〈면벽〉.

그리움 끊고
간도 꺼내 던지고
쓸개도 멀리 버리고
그래도 조금은 미련이 남고
그래도 조금은 노여움이 남고
금잔화 눈부신 아침 빛무리
빛무리에 눈멀어 닷새째던가
일주일째던가 아니면

한 보름째던가, 그래도 끝끝내
날짜 세고 있는 지금이.

'요가'를 하며 읊은 근원적 반역의 시, 〈물구나무〉.

감옥이라도
하늘만은 막지 못해
밤마다 두견새 와서 울고
시간이 무너진 자리
귀틀상자에도 봄이 와
하얀 민들레 씨 가득히 날아든단다
사람이 그만 못하랴
이 봄엔 물구나무를 서겠다
몇 차례고 어디서고
빼앗긴 봄날엔 웃어 물구나무를 서겠다
지구를 받쳐들고
두견새 소리 맞춰 굿거리 장단으로
창공에서 한바탕 발춤 추어볼란다
구경오너라
애린
웃지는 말고 애린

오늘 밤 나는 화성에서 잔다.

'애린'이 나왔다. '애린'은 나의 오랜 수형생활에서 생겨난 '결핍'의 대안이었으니 그것은 우선 몸, 즉 감각에서부터였다.

쥐었다 폈다
두 손을 매일 움직이는 건
벽 위에 허공에 마룻장에 자꾸만
동그라미 동그라미를 대구 그려쌓는 건
알겠니
애린
무엇이든 동그랗고 보드랍고 말랑말랑한
무엇이든 가볍고 밝고 작고 해맑은
공, 풍선, 비눗방울, 능금, 은행, 귤, 수국, 함박, 수박, 참외, 솜사탕, 뭉게구름, 고양이 허리, 애기 턱, 아가씨들 엉덩이, 하얀 옛 항아리, 그저 둥근 원
그리고
애린
네 작고 보드라운 젖가슴을 만지고 싶기 때문에
찬 것
모난 것
딱딱한 것, 녹슨 것

낡고 썩고 삭아지는 것뿐

이곳은 온통 그런 것들뿐

내 마음마저 녹슬고 모가 났어

애린

네 이름을 부를 때마다

나는 조금씩 동그래져

애린

네 얼굴을 그릴 때마다

나는 조금씩 보드라워져

애린

네 목소리를 떠올릴 때마다

나는 조금씩 해맑아져

애린

그러나 이제

아무리 부르려 해도

아무리 아무리 그리려 해도

떠올리려 해도

난

안 돼

그게 안 돼

모두 다 잘 안 돼

쥐었다 폈다
두 손을 온종일 움직이는 건
벽 위에 허공에 마룻장에 자꾸만
동그라미 동그라미를 대구 그려쌓는 건
알겠니
애린.

애기들 '쥐암쥐암' 하듯이 그렇게 손을 쥐었다 폈다 하며 세월이 또 흘러 사월 초파일이 되었다. 마주 보이는 인왕산엔 온통 연등이었으니 그때의 초파일 밤, 그 휘황한 불빛을 영영 잊을 수 없다.

꽃 같네요
꽃밭 같네요
물기 어린 눈에는 이승 같질 않네요
갈 수 있을까요
언젠가는 저기 저 꽃밭
살아 못 간다면 살아 못 간다면
황천길에만은 꽃구경할 수 있을까요
삼도천을 건너면 저기에 이를까요
벽돌담 너머는 사월 초파일
인왕산 밤 연등, 연등, 연등

오색영롱한 꽃밭을 두고

돌아섭니다

쇠창살 등에 지고

침침한 감방 향해 돌아섭니다

굳은 시멘트 벽 속에

저벅거리는 교도관의 발자국 울림 속에

캄캄한 내 가슴의 옥죄임 속에도

부처님은 오실까요

연등은 켜질까요

고개 가로저어

더 깊숙이 감방 속으로 발을 옮기며

두 눈 질끈 감으면

더욱더 영롱히 떠오르는 사월 초파일

인왕산 밤 연등, 연등, 연등

아아 참말 꽃 같네요

참말 꽃밭 같네요.

272_ 병사에서 4

아내가 《월간중앙》을 넣었다.

웬 난데없는 《월간중앙》일까 하고 뒤지다 보니 지학순 주교님의 글이 실려 있었다. 놀라운 내용이었다.

첫째, 그 글은 신군부의 등장에 쐐기를 박았다. 둘째, 그 글은 세 김씨에게 비판을 가했다. 셋째, 학생들에게 집단적 행동을 당분간 자제할 것을 호소했다. 요컨대 위기가 오고 있다는 것이었으니 거기에 빌미를 주지 말라는 거였다. 보나마나 장선생님의 주장이었다.

무슨 일이 있었을까? 분명 원주에서는 바람의 방향이 바뀌고 있었다. 일본과의 관계에 이상이 생긴 것일까? 전과 같은 적극적 투쟁은 이제 더 이상 하지 않겠다는 결의가 들어 있었으니 운동 방향과 방법을 바꾼다는 뜻이었다.

생각했다. 이제는 나갈 때가 되었구나.

그 무렵에 어느 날 문득 보안사의 법무관 박준광 씨가 찾아왔다. 인상이 퍽 좋았다. 조영래 아우의 안부 인사를 전했다. 조영래 아우와는 고등학교도 대학도 동기동창이며, 고시도 사법연수원에서도 동기라는 거였다. 그리고 이때가 바로 조영래 아우를 구할 때라는 점을 강조하기 시작했다.

내가 만약 부드럽게 내 문제에 대응하기만 한다면 자기가 보안사 상관들과 담판해서 조영래 아우를 수배에서 풀고 나아가 사법연수원에 복귀시키겠다는 거였다. 그것이 참으로 가능하냐고 물었다. 그때 내 눈에는 그득히 눈물이 고였던 것 같다. 조영래 아우만 생각하면 우울하고 슬펐으니까. 박준광 씨는 물론 가능하다고 말했다. 나는 한참을 침묵한 뒤, 그러나 유보했다.

273_오월

그 무렵 어느 날이다. 내가 잘 아는 교도관 간부 한 사람이 새벽녘에 왔다. 내 방문 앞에 우뚝 서서 아무 말이 없었다.

"웬일이셔? 이 새벽에?"

그는 울고 있었다. 입술을 깨물어 소리를 죽이고 울고 있었다.

"웬일이야, 응?"

그의 입에서 조용조용히 띄엄띄엄 흘러나오는 이야기는 참으로 놀라운 것이었다. '광주 5월'에 관한 것이었다.

무수한 사람이 죽고 다쳤으며 개처럼 끌려갔다는 것. 시민들이 도청을 점령하고 시가전을 벌였다는 것. 미군은 일체 개입하지 않는다는 것. 북한도 움직이지 않는다는 것. 다른 지역의 호응도 없고 광주와 인근 전라도만 고립무원으로 갇혀 있다는 것. 한 술 더 떠 영남 지역에서는 광주에서 빨갱이들이 폭동을 일으켰으니 다 죽여야 한다는 공론이 돌았다는 것.

이어서 그는 구슬 같은 눈물을 줄줄 흘리며

"내가 잘 가는 요 앞 중국집이 있어요. 그 집 보이 한 아이가 광주 아인데 어저께 만났는데 얼굴이 새하얗게 돼가지고 광주에 죽으러 간다고, 고향에 가서 싸우다가 총 맞아 죽겠다고, 그리고 고속버스 터미널로 갔는데……. 신문보도도 통제되거나 보도되어도 일방적입니다. 폭도라고 나와요. 김대중 씨와 그 일행들도 다 잡혀갔지요. 광주엔 특수전단이 들어가…… 막 잡아죽이고, 이상한 약들을 먹고는 아무나 닥치는 대로 쏘아 죽이고……. 흑흑흑, 김선생! 이것을 어떡하면 좋지요? 어떡해야 합니까?"

그는 전라도 출신이 아니었다. 그런데도 그랬다. 나는 입을 꽉 다물었다. 아무 생각도 할 수 없었다. 원한이, 시뻘건 핏빛 같은 원한이 내 가슴에 가득가득 고이기 시작했다.

그날 밤, 그 이튿날 밤, 다시 그 다음 사흘째 되는 밤, 도통 잠을 자지 못했다. 정신은 마알갛게 멀쩡한데도 텅 비어 있고 가슴만 피가 끓어 시뻘건 더운 피가 끓어…… 나는 생각했다.

'전라도의 한恨은 어제오늘의 일이 아니다. 전라도의 한은 이 민족 전체의 한을 압축한다. 이것은 복수나 단순한 해원解寃으로 해결되는 것이 아니고 전라도 사람과 민족, 민중이 주축이 되어 참다운 이상사회, 새로운 통일사회를 건설하는 것만이 그 한을 진정으로 푸는 길이다. 단순한 정권 차원의 해소 가지고도 안 된다. 그것은 아마도 전 문명사적인 것이다. 미국과 북한이 침묵하며 방관하고 있는 것은 의미심장하다. 자본주의나 사회주의 가지고 해결되는 것도 아니다. 사상과 역사의 새 차원, 그야말로 신기원을 창조하지 않으면 안 된다. 동학 등 전라도의 항쟁사가 현대에 갖는 참다운 의미를 생각할 때다. 전라도 민중의 내면적 한의 생성을 생각해야 한다. 단순한 복수나 해소만으로는 절대 안 된다. 그것, 그것을 위해 이제 나는 방향을 바꾼다. 전혀 새로운 길을 떠난다. 그 누구도 비난할 수 없고 가로막지도 못할 것이다.

아, 내 고향! 저주받은 땅 전라도!'

사흘을 넘기고 나서 나는 길고 긴, 깊은 잠에 빠져들었다. 점호나 시찰할 때도 앉아서 잤다. 눈을 뜨고도 잤다. 나는 거의 죽은 것 같았다. 참선할 때의 그 시커먼 뻘구덩이들, 꺼무꺼무한 돌덤부락들이 보이고 '모로 누운 돌부처'가 다시 보이기 시작했다. 흰빛과 검검한 돌빛이 섞인 기이한, 기이한 저녁이 계속됐다. 그것은 꼭 참선 같았다. 그 뒤, '모로 누운 돌부처'가 다시 보였고 부처가 누워 있는 보리밭 위의 저녁 하늘은 푸르고 또 짙푸르렀다.

며칠이 지나 계속 들려오는 광주 소식을 이젠 아주 냉정한 마음으로 들을 수 있었다. 이미 내 나름의 셈은 끝났다. 좀더 뜸을 들이고 조건을 좋게 하여 조영래 아우를 확실히 구원할 때까지 각서를 유보하다가 적절한 시기에 가서 나간다.

나는 병사의 그 누구와도, 접견 온 가족과도, 변호사와도 말을 잘 안 했다. 무거운 짐 천 근을 메고 팍팍한 고갯길을 오르고 있었다. 광주 5월! 그것은 또 하나의 6·25였다. 말을 안 하는 대신 책을 읽는 틈과 틈 사이에 가끔씩 낮은 소리로 노래를 부르곤 했다. 〈부용산〉이다.

몇 달이 지났던가? 박준광 씨가 다시 내게 오기 시작했다. 2차, 3차, 4차 또 오고 또 왔다. 조영래 아우를 구하겠다는 깊은 우정과 보안사 간부들의 지시가 맞아떨어지는 그 지점에 그의 성실성이 더하여진 것이다. 원주의 집에 가서 가족도 만난 모양이고 우리 원보와 함께 놀기도 했다 한다. 지주교님의 말씀도 전해주었다. 세상이 바뀌었으니 이제 그만 나오라는 것이었다.

세상이 바뀌었다?

그렇다. 그렇기 때문에도 각서는 더 못 쓰는 것이었으니 내가 당당하게 내 소신을, 그야말로 안팎이 동일한 내 신념을 쓸 수 있을 때까지 유보해야 하는 것이었다.

하루는 박준광 씨가 소신대로 아무것이나 써도 좋다고까지 말했고, 또 하루는 남영동의 경찰 대공과에서 나와 조영래 관계 사건을 재수사하고 새로운 진술서를 내 의견 그대로 받아갔다.

나는 이미 결심했다. 현 수준의 투쟁은 나의 일이 아니었다. 나의 길은 따로 있었다. 그 무렵 지주교님이 친히 접견을 오셨다.

"정세가 많이 바뀌었어. 이젠 나올 때가 됐네. 나와서 다시 보고 다시 여러 가지를 생각할 때야. 꼬마는 잘 있어. 영세를 받았다네."

그날 밤 드디어 칼을 내렸다. 각서를 쓰기로 한 것이다. 나의 각서는 주먹만 한 한 글자 한 글자로 《장자》의 〈응제왕편應帝王篇〉을 인용하는 것에서 시작한다. 그 뜻은 이렇다.

> 내가 지금 조물주를 벗삼다가 싫어져 또 허무의 기운을 타고 육극六極 밖에 내달아 우주를 들며 나며 태허太虛의 광야에서 노닐고 있는데 네가 지금 나에게 와서 옹색스럽게 천하 다스리는 정치 따위 문제로 나를 괴롭힌단 말이냐?

나중에 안 일이지만 바로 그때 중앙정보부 전두환 부장의 브레인으로서 유명한 허문도許文道 씨가 있었다고 한다. 내 각서는 곧 허씨의 손에 넘어가 당장 합격이 돼서 즉각 석방이 결정되었다 한다.

274_ 출옥

연말이었다. 캄캄한 밤, 구치소 정문을 피해 뒷문과 뒷골목으로 해서 중앙정보부의 일종의 안가 형태인 한 호텔에 도착했다. 그곳에서 새벽까지 기다리며 이것저것 구질구질한 당부를 들어야 했다.

새벽 먼동이 터오자 나는 밖에 있던 지주교님의 승용차로 옮겨 탔다. 지주교님과 사회개발위원장인 기획실장 영주 형님이 동승했다.

용인쯤에 와서 해가 바로 정면에서 떠오르기 시작했다. 지주교님이 나직이 중얼거렸다.

"징조가 좋다. 태양을 바라보고 동쪽으로 가는구나!"

시커먼 벌판에 흰빛의 밝음이 조금씩 어리기 시작하며 초겨울의 추위를 넘어 무엇인가가 싹터 오르는 듯했다.

그러나 그렇게 낙관적이기만 했을까? 이때를 나는 훗날 이렇게 시로 썼다. 그렇게 낙관적이지 않고 매우 시니컬하다.

용인 갈림길을 지날 때
새벽 푸르름 물든 꿈꾸는 들판
지새는 먼동 스며 꽃다운 산봉우리들
가남휴게소에서 한 잔
여주강에서 또 한 잔

소주 취해 다시 보니 아뿔사 허허
새카맣게 까마귀 떼 덮인
흰 소금덩어리, 흰 비닐덩어리, 흰 얼음덩어리
가끔씩
얼음에 갇힌 흙 꼼지락거려쌓고
풀씨 틔우려 이따금씩 보시락거려쌓고.

한 잔인지 두 잔인지 몇 잔인지 모르나 주교님이 사주시어 소주를 마시긴 마셨던 것 같다. 무슨 맛이었는지도 기억에 없다. 다만 씁쓸한 기분으로 집에 돌아와 마루 밑 댓돌과 벽에 쓰인 숫자와 글씨들을 보자 몸과 마음이 소롯해졌던 일만이 기억에 환하다.

육 년 만에 디뎌보는 대청 아래 댓돌에는
아버지가 울며 새기셨다는 내 재구속 날짜
'1975년 3월 13일'
육 년 만에 올라서는 대청 위 흰 벽에는
선생님이 주역에서 끌어 쓰신 글씨 한 폭
'하늘과 산은 몸을 감춘다'

산아
숱한 네 깊은 골짜기

네 바위도듬 등성이며 봉우리들
한결같이 흰눈 덮여
눈부신 치악산아.

275_ 감시

출옥한 날부터 나는 잠을 잘 자지 못했다. 도리어 감시가 강화되어서다. 한밤 우리집 건너 공터에는 항상 검은 지프차가 한 대 머물고 있었다. 그 사정을 담은 〈한밤〉이라는 시가 시집 안에 남아 있다.

판상문 너머 둔덕 아래서 밤새

검은 지프 한 대 불빛 깜박임

판장문 너머 둘 혹은 셋씩 그림자들 밤새

몰켜섰다 흩어졌다 두새거리는 소리

뒤꼍 어덩 위

은사시나무 숲 휩쓰는 밤바람

잿빛 하늘 낮게 흐르는 구름 함께

새끼 염소들 꿈길 함께

뒤꼍 어덩 위

그 위쪽 흙버덩 위

외딴 목 맨 집 그 뒤꼍

후미진 방공호 터 가녈 측백나무 그늘 언저리

마른번개 함께 찢어지는 비명 함께

혀 빼물고 늘어지는 여자

> 그 옛 죽음
>
> 내 죽음
>
> 밤
>
> 한밤
>
> 잠 못 이루는 기인 긴 밤
>
> 판장문 너머 둔덕 아래서 밤새
>
> 검은 지프 한 대 불빛 깜박임
>
> 판장문 너머 둘 혹은 셋씩 그림자들 밤새
>
> 몰켜섰다 흩어졌다 두새거리는 소리.

내가 가는 곳이면 어디에나 정보부 원주 분실에 정보를 전하는 안테나들이 있고 다방, 술집, 성당과 사회개발위원회 사무실에도 각기 자기 나름의 독특한 정보창구가 있어서, 몇 시 몇 분에 김아무개가 박아무개와 어디서 만나 무얼 했다는 정보가 싸그리 전달되었으니, 가는 곳이 곧 또 하나의 문세광의 방이요 앉은 곳이 바로 새로운 서대문감옥이었다.

그렇다면 가족과 친구를 만나고 술을 마실 수 있는 것 이외에 석방의 뜻을 어디서 찾을 수 있는 것일까? 더욱이 광주사태 이후의 세상은 흉흉하고 살벌했다. 도처에 타다 남은 불씨들이 연기를 내뿜고 있었다. 원한은 깊이깊이 내면화되어 있었다. 마치 시케이로스의 〈외침〉, 그 무한한 증폭.

그런 중에 나는 '아시아·아프리카 작가회의'가 주는 '로터스상'을 수상하게 되었다. 부산에서 웬 사람이 전보를 쳤다. 축하가 아니라 저주였다.

"모두들 죽임 당하는데 너 혼자 상을 받다니 염치가 있느냐?"라는 거였다. 전보를 읽으며 나의 한도 깊이깊이 내면화되었다. 옳은 이야기였다.

나는 끄떡도 않고 상을 받을 것이었다. 그러나 수상소감에서 새로운 각오를 밝힐 것이었다. 수상소감의 제목은 '창조적 통일을 위하여'로 벗들에 의해 명명되었고 그 내용은 제3세계와 함께 우리가 새롭게 내디뎌야 할 생명운동의 발걸음에 관한 것이었다.

그렇다.

나의 생명운동 제안은 사실상 그날의 원주 가톨릭센터 이층 수상식장에서였다. 명시적으로 말을 하지는 않았으나 그 내적 흐름은 그러했다.

그날을 전후해서 나는 장일순 선생님과 방향 전환에 관해 의논하기 시작했다. 선생님은 그간 자호를 청강靑江에서 무위당无爲堂으로 바꾸어 쓰고 있었다. 청강과 같은 폭넓은 일방적 적극성에서 '아무것도 하지 않음으로써 아무것도 하지 않음이 없음', 즉 '무위 무불위(无爲 无不爲)'라는 '수동적 적극성'으로 후퇴한 것이다. 선생님은 아주 개량적이면서도 근본적인 대중적 민중운동의 새 길을 모색하고 있었다. 정치적인 공세에서는 일단 물러서야 한다는 것이다.

아시아·아프리카 작가회의에서 1975년에 수여한 로터스 특별상을 받던 날.(1981. 12. 2)

출옥 후 원주집에서 아내, 아들 원보와 보낸 한때.(1985)

왜?

물론 정세 전반에 대한 판단 때문이다. 적아간敵我間의 관계의 문제다. 뿐만 아니라 적과 아의 설정 자체도 문제였다. 우리는 근본적으로 전과는 다른 철학적 태도에서 새 출발 해야 한다는 데 의견의 일치를 보았다. 우선 5공은 불교 사찰 난입 등을 비롯, 각 방면에서 무자비한 공세를 취하고 있었다. 그것은 하나의 군사작전이었다. 본디 이 따위 공세에는 일절 저항하지 말아야 하는 것이다.

그리고 5공은 끈질긴 회유 작전도 병행하고 있었다. 원주 외곽에 있는 제1군, 야전군사령부의 사령관부터 소장 참모들에 이르기까지 우리를 회유하려는 작전에 모조리 발벗고 나섰다. 그리고 그 앞에 수십 명의 가톨릭 장교단을 앞세우고 그 중심에는 야전사령부의 군종 신부를 세웠다. 내가 아직 학생이었을 때 밤새워 우주의 시원에 관해 토론하고 또 신학교까지 찾아간 적이 있었던 김육웅 가리누스 신부가 바로 그였다. 장선생님께는 말할 것도 없고 나에게도 대령들이 자주 찾아오고 메시지를 보내곤 했다.

"이제 다시 행동한다면 우리는 당신을 구할 수가 없다."

이런 거였다. 그들이 언제 나를 구하려 했다는 건가?

처음엔 우습게 듣다가 가만히 생각해보니 보안사가 박준광 씨를 감옥 속의 내게 보낼 때 이미 지주교님과 장선생님께는 야전사의 일선 장교들을 앞세워 여러 가지 교섭을 했었구나 하는 짐작이 들었다. 그것은 사실이었다.

우리는 운신의 자유를 박탈당한 것이다. 그것은 싸움에서 가장 나쁜 상태, 즉 '피동〔passive〕'에 빠진 것이다.

그러면 우리는 어찌 해야 하는가?

근본을 뒤집어봐야 하는 것이다. 전혀 새로운 이념 위에서 방향·방법·전략을 다시 세워야 하는 것이다. 그러나 외면적으로는 그 '피동'을 유지하며 국면, 국면의 특성을 따라가는 '수동적 적극성', 즉 '솔라 패시브solar passive'가 좋다.

장선생님과 연락하고 있던, 몽양 여운형 선생의 제자인 재일在日의 제3세력 지도자 한 분의 존재가 저들 정보선상에 떠오르고, 원주 캠프를 너무나 속속들이 잘 알고 있는 장선생님의 옛 참모 한 사람이 5공 진영에서 중요한 부분으로 떠올랐다. 생각에 따라서 그것은 일대 위기였다. 우리는 칼을 내리지 않으면 안 되었다. 결단 말이다.

276_ 동학과 생명론

생명에 대한 관심은 동학에 대한 관심을, 동학에 대한 관심은 생명에 대한 관심을 끌고 들어왔다. 동학은 생명사상이었다. '모심', 곧 '시侍' 한 자야말로 천지만물의 생존과 변화의 비밀이었다. 우리는 모두 '모심으로써 살아 있다.' '우리는 생명을 모심으로써 생존한다'.

생명론이 박재일 형에게서 유기농운동과 무공해 농산품 수요라는 구체적 안건을 끌고 나왔듯이, 최열崔洌 아우에게서는 생명론에 토대한 환경운동의 전개를 끌어내었고, 동학론은 장선생님에게서 어릴적 친구인 천도교의 오창세 선생에 대한 기억을 강하게 끌고 나왔다.

우리는 생명과 동학이라는 새로운 기준 위에서 동학과 서학, 생명론과 변혁론, 구조모순과 환경오염 문제의 보합관계를 모색하기 시작했다.

지금이야 눈 달리고 입 달린 사람은 모두 다 환경이요 생태학이요 생명 타령이며, 지각 있고 역사를 안다는 사람은 모두 다 동학이요 모심이요 해월 선생 타령이지만, 그 무렵 지식인 사회와 운동권은 이 두 가지 담론에 대해 즉각적으로 변절·배신·전열 이탈·전열 혼란과 반동으로 몰아세웠고, 심지어 혹세무민이라는 고색창연한 모략·중상까지도 서슴지 않았다.

나는 그때마다 "시간이 약이다! 10년 후에 보자!"라고 했다. 과연 10년이 지났을 때 어떠했던가? 20년이 지난 오늘은 또 어떠한가?

나는 지금도 마르크스주의와 사회주의를 완전히 폐기처분해야 한다고 생각하지는 않는다. 그것은 그것대로 부분적으로 쓸모가 있다. 자유자본주의 역시 그렇다. 그러나 그것은 이미 사회주의도 자본주의도 아닌 새 차원, 신기원 위에 서서 그 두 개의 옛 차원에 대해서 내리는 '아니다' '그렇다'의 여유로운 판단이지 그 밖에 다른 것은 아니다.

우리는 장선생님을 중심으로 새로운 공부를 시작했다. 그것이 또한 동학과 생명론이었다. 원

원주집 서재에서 집필하는 모습.(1985)

주 캠프는 겉으로 보아 전혀 다름이 없었고 사회개발위원회 활동도 여전했지만, 내실은 이미 그 중심이 바뀌어버렸다. 차원 변화였다. 따라서 새로운 각비(覺非, 과거의 잘못을 깨달음 또는 바꿈)와 새로운 학습(새 차원에의 적응)이 필요한 때였다. 이때부터 우리는 많은 속앓이를 겪어야만 되었다. 괴로웠지만 우리는 테야르 드 샤르댕이나 그레고리 베이트슨 등에게서 우리 자신에 대한 해명을 얻을 수 있었다. 생명이 생명을 설명했다.

277_새벽

　　　　동학에 대한 현 단계의 이해 수준은 매우 천박한 정도다. 이른바 사회 경제사학을 한다는 나이 젊은 마르크스 보이들이 이 무렵 아무렇게나 무책임하게 내뱉은 동학론, 소위 '갑오농민전쟁론(이것부터가 문제다)'이란 것은 한마디로 유럽에서 빌려온 기계 제품인 고무신에 맞추려고 큰 발을 잘라내는 억지 춘향이었으니, 엥겔스의 '독일 농민전쟁론'에 꿰맞추려고 깊은 성찰이나 혁명적 감동, 치밀한 과학적 조사와 검증도 거치지 않고 "북접北接은 반동이요, 남접南接은 혁명세력"이라는 식으로 치켜세우는 등 엉터리 동학사관을 연출하고 있었다.

　　　　그 따위 엉터리 사학에서는 손화중孫華仲이나 김개남金開男 등 수련과 조직 그리고 혁명적 예절을 엄수한 혁명의 조직적 주류는 아무 의미가 없는 것으로 폄하되고, 극소수의 추종자밖에 확보하지 못한 일개 접주였던, 그러나 인물만은 출중했던 전봉준全琫準을 클로즈업시켜 난데없는 계契를 동원하고 두레를 항시적인 조직으로까지 키워놓는 영웅주의 사기극을 연출하게 된다.

　　　　이 폐해가 지금까지도 계속되고 있지만 역사학적 대오류를 범한 당사자들은 도무지 반성할 기미조차 보이지 않는다. 동학을 '아전유학衙前儒學'으로까지 폄하하는 자가 동학혁명사를 쓰거나 동학기념사업의 이론적 자문역을 하는 것이나, 동학혁명을 1894년 초에 일어나 그 해 겨울에 패배한 전라도 일원의 농민봉기 정도로 축소한 전라도의 동학혁명기념사업이란 꼴불견들이나 이 모두가 바로 이 같은 자칭 사회경제사학자들의 치명적 오류와 영웅주의적 사기극에서 비롯된 것이다.

한학에 깊지 못한 민중을 위해 일부러 쉬운 한자만을 골라 쓴 동학의 경전이 어떻게 민중적 종교혁명 경전이 아닌 아전유학이 될 수 있으며, 무슨 놈의 혁명이 사상 창조와 수련 정진과 조직적 확산과 그에 이은 합법적인 대중운동의 단계도 없이 다만 눈앞의 경제사회적 모순 하나만으로 일시에 무상봉기할 수가 있다는 것인가? 가능하다 하더라도 그것은 혁명이 아니라 소위 폭동주의, '푸치즘'일 뿐 아니던가!

만약 사상과 수련과 조직과 그 확산, 그리고 일정한 대중운동의 경험이 축적되지 않고서야 어떻게 황매천黃梅泉 같은 반反동학적 유생의 눈에조차 신비하게 비친 "굶는 자 먹이고 아픈 자 치료하고 사악한 자 징치懲治·방면하는", 그 혁명 주류인 손화중포包 양인농민良人農民들의 질서와 예절과 규율이 일거에 나올 수 있다는 말인가? 세상에 그런 혁명도 있는가? 아니 그렇다면 소위 자칭 사회경제사학자란 자들은 철저한 유생인 황매천과 똑같이 동학을 사이비 종교에 불과하고 혁명주의자들이 한때 붙잡은 용무지지用武之地, 즉 혁명적 이용물에 불과하다는 주장을 펴고 있다는 말인가?

나는 출옥 후에 계속해서 젊은 사학도들의 이 같은 치명적 오류에 대해 충고를 아끼지 않았으나 그들의 대답은 내내 나에 대한 비아냥과 모략·중상뿐이었다. 그러나 원불교 영산대학의 박맹수朴孟洙 교수처럼 동학과 관련된 전국 각지를 샅샅이 훑어보고, 그러고도 모자라 일본까지 건너가서 4,

5년 동안이나 동학혁명을 전후해 일제가 한국을 침략하는 과정에서 일본의 첩보기관과 언론, 장사꾼들과 낭인 집단의 정보망에 걸려든 동학 관계 첩보에서 우선 1894년 고부 기포起包 전에 해월 선생과 전봉준 사이의 빈번한 서신 연락 사실이 있었음을 확인하고 그것에 바탕으로 동학혁명사를 이제까지와는 전혀 다르게 보고 있는 연구자도 있다는 것을 아는가?

　동학을 모르면 형평사衡平社를 알 수 없고, 고려혁명당을 모르면 최초의 사회주의 물결인 고려공산당의 역사사회적 실체를, 그 이후 소위 남조선노동당의 정체를 모르게 되고, 그리 되면 활빈당과 남학南學, 그리고 해방과 전쟁 이후의 혁신계 노선을, 국내파 공산주의와 민족좌파를 모르게 되고, 천도교 청우당靑友堂 및 신간회 등 당시의 연합전선 노력과 상하이 임시정부의 실체를 알지 못하게 되는데, 그럼에도 이 땅 위에서 4·19혁명의 물결을 알고자 하며 광주사태 이후의 학생운동과 민주민족통일전선을 역사적으로 해명하려 시도한다는 말인가?

　동학에서 형평사로, 거기에서 고려공산당으로, 다시 상하이와 모스크바의 국제공산주의 운동을 통해 조선독립혁명을 큰 스케일로 기획한 김단야金丹冶를 아는가? 해월 최시형 선생의 장자長子로 고려공산당의 우당友黨인 고려혁명당을 창건하고 임정 등에서 해외의 민족독립혁명을 기획했던 최동희崔東熙를 아는가? 공산주의자와 카프와 천도교마저 모조리 친일파로 전락하던 태평양 전쟁 말기에 전국적인 민중무장봉기를 기획하여 자금과 조직과 요인 포섭을 공작하다 검거되어 반병신이 되도록 고문을 당하고도 단 한 사람의 동지의 이름도 발설하지 않은 사람, 해방 후 남북한 단독정부 수립을 반대하기 위해 백범白凡과의 비밀약속 아래 월북하였다가 검거되어 피살된 청우당 당두黨頭 김기전金起田을 아는가?

북한의 국내파 공산주의 리더이며 해방 직후 고당古堂과의 협약 아래 남북통일민주정권을 겨냥했던 현준혁과 원산·함흥의 저 유명한 노동운동가 오기섭을 아는가?

그렇다면 박헌영은 아는가?

몽양 여운형은 정말 알고 있는가?

한마디 더 묻자! 북한의 고당과 남한의 백범은 아는가?

삼균주의三均主義의 조소앙趙素昻과 의열단의 김약산金若山을 아는가?

죽산竹山 조봉암曹奉岩은 아는가?

4월혁명 직후의 민족통일혁명의 인사들은 아는가?《민족일보》는 아는가?

자유주의자인 도산島山 안창호安昌浩와 서재필徐載弼은 아는가?

이러한 인사들과 그들의 활동 및 그 역사사회적 배경을 검토하지 않고 지난 60년대, 70년대, 80년대의 민주화와 변혁운동을 설명할 수 있는가? 또 민족의 현재와 현재의 변혁 기획이 가능하다고 생각하는가? 어떤가?

동학은 개벽사상이다. 개벽은 '종말 아닌 종말'로서《주역》은 이것을 '종만물 시만물(終萬物 始萬物)', 즉 종시의 시간관으로 보는바 그것은 선천先天과 후천後天으로 끝나는 게 아니다. 그것은 한집안일 뿐이고, 그 후천개벽 사적 혈통은 최수운에서 20년 만에 김일부로, 김일부에서 또다시 20년 만에 강증산으로 이어지는 동양과 한국의 일대 민중사상의 풍운인 것이다.

우리는 서양에 의한 한 문명사가 저물고 동북아시아나 동아시아와 함께 전 세계의 인류가 새롭게 모색하고 창조코자 노력하는 새로운 전 지구적, 전 우주적 대문명사, 후천개벽사를 알아야 한다. 그러자면 그 철학과 논리로서 변증법 대신 역리易理를 배우고, '아니다, 그렇다〔不然其然〕'의 생명문법을 철저히 적용하며 실천해야 한다. 바로 이 역리를 잘 아는 것을 가리켜 동학의 열세 자 주문은 '만사지萬事知'라고 하여 수련의 완성점, 우주진화사의 이른바 '오메가 포인트omega point'의 동학적 개념인 '지화점至化点'으로 본다.

이것을 받아들일 수 있겠는가? 나는 이 말을 웅변하려고 하는 게 아니다. 이것은 이미 원주 캠프에서는 상식이 되어 있었고, 또 지난 3년여에 걸쳐 나와 나의 벗들, 아우들의 공부 모임인 '삼남민족三南民族 네트워크'의 공부 방향이 되어왔다. 이것을 공개적으로 검토할 용의가 있는가?

이 흐름 위에 유불도 및 기독교와 모든 동서의 철학, 과학 등 이슬람까지도 종합하는, 또 하나의 새로운 초현대적인 풍류선도風流仙道를 일으켜볼 용의는 없는가?

이런 문제의식 위에서 다시금 20여 년 전 원주에서의 공부 테마를 제기하는 셈이다. 바로 이 노력으로 새로운 생명문화운동의 동양적 에콜로지와 선불교적 디지털 및 사이버네틱스 사이의 종합운동 등과 어울려 인류의 새 문화를 만들지 않으려는가?

그리하여 전 인류문화의 기점인 아시아의 일대 문예부흥, 상고사上古史의 일대 원시반본源始返本이 일어나지는 않겠는가? 바로 그것이 이른바 '생명과 영성의 새 문명'은 아니겠는가?

278_ 생명사상 세미나

천주교 원주교구엔 사회운동을 위한 교육센터가 있다. 봉산동 소재 봉산 밑 고즈넉한 자리에 있는 이층 건물이다. 그 자리에서 출옥 후 얼마 안 되었을 때 장선생님의 의견에 따라 박재일 형과 내가 나서서 '생명사상 세미나'를 기획했다.

거기에 참가한 사람들은, 지금 내 기억에는 개신교 쪽에서 아무개 목사와 황인성 아우, 나상기 아우, 그리고 가톨릭 쪽에서는 정호경 신부와 고제정구 씨 등이다.

날카롭게 기억하는 한 사건이 있다. 세미나가 한창 진행되고 있는데 아무개 목사와 황인성, 나상기 등 개신교 쪽 사람들 여럿이 밖으로 나가 마당 구석에서 뭔가를 열심히 의논하더니 들어와 앉자마자 우선 아무개 목사가 목청을 높여 물었다.

"나는 한 가지 의문이 있습니다. 이 생명이니 뭐니 하는 얘기는 김지하 시인이 감옥에서 나온 뒤 꺼낸 것인 모양인데 혹시 김시인이 더는 감옥에 가서 고통 받기가 겁나니까 애매한 주위 사람들을 끌어들여 생명사상이니 뭐니 하고 나팔 불고 있는 것 아닌가요? 그렇다고 하면 이것은 그냥 넘어갈 일이 아닙니다. 진실이 뭡니까? 우리가 지금 목숨을 바쳐야 할 것은 '5공 타도'뿐입니다."

누군가가 반론을 제기했다. 그러나 아무개는 막무가내로 나와 원주

긴 감옥살이에서 풀려난 1980년대 초 외신들과 가진 기자회견 때 모습.

사람들에게 모욕적인 발언을 계속했다. 지금도 생생히 기억한다. 그때 자리에 앉은 채로 목소리를 높여 반론을 제기한 사람이 바로 지금은 고인이 된 빈민운동가이며 개혁정치가인 제정구 씨다.

"아니, 크리스천 성직자란 사람이 대놓고 '생명이니' '나팔이니'라니? 성경을 읽은 거요, 안 읽은 거요? 아무개는 성직자요, 아니면 직업혁명가요? 나는 사회와 역사를 이해하고 세상을 바꾸는 데에 꼭 《자본론》만이 필요하다고 생각 안 합니다. 《자본론》 따위를 안 읽고도 생명이란 화두 하나로 역사와 사회의 현실을 꿰뚫어 이해하고 세상을 바꾸는 행동에 최선을 다할 수 있어요. 도대체 성직자란 사람이, 그리고 세상을 바꾸겠다고 나선 사람이 그게 무슨 말투요? 아니, 김지하라는 사람에게 그 따위 말을 함부로 할 자격 있는 사람이 우리 중에 누가 있다는 거요? 사과하시오, 지금!"

정호경 신부의 찬성 발언이 이어졌다.

분위기가 냉랭해졌다. 사회를 맡은 박재일 형이 무마하고 나서서 일이 그쯤에서 유야무야되었다.

나는 속으로 울고 있었다. 아 목사가 나를 비난하고 제정구 씨가 내 편을 들어서가 아니다. '생명'이란 말 한마디를 화두로 해서 역사와 사회의 현실을 꿰뚫어 알고 세상 바꾸는 데에 앞장설 수 있다는 그 도도한 발언이 나를 울린 것이다.

그렇다. 생명은 새 시대의 화두였다.

그 뒤 몇 해 후던가 제정구 씨와 나는 생명사상을 연구하고 토론하는 일종의 현인회의賢人會議인 '사발모임'을 시작해서 한동안 줄기차게 진행한 일이 있다. 정호경 신부, 이현주 목사, 현기 스님, 신흥범 형과 장회익 교수 등이었다. 나는 몸이 아파 깊은 혼몽 속을 헤매고 있을 때라 모든 일의 처음과 끝 그리고 그 진행을 제정구 씨에게 맡겼다.

제정구 씨는 만날 때마다 자기의 묵상 결과를 내게 알려주었다. 그 한동안 그는 나의 훌륭한 '생명스승'이었다.

"생명의 메시지는 과학을 대신해서 미래세계를 이끌고 갈 새 척도가 될 것입니다."

"미래의 세계문명은 바로 생명의 문명이 될 것입니다."

"동서양 사상의 만남, 유불선과 그리스도교의 융합의 초점은 생명입니다."

"생명을 완전히 실현한 자는 영원히 죽지 않습니다. 이것이 그리스도요 신선입니다."

"생명이라는 척도 위에서 한민족의 전통이 하느님의 가장 귀한 영성과 하나가 됩니다."

"앞으로 민중운동의 대명제는 생명밖에 없습니다."

이 밖에도 쉼없이 많은, 귀한 묵상의 결론을 내게 들려준 이가 또한 제정구 씨이다.

그렇다. 그의 예견은 적중하였다. 오늘 어떤가? 입 달리고 코 달리고 귀 달린, 소위 지식인이라는 사람들은 너나없이 입만 벌리면 '생명'이요, '환경' 타령이요, '생태학' 자랑이다.

그러나 제정구 씨는 악다구니 같은 정치판에서 그 시커먼 탁류를 개혁하려고 애쓰다 그만 저 세상으로 떠나고 말았다. 이제 그 누가 있어 더욱 더 심오한 생명운동을, 우리의 발걸음 발걸음을 자기의 묵상을 통해 공감하고 발전시키고 또 지지해줄 것인가?

아아, 생명!

그것은 제정구 씨의 또 하나의 이름이었다. 그리고 그것을 통해서 역사를 알고 사회를 꿰뚫으며 사람의 삶과 세상을 바꾸는 지혜와 용기의 샘물을 발견한 사람은 나도 그 누구도 아닌 제정구 씨였으니, 하느님은 아끼는 사람을 일찍 데려간다 하던가? 아깝고 아깝고 또 아깝다!

279_ 번뇌

처음과 끝을 알 수 없는 번뇌가 그 무렵에 나를 사로잡고 놓지 않았다. 밤은 밤대로 끝없는 착종錯綜과 불면의 밤이었고, 낮은 낮대로 공연히 들뜨는 환상과 흥분의 나날이었다. 눈만 뜨면 어디선가 나를 부르는 것 같아 좌불안석, 오라는 곳도 많고 갈 곳도 많은 그런 날들이었다. 때론 소음이 음성으로 바뀌어 들리기도 하고, 때론 대낮 천장 위에서 핏빛 댓이파리들의 무서운 춤을 보기도 했다.

번뇌였다.

하루는 밤이 새도록 동쪽 창문에 흘러드는 푸른 달빛 밑에 앉아 커다란 적막 속에서 일초 일초 옮겨가는 시계의 시퍼런 초침에 묶여 꼼짝달싹을 못 하기도 했다.

번뇌였다.

나는 그 사이 충북대학교 철학교수 윤구병 아우를 통해 소개받은, 브리태니커 사전과 잡지《뿌리 깊은 나무》의 한창기 사장의 소개로 전남 순천시 선암사에 방을 하나 빌렸다. 감옥에서 중단한 참선을 계속하겠다는 생각이었으나 그것보다는 우선 급한 것이 불면과 환상으로 범벅이 된 나의 심상치 않은 번뇌를 조금이라도 가라앉히려는 것이었다. 급했다. 그래 떠나기로 작정했다.

어느 날 아침 간단한 짐을 챙겨들고 문득 집을 나서는데 아내가 내 앞을 가로막고 나섰다. 자기를 죽이고 가라는 거였다. 자기가 죽지 않는 한은 못 가게 막겠으니 알아서 하라는 거였다.

"나 머리 깎으려는 게 아니야!"

"그게 문제가 아니에요."

"잠시 마음을 달래고 좌선 좀 하자는 건데……"

"안 돼요. 나를 죽이고 가세요."

"아니, 왜 그렇게 과격한가? 별것 아닌 일 갖고서……"

"가면 당신 죽어요!"

"어?"

"장준하 씨가 어떻게 죽었어요? 후미진 산중에서 밀어버린 것 아니에요!"

"그래서 나도?"

"그래요. 당신, 극우파와 극좌파 양쪽에서 극도로 미워하고 죽이고 싶어해요. 목적은 둘이 같을 수도 있고 다를 수도 있어요. 그러나 똑같이 죽이고 싶어해요."

"에이, 설마!"

"당신은 당신의 위상이 어떻게 돼 있는지를 모르고 있어요. 당신 충분히 죽일 이유가 있어요. 그걸 왜 몰라요?"

"장준하…… 장준하…… 그 흰 모래밭에 쓰러진 청년 장준하라……"

나는 점차 아내의 주장을 납득하기 시작했다. 그럴 수 있는 개연성이

원주집 마당에서.(1985)

너무나도 컸다. 광주사태를 보라! 군사화·유니폼화하고 있는 좌익운동을 보라!

이상한 일은 이때부터 잠이 쏟아지기 시작한 것이다. 짐을 방구석에 내던지고 그 길로 잠에 빠져 며칠을 내리 잤는지 모른다. 그 바람에 한창기 사장과 선암사의 지허 스님께는 큰 결례를 하게 되었다. 요 얼마 전 아내와 함께 선암사에 갔을 때 지허 스님과 옛 얘기로 그때를 추억하며 웃던 날 밤, 전에 소설가 송기숙 씨가 머물며 작품을 쓰던 숙소인 해천당海川堂 좁은 방 안에 있는데 내 마음 깊숙한 저 안에서부터 문 두드리는 소리, 저벅거리는 발자국 소리가 들려왔다.

'아! 그렇다. 여기는 어둡구나!'

그랬다. 그 한없이 아기자기한 사찰의, 옛모습이 그대로 보존돼 있는 빼어난 아름다움에도 불구하고 내게는…….

그 무렵의 번뇌는 칼을 품고 있었다. 환상의 시작이었을까?

그러기에 천장에서 피로 그린 댓이파리가 춤을 추었던 것 아닌가! 자꾸만 자꾸만 감방 안에 아직도 갇혀 있는 나의 외로움 위에 산천이 무너지고 노을이, 죽음의 노을이 비껴 무슨 해일 같은 것에 휩쓸려 사라지곤 했던 것이다. 끝없는 '문 두드리는 소리'에 시달리며 시달리며 시달리며…….

　　　　가네
　　　　천장엔
　　　　붉은 댓이파리

날카로운 비명 아련히

식은땀 속에 식은땀 속에 사라지는

잠에서 깨어난 오후

문득 일어나 가네

천장엔

붉은 댓이파리

문들 모두 열려 있고 문 두드리는 소리

빈방을 나와 빈 복도를 또 지나 나와

빈 철문 열린 비탈길 내려

저 먼 텅 빈 하늘에 문 두드리는 소리

가네

천장엔

붉은 댓이파리

노을은 붉은 댓이파리로 타오르고

빈 하늘에 빈 하늘에

손이 하나 나를 부르고

산은 쪼개지고 거리는 무너지고

피는 흐르고 바다는 열리고

가네

천장엔

붉은 댓이파리

문득 일어나 노을 타는 바다
혼자서 가네 저 머나먼 바다
손이 하나 나를 부르고
나 혼자서
가네
가네
저만큼서 나를 부르는
자꾸만 부르는
애린의
저
피 묻은 흰 손.

애린이라고 하였다. 그러나 실은 누구인지 모른다. 웬 여인이 죽어가며 손짓을 하던 거였으니.
그 손! 피 묻은 흰 손!

280_ 무릉계

아내에게서 들어 나의 불면과 번뇌를 조금은 알고 있던 영주 형님이 하루는 내게 며칠간 함께 동해안에 갔다오자고 제안했다.

동해안! 동해안! 큰 바다! 넓은 바다! 피 묻은 흰 손! 불타는 아침바다! 우리는 떠났다.

등에는 자그마한 배낭 하나씩 메고. 배낭엔 감옥에서 내가 즐겨 읽던 용성龍城 스님의《금강경》단 한 권과 소주병 하나만 달랑 넣고 갔다.

버스 안에서도 "범소유상 개시허망!(汎所有相 皆是虛妄) 범소유상 개시허망!"을 외며 외며 눈을 감고 갔다.

강릉에서 동해시로 바로 가서 하루 묵고 이튿날 아침에 두타산 무릉계 골짜기로 들어갔다. 삼화사를 지나 '피쏘'라는 곳에 이르니 맑은 물이 흐르는 커다란 너럭바위들 위에 조선조 때 것으로 보이는 토포사討捕使 이름들이 무수히 무수히 새겨져 있었다. 거기서부터 심상치 않았다. 도둑 소굴이든가 반란을 일으킨 무리들의 거점이든가 둘 중의 하나였다.

유난히 시퍼런 계곡 물가에 시커먼 까마귀들이 몰려 있는 골짜기 골짜기 소롯길로 걸어 올라가는데 이상하게 심기가 불안하고 불길한 생각, 흉한 예감, 또는 어두운 기억 같은 것들이 잇달아 마음을 사로잡았다. 시커멓게 타 죽은 나무들이 계속 나타나고 커다란 바위들은 파헤쳐져 허연 내장을 드러낸 것 같고 내내 무엇인가가 뒷덜미를 잡아당기는 것 같아 소름이 오싹 오싹 끼쳤다. 이미 짐작만으로도 이 골짜기가 그냥 평범한 곳은 아닌가 보다 했다. 아까 피쏘에서 보았던 안내 간판에 1919년 3·1운동 나던 해, 갑자기 청천벽력 같은 굉음을 내면서 폭우 속에 지금의 계곡이 침강하여 형성됐다고 써 있는 것이 자꾸 마음에 걸렸다. 그리고 피쏘란 곳이 임진왜란 때 왜적이 북상한 루트로서 그곳에서 대격전이 벌어져 온 골짜기가 피로 물들어 이름마저 피쏘로 되었다는 부분 역시 마음에 걸렸다.

계곡 이름을 '화살내'라고 부르는 것부터가 기이했지만, 두타산 등성이의 '용추'로 올라가는 대목의 '쇠부처굴'이니 '호랑바우'니 '비리내골'이니 '문간재' 따위 이름들이 그러고 보니 모두 다 이상했다. 앞서 걷고 있는 영주 형님에게 말을 건넸다.

"기분이 이상하지 않습니까?"

"그런데……."

그럼에도 우리는 계속 산을 올라 용추다리 건너 폭포가 쏟아지는 용추바위 위에서 쉬었다. 가져간 소주병을 따고 한잔 마신 뒤에 문득 주변에 가득 찬 원한 같은 것을 조금이나마 누그러뜨리고자 용성 스님의 《금강경》을 꺼내 들었다.

다 읽지 않고 뒷부분 "범소유상 개시허망" 몇 줄 앞에서부터 소리내어 읽었는데, 내 소리가 '범소유상'에 이르렀을 때 갑자기 물가에서 회오리바람이 휘익 일어나며 《금강경》이 바람에 홱 날아가 내 뒤에 있는 큰 바위에 가서 착 달라붙었다. 손을 뻗어 책을 떼어내고 책이 붙었던 바위 부분을 문득 쳐다보니, 아아! 시커먼 바위의 바로 그 부분에 깊이 새겨진 글씨들!

'凡所有相 皆是虛妄!'

소름이 쫙 끼치면서 나는 벌떡 일어섰다.

"형님! 내려갑시다."

"왜?"

"글쎄요! 기분이 안 좋습니다. 내려갑시다."

말을 마치기도 전에 나는 먼저 터덜터덜 발걸음을 떼어 내려오기 시작했다. 어떻게 내려왔는지, 어찌어찌 해서 동해시의 안광호 선배 댁에 도착했는지 도대체 기억이 나질 않는다.

그날 밤, 안선배 댁에서 술을 마시며 선배에게 무릉계 내력을 대강 들었다. 무릉계가 흘러내리는 두타산의 산성 터는 6·25전쟁 때 인민군의 피복창被服廠이 일곱 군데나 있던 본거지였다고 한다. 그래서 국군수복 때 게릴라들의 북상을 차단하기 위해 동해시 쪽에서 해병대가 상륙하여 무릉계 라인을 가로지르고, 부역자를 청산한다는 명목으로 그 인근의 옥계玉溪 등 모든 골짜기 주민들 오천여 명을 한꺼번에 무릉계에 몰아넣고 봉쇄한 뒤 기름을 뿌리고 비행기에서 소이탄으로 기총소사를 가하여 모조리 태워 죽였다 한다.

그래서 그 근처 부락의 집집이 제사가 모두 한날 한시라고 한다. 흰 박꽃이 달빛 아래 살포시 피는 여름밤에 귀신들이 밥 먹으러 돌아오는 사멧골 제사는, 그러나 그 시작이 궁예와 왕건의 삼국통일 때까지 올라간단다. 그 무렵 강릉 등 명주溟州 지방의 예족濊族들이 집단으로 자취를 감춰버렸는데, 만주나 일본으로 간 흔적도 없고 보면 태백산과 두타산 쪽으로 들어온 것이 틀림없고 산성에 우물 터가 오십 군데나 된다고 하니 확실하다고도 했다. 예족들을 바탕으로 하여 그 산성과 골짜기에 도둑과 반역의 무리들이 웅거한 것은 아니었을까?

그날 밤 나는 내내 심안 위에 나타나는 검은 두타산의 모습을 바라보며 '검은 산' '검은 산' '검은 산' 하며 중얼거리다가 새벽녘에야 겨우 잠들었다. 이 '검은 산'이 내 정신의 어둠에 직접 관계되는 것은, 그러나 훗날이었으니, 해남 시절 인근의 옛 포구였던 백포白浦 또는 백방포白房浦의 '흰 방'과 '흰 산과 '흰 마을'을 슬픈 마음으로 보고 난 뒤였다.

아아!

산천도 인간의 역사와 마찬가지로 피를 흘리고 죽임을 당해 검고 희게 겉으로 드러나니, 산천에도 죽임과 살해와 외로움과 한스러움의 무늬가 또한 따로 있단 말인가?

지금도 그때를 생각하면 모골이 송연하다. 강증산과 고판례보다 더 커다란 '천지굿'이 참으로 이 강토 위 곳곳에 거의 매일 밤 매일 낮으로까지 열려야 할 이유가 바로 여기에 있다.

281_ 난초

나는 난초를 '그리지' 않는다. '친다.' '침'은 '그림'과 달리 몸으로 보자면 일종의 '기운 같이'다. 땅인 왼손은 방바닥을 짚고 하늘인 오른손은 허공에 자유롭게 놔두어 사람인 몸과 마음의 중심 기운이 종이의 공간 위에 '신중'하고 '진득'하면서도 '가볍고' '날렵하게' 순간순간 뻗어나가게 하는 것이 바로 치는 것이다. 그래서 '난 치기'가 일종의 기수련이 되는 것이니 '사군자'라 이름하고 '먹참선'이라 높여 부르는 까닭이 여기에 있다.

20여 년 전 그 무렵에 이 '먹참선'을 내게 권한 분이 바로 무위당 장일순 선생이니 선생 자신이 난초 치기를 하나의 수련으로 생각하시는 서예가였던 것이다.

"내가 말이야, 5·16 뒤에 3년간 옥중에 있다 나왔더니 말일세. 이상해! 좌불안석이야. 어디서 부르는 데도 없는데 갈 곳이 많단 말이지. 여기도 가고 저기도 가고 이 사람 만나 떠들고 저 사람 만나 떠들고 난리지, 난리야! 그러니 실수는 따놓은 당상이지 뭐! 그래 가만히 생각해보는데 그때 내 스승이신 차강此江 선생의 가르침이 기억난 거야. 그럴 땐 난초를 치라는 거지. 그리지 말고 쳐라! 난초를 치면 여러 시간을, 때론 하루이틀을 꼬박 궁둥이를 방바닥에 붙이게 돼! 그리고 '기운 같이'를 해서 마음이 텅 빈 가운데 난초만 계속 집중하게 된단 말이야! 그러니 어딜 가도 오래 있질 않게 되고 집에서 은둔하는 날이 많게 되지. 말도 적어지고 말이야. 난초가 잘 되면 친구

장일순 선생님 난초 전시회장에서 장선생님과.

나 후배들한테 나눠주고 잘 안 되면 될 때까지 치고……. 알아들었나? 그걸세!"

물론 나는 대학에서 사군자를 배웠다. 그러나 '먹참선'으로서 난초 치기를 시작한 것은 바로 이때부터다. 선생님은 또 이런 말씀도 하셨다.

"자네는 쉬운 일은 재미없어 못해. 그러니 사군자 중에서도 가장 어려운 난초부터 하는 게 좋은데, 난초 중에 제일 어려운 게 표연란飄然蘭이야. 바람에 흩날리는 난초지. 청나라 때 난초 명인이 정판교鄭板橋란 이인데 그이가 왈, '표연일엽 최난묘(飄然一葉 最難描)'라 했어. '바람에 흩날리는 한 잎이 제일 묘사하기 어렵다'란 말인데, 이때 한 잎(一葉)은 장엽長葉, 가장 긴 이파리를 뜻하지. 난초는 이 긴 이파리부터 치는 거야. 이것이 바람에 흔들리게 하려면 '삼절三折'을 써야 해. 삼전三轉이라고도 하지. '세 번 휘어진다'라는 뜻인데 가느다랗다가 굵었다가 다시 가느다랗게 세 번 변하는 걸 말해! 바람에 흩날리는 느낌을 주지. 이게 좀 어려운데 이걸 해야 자네가 흥미가 붙을 걸세! 어려운 것부터 해서 쉬운 쪽으로 가란 말이야!"

표연란!

나의 표연란은 이렇게 시작된 것이다.

표연란의 핵심은 운동과 위상을 동시에 측정하지 못한다는 불확정성

원리에 거꾸로 가 닿아 있다. 불확정성은 상상이나 직관에 의해 넘어설 수밖에 없으니 바람과 난초를 동시에 포착하는 것이 바로 예술로서의 표연란이며, 표연란을 '바람의 항구'라고 부르는 까닭이 여기에 있다.

부르는 곳 없는데 갈 곳이 많다?

이 사람과 떠들고 저 사람과 떠들고?

실수는 따놓은 당상이라?

실수가 뭘까?

제1군사령부의 대령들이 경고해온 '다시 행동'이나 '다시 모의' 같은 게 아닐까? 더욱이 부르는 곳이 없는 게 아니라 부르는 곳, 즉 반정부조직의 수괴로 취임하라든가 대학에서 데모 직전에 선동연설을 하라든가 이렇게 부르는 곳이 많고 또 많았으니 거기에 일일이 응하다가는 뼈도 못 추리게 생긴 것이 그 무렵 나의 상황이었다. 더욱 문제는 나 스스로 거길 가야 한다는 공연한 책임감에 붙들려 있었으니.

아아! 절집이나 산으로 가는 길도 막혀버린 속에서 난초 이외엔 내 마음을 잡을 길이 어디에도 없었다.

나는 선생님이 주시는 종이와 붓과 먹과 벼루 들 앞에 곧게 앉아 곧바로 '먹참선'을 시작하였다.

몽둥이 아니면 긴 작대기든가 뱀이었다. 그것은 난초가 아니었다.

잘 돼서가 아니라 잘 안 되어서, 그러나 그렇게 몇 시간이고 안 되다가 문득 난초 비슷한 선線이 나타나기도 해서 안달이 나서 내내 포기를 못 하고 더욱더 달라붙게 되는 그 이상한 집착의 날들이 시작되었다.

따로 떨어진 별채의 내 방에는 그 뒤로 불 켜진 밤이 늘어났다. 밤새 난초를 치다가 새벽 푸르름이 창호지에 묻어올 때 눈앞에 펼쳐진 텅 빈 종이의 허공 앞에서 말라르메의 흰 원고지보다 더 지독한 외로움과 괴로움, 그러나 기이하고 기이한 웬 향기가 얼핏 코끝을 스치는 그런 밤샘의 나날이 시작되었다.

때론 희한하게도 멋들어진 잎사귀나 꽃들이 불현듯 나타났으니 그럴 땐 벌떡 일어나 미친 사람처럼 덩실덩실 혼자서 춤을 추기도 여러 번이었다.

선생님이 가끔 오셔서 중요한 대목대목을 지도해주셨으니 시간이 흐르면서 내 난초는 어떤 꼴을 틀기 시작했다. 선생님에게 괜찮다는 인가를 받은 뒤부터 벗이나 후배 들에게 선물로 주기 시작했다. 삽시간에 소문이 나서 민주화운동에 필요한 자금이나 사무실 비용을 염출하는 데에 내 난초를 팔아대는 것이 한 유행이 되었다. 그래 한꺼번에 열 장, 스무 장씩 쳐야 했다.

치는 것 자체가 피곤하기도 했지만 신경쓰이는 것은 그렇게 몇십 장씩 가지고 가서 판 대가로 돈을 마련한 뒤 술집에서 술을 마시며 그 친구들이 내뱉는 비아냥이 즉시즉시 내 귀에 들어오는 일이었다. 그 무렵 원주는 이미 민주화운동의 전 전선에 걸친 사통팔달의 허브 지역 혹은 메카가 돼 있었던 것이다.

"제가 언제부터 선비가 됐다고 난초야, 난초가?"

"우리가 도움받는 건 사실이지만 그 친구 이젠 완전히 반동이 됐어. 지가 무슨 양반이라고 난초야, 난초가?"

몹시 화가 나 술을 퍼마시는 내게 선생님은 자주 이런 말씀을 하셨다.

"좋은 일 하는 것을 남이 알아주는 순간, 그 좋은 일은 이미 대가를 받는 것일세. 욕을 좀 먹게! 그러면 자네가 한 일이 하늘에서 표창받게 되네."

그 무렵 나의 견인력은 아마도 선생님 덕이 제일 클 것 같다. 인내 또 인내! 나의 견인을 표현한 '코믹 달마達磨'도 많았으나 사람들은 못 알아보았다. 나는 난초 이외에 내 스타일로 변형된 달마, '코믹 달마'도 치게 되었으니 난초보다 도리어 그것이 더욱 인기가 있었다.

지금 생각해보니 내 난초와 달마가 안 간 데가 없었다. 국내의 도시, 도시들은 물론, 일본·미국·유럽에까지 안 간 곳이 거의 없었으니 치기도 어지간히 많이 쳤던 것 같다.

언젠가 창작과비평사 사무실에서 고인이 되신 민병산 선생을 뵈었을 때 그이는 거의 잡초나 다름 없는 나의 초기 난초를 올려다보며 말씀하셨다.

"아주 많이 많이 남들에게 주어도 시간이 흐르면 조금밖에 안 남는 게 그림이야. 많이 그려서 많이 주게나! 그러면 늘어! 어쩔 수 없어서 자꾸 그려주다 보면 저도 모르게 기량이 는단 말일세. 알겠는가?"

282_벗들, 아우들

출옥 후 두 해인지 세 해인지 거의 매일같이 둘 혹은 세 패거리 정도씩 벗들, 아우들, 민주화운동 인사나 종교계 사람들, 그리고 대학생 간부들이 몰려와 밥이나 술을 먹고는 돌아갔다. 밥상, 술상을 눈코 뜰 새 없이 날라야 했던 내 아내에게 지금도 참으로 미안하다는 생각이 있을 뿐이다.

몇 사람을 제외하면 그들의 얘기란 다 똑같은 것이었으니, 나더러 반5공운동의 대장을 하라는 것이었고 하다가 또 감옥에 가라는 것이었다.

그들은 첫째, 나와 자기들의 입장이 다르다는 것을 이해하지 못했다. 둘째, 원주와 서울이나 광주의 상황이 판이하다는 것을 알아차리지 못했다. 셋째, 직업정치가들이 주류였던 박정권 말기와 군 영관급들이 주류를 이룬 5공정권 사이의 병법적兵法 차이를 계산하지 못했다.

그들이 대개 주장하고 공감했던 '지성의 유격전'이 옳다고 하자. 그렇다 하더라도 최소한 그것이 유격전인 한에서는 역량의 소모를 막으면서 동시에 역량의 보전을 도모하고 가만히 잠복함으로써 서서히 피동을 넘어서야지 함부로 자살과 투옥을 무기로 한대서야 말이 되는가? 감옥 가기는 박정권 말기에나 적용되는 전술이지 5공 초기에 합당한 전술이 전혀 아니었던 것이다.

그만큼 그들은 난폭하고 무자비하고 영악스러운 병법 집단이었다. 그런데 소위 운동권 사람들은 담론 자체부터가 이미 우리네와는 생소하였다.

그럼에도 나에게 껍데기 대장 노릇을 하라고 우겨댔고, 늙은이답게 젊은이를 위한 선동연설이나 하라고 덤볐다.

그들 가운데 제일 기억에 남는 네 사람이 있는데 나병식 아우와 김근태 아우가 한 그룹이고, 이부영 형과 최열 아우가 또 한 그룹이었다. 다들 고생 많이 한 사람들이었는데, 김근태 아우는 두 번 와서 당시의 청년조직을 맡아달라고 부탁했으나 나는 이제 정치가 아닌 어떤 다른 일을 찾고 있노라고 사양했고, 나병식 아우는 그보다 더 자주 와서 옛날과 같은 적극적 역할을 기대했으나 나는 이른바 생명운동의 일개 개척자로서 내 길을 가겠다고 타일렀다. 이부영 형과 최열 아우는 그들과 또 판이했다. 반군부통일전선을 이끌고 있던 이형은 원주와 장선생, 그리고 나와 사회개발운동 자체의 존재 의미와 가치를 전선의 일환으로서 있는 그대로 인정하고 있었고, 최열 아우는 그 무렵 처음 시작한 공해추방 또는 환경보전운동에 생태학적·생명론적 기초를 놓으려고 나와 부단히 의논하고 여러 견해를 공유했으니, 박재일 형들을 통해 생명론이 유기농과 무공해식품 생산 및 소비운동으로 나아가듯이 그것이 또 한편에서 최열 아우 등을 통해 환경과 생태학 및 녹색운동으로 발전하고 있었던 것이다.

김근태, 나병식, 이부영 형 등의 운동이 결국 야당 정치운동으로 수렴돼간 것과는 달리 최열 아우의 환경운동은 날이 갈수록 더욱더 생기를 띠면서 발전·확대되어 지금은 전국의 2만여 시민운동단체 중에 가장 커다랗고 가장 활력 있는 운동체가 되었다. 아마도 앞날에 있을 원외·원내의 양면에 걸친 대중적인 민중생명정치운동의 초석을 놓는 데에 결정적 역할을 할 것으로 예감된다.

그 밖에 독일 녹색당에서 일하는 한 여성, 독일 괴테 인스티튜트의 두 여성과 《타임》지의 동경지국장 S. 장 부부, 그리고 해인사의 현응 스님이 방문객 가운데 특히 기억에 남는다.

그 밖에 나를 찾는 대개의 사람들이 한 시대만을 살고 있었고, 전환점의 두 시대를 걸쳐서 생각하는 사람은 흔치 않았다. 다들 5공 타도에 급급해 생명운동의 앞날을 이해하기는커녕 예감조차 못했으며, 중장기적 담론 개척이나 근현대사에 대한 심도 있는 공부는 할 생각이 아예 없고 단기적인 전술 차원의 옥쇄玉碎나 난파를 신성한 이념적 차원으로 착각하고 있었으니, 사람마다 돌격병이요 말끝마다 특공대였다.

엄청난 희생을 치르고서도 사회주의 변혁론이 증발한 이후 오늘의 이른바 민주화운동 세력의 집권이 반민중적인 연쇄 부패로 파탄나는 데에 이르기까지 그 직간접적 원인을 제공한 것은 바로 이러한 결함들이고 이러한 조급증이다.

지금도 기억한다. 내 입에서 정치운동의 중장기적 전망이나 남북통일 속에서의 문명융합론, 환경문제에서의 생태학 관련이 언급될 때마다 언급되기가 무섭게 변절, 배신, 반동, 전열 이탈, 전열 혼란, 생명교 교주 따위의 마구잡이 비아냥과 욕설들이 쏟아졌으니, 참으로 반지성적인 파시즘은 도리어 소위 운동권 사람들이 더욱 심했다고 기억될 정도다.

283_ 담론들

기억할 수 있을 때 그 기억들을 정리해둬야 한다.
앞서 조영래 아우와 함께 이미 민청학련 때부터 당 기능을 가진 전선, 즉 전선당에 대해 논의해왔다고 했다. 그것은 종교계를 포함한 각계 각층의 인사들과 해외 세력 및 대중적 민중을 포괄하는 넓은 전선이로되, 그 중추 기능은 전위당이 아니라 전선당으로서 당 기능 내에서는 마르크스주의까지 포함한 여러 철학과 과학, 종교, 예술과 문화이론이 서로 논쟁하고 서로 공방하면서 서서히 새로운 사상과 이념을 창조해나가는 그러한 살아 생동하는 과감한 정치체의 구상이었다.
그런데 민청학련 사건으로, 그리고 그 뒤 잇따른 사건들로 나와 조영래 아우 및 기타 지도적인 선배들이 현장에 없음으로 해서 7년여의 긴 공백이 있었다. 그 기간 동안에 광주사태가 터졌고 투쟁은 필사적인 것으로 되고 치열해졌다.
시뻘겋게 피칠 한 광주의 그 미칠 듯한 나날 속에서 이십대 청년들은 자기들을 적절히 이끌어줄 선배들을 찾을 수 없었으니 그들은 도리어 선배 세대들의 민중사상을 비판하고 폄하하며 혁명적 전위주의와 분파주의로 상황에 대응하게 된 것이다. 이십대 신진의 자칭 혁명가들이 해방 직후의 말똥종이 책이나 영어·일본어 번역본의 마르크스·엥겔스·레닌·루카치에 부하린까지 들고 나옴으로써 운동의 법통이나 정통성 따위는 다 걷어치우고 뜬금없는 세대론을 목청 높이 외쳐대어 지하에 수십 개의 지도부가 난립하고 이른바 이론투쟁을 서슴지 않았으니, 해방 전 한반도 내의 그 자살적인 종파투쟁을 방불케 했다.

이미 민중 주체의 민족사상 위에 생명론 철학을 전개하고 있던 나로서는 그들의 한없이 소모적인 엘리트주의적 이론투쟁과 종파투쟁, 그람시나 알튀세르 같은 변형까지, 그리고 김일성의 주체이론과 김정일의 종자론까지, 그러니까 꼭 필요해서라기보다 왠지 필요할 것 같아서 하는 듯한 그 멋부리는 투쟁, NL이니 PD니 NLPD니 하는 분파와 전위 중심주의를 이해할 도리가 없었다.

나는 그들과는 너무나도 멀리 있는 자신을 발견했다. 설령 그들의 주장이 논리적으로 맞다 하더라도 내 눈엔 이미 한없이 시대에 뒤떨어진, 소수의 편벽된 담론일 뿐이었다.

때는 이미 생명과 영성의 시대로, 안과 밖, 명상과 변혁의 상호 보완 시대로 성큼성큼 나아가고 있었고, 그 길에서 동서양 사상의 새로운 종합, 고대와 미래의 쌍방향적인, 탁월한 통합이 요구되고 있었다.

자연과학은 이미 불확정성과 상대성 이론에까지, 드러난 질서와 숨겨진 질서의 물리학에까지, 자유의 진화론과 자기 조직화의 진화론에서 생명의 차원 변화론을 포함한 최신 생물학까지 나아가, 카오스 이론과 퍼지 이론과 프랙탈과 네트워크 이론이 휩쓸고, 철학에서도 니체와 푸코 이후 들뢰즈와 가타리, 미셸 세르에 이르도록 변화에 변화를 거듭하고 있었다.

생태학에서 드볼, 세션즈의 심층생태학과 머레이 북친 및 루돌프 바로의 사회생태학은 이전 시대의 마르크스주의적 변혁론과는 큰 획을 긋는 새로운 생태계 변혁론을 주장하며 문명사의 거대한 문제를 제기하고 있었다.

나는 그 무렵 동학과 생명론 탐구를 제창하면서 최초의 산문집《밥》을 펴냈다.《밥》은 분명 하나의 중요한 담론집이었다. 그러나 소수만이 그것을 이해했을 뿐, 책은 많이 나갔으나 그 담론으로서 갖는 가치는 고의적으로 묵살되었다. 이어 나온《남녘땅 뱃노래》도 마찬가지였다.

나의 글이 발표될 때마다 비판이 아닌 순전한 비아냥이 늘 뒤따라다녔으니 그것은 모두 하나의 '엘리트병'이었다.

문화운동 역시 마찬가지였다. 저급한 선동을 예술의 정치성이라고 착각하고 예술을 감히 투쟁수단이라고 공언하는 자들이 많았다. 미학은 낡아빠진 자연주의적 사실주의로 되돌아갔다. 아무 희망도 보이지 않았다.

그때 바로 안성 청룡사靑龍寺에서 1박 2일로 문화운동 토론모임이 열렸다. 나는 그날 채희완 아우와 함께 평소의 문제점을 지적하고 거기에 대한 미학적 대안까지 낱낱이 제시하였다. 그러나 무슨 소용이 있으랴! 젊은 그들은 집권도 하기 전에 검열제를 창설했으니,《공동체》라는 잡지에 저희 입맛에 맞는 애기로 완전 재편집하여 1박 2일의 그 엄청난 담론을 단 1회로 취급하고 끝냈다.

문화운동은 '거덜난' 것이다. 청룡사를 거점으로 했던 옛 조선조의 남사당패들, 뜬패의 넋들에게 몹시도 부끄러웠다.

그 무렵《창작과비평》은 문예지인지 시사평론지인지 구분이 안 가는 편집이었는데, 실천문학사에서 초청한 '민중, 민족, 문학'이라는 제목의 대담에 나가 창비의 백낙청 씨와 긴 얘기를 나눈 것이 기억에 남아 있다.

구체적인 것들은 다 증발해서 날아가고 없다. 다만 백씨가 민중운동 및 민족문학에 대해 매우 낙관적이었던 데 비해 나는 마르크스 일변도의 문화담론에 대해 무척 비판적이었고 민중민족문학 안에서도 새로운 상상력을 탐색해야 한다는 쪽으로 기울었던 것만 기억난다.

왜 그랬을까?

왜 의견의 일치를 보지 못하는가?

왜 '창비'와 나는 항상 일치할 듯하면서도 서로 비켜 나가는가?

아마도 그들은 시사평론가들이요 나는 원론 탐색가이며, 그들은 근거지에 머무르는 현실주의자들인 데 비해 나는 그저 항상 먼길 떠나는 나그네이기 때문인 듯하다. 견해의 차이라기보다 그것은 일종의 숙명일 게다.

284_ 대령들

    아마 그 무렵이었을 것이다. 그리스에서 파시스트들의 '대령들의 반란'이 일어난 것은. 미키스 테오도라키스와 메리나 메르쿨리의 예술적 저항이 기억난다. 메르쿨리는 쿠데타를 일러 특별히 '대령들의 반란'이라고 명명했다.

    5공 또한 대령들의 반란이었다. 대령들은 어디에서든 나타났다. 술자리나 밥자리, 찻자리, 사무실과 성당, 사제관과 가톨릭센터, 수련원 등 도처에 나타나 엄포와 회유의 양날 칼을 휘둘렀다.

    그들과 우리 사이에 군종 신부인 가리누스 김신부가 끼어 있어서 일방적으로 튕기거나 피할 도리가 없었다. 그때 세상에선 그들은 주역이었다. 심지어 어떤 대령은 우리 원보를 육사에 보내라고 강변, 강변했다. 참으로 나의 그 질긴 견인력이 아니었더라면 반드시 말로, 표정으로 구역질을 표현하고 말았을 심한 모욕이었다. 원보를 육사에 보내라니! 이 세상에 시인이며 수도자가 들어가는 육군사관학교도 있다던가?

    한번은 1군사의 한 장군이 지주교님과 우리 부부를 자기 집 저녁식사에 초대했다. 안 갈 도리가 없어서 초대에 응했는데 산해진미의 진수성찬이었다. 먹는 것은 좋다. 그러나 무슨 말을 할 것인가? 걱정할 필요는 없었다. 그들이 계속 지껄였으니 편했다.

    나는 어려서 군인 그림을 많이 그렸고 한때 군인이 되고 싶기도 했다.

그러나 그날의 저녁식사 초대 이후 나는 군인에 대한 흥미를 거의 다 잃어버렸다.

군인은 전투복을 입을 때가 제일 좋다. 좋다기보다 미덥다. 그들이 깡통 훈장을 너절하게 늘어뜨리고 금빛 번쩍이는 예복을 입고 사교적인 언사를 쓰기 시작했을 땐 이미 무언가 잘못된 것이다. 군인들의 칼 길이가 짧아지고 그들이 도성 안을 활보하면 나라가 망한다고 했던가?

더욱이 그 장군이란 이는 경상도의 어떤 사람을 한 돌팔이 의사와 함께 나에게 보내 내 병을 고쳐주겠다고 하며, 여러 번 여러 번 나를 서울의 타워호텔로 이끌어 올려 무슨 암호를 끊임없이 종이 위에 그리면서 끝도 없이 제 공치사와 나의 무모함과 5공정권의 강력함을 떠들어대고 뽐냈다.

참는 데도 한도가 있었다. "당신들 치료는 효험이 없다"라고 싹뚝 잘라버리고 발길을 끊어버렸다. 그러기까지 몇 개월이 걸렸다.

나는 이미 각오하고 있었다. 그들의 유혹은 공갈과 함께 오고 또 오고 또다시 올 것이다. 나는 서서히 걸어내고 또 걸어내고 또다시 걸어낼 것이다.

그들은 지주교님, 추기경님께도 똑같이 그렇게 하며 장선생님과의 사이를 이간하려 했으니, 이 모든 것이 배후의 참모조직과 정보조직에서 나오고 있음을 한 번 보아서도 알 수 있었다.

그들이 그들의 본성인 '칼'을 드러낼 날이 가까워오고 있음을 느꼈다. 그것은 실제로 가까이 오고 있었으니, 바로 저 유명한 허문도 씨가 나를 찾아 원주집으로 온 것이다.

285_ 허문도

이화여대 신인령 교수와 얘기하는 도중에 허문도 씨가 거론되었다. 신교수가 말했다.

"아! 그 불패불굴의 사나이 말이죠?"

그랬다.

아마 그것이 5공 청문회 직후일 것이다. 그는 쏟아지는 칼날 질문과 화살 공격에 까딱없이 자기네 패거리의 정당성과 전두환 장군에 대한 충성심을 그대로 드러내었다.

그것이 그렇게 말처럼 쉬운 것은 아니다. 마치 일본 사무라이 집단의 《추신쿠라忠臣藏》와 같은 것이겠다. 안다. 그러나 그것은 《춘추春秋》와는 거리가 먼 것이다.

그가 처음 내 앞에 나타났을 때를 기억한다. 그는 되들이 병 두 개에 독한 머루주를 가득 담아가지고 왔다. 나는 그에 대한 예비 지식이 거의 없었다. 그가 구석에 쌓여 있는 불교 관계 책들을 보고 감격해서 마구 감탄하는 걸 보고 그가 단순한 신도가 아니라 불교 마니아임을 알았다.

독한 머루주를 그 자리에서 다 비웠으나 마시는 여러 시간 동안 서로 주고받은 얘기는 그가 한 마디, 내가 한 마디, 해서 합이 꼭 두 마디뿐이었다. 그가 팔을 길게 뻗어 허리를 잡아온다.

"신라가 삼국을 통일할 때 세 개의 힘이 합쳐졌습니다. 김춘추의 정치력, 김유신의 군사력, 원효의 문화력입니다. 김춘추와 김유신의 정치력과 군사력은 이미 준비되어 있습니다. 문제는 문화력, 사상의 힘인데 그것을 김형이 맡아주십시오. 그래서 회삼귀일會三歸一하십시다. 협조해주십시오."

나는 허리에 감긴 그의 팔을 슬며시 풀어내며 말했다.

"나는 원효가 아닙니다. 공부한다 해도 가능성이 별로 없습니다."

또 마신다. 마시다가 또 그가 팔을 길게 뻗어 허리를 감아온다.

"신라가 삼국을 통일할 때 세 개의 힘이 합쳐졌습니다. 김춘추의 정치력, 김유신의 군사력, 원효의 문화력입니다."

"나는 원효가 아닙니다."

또 마신다. 마시다가 또 그가 말했다.

"신라가 삼국을 통일할 때 세 개의 힘이 합쳐졌습니다. 김춘추의 정치력, 김유신의 군사력, 원효의 문화력입니다."

"나는 원효가 아닙니다."

그는 참으로 집요했다.

"신라가 삼국을 통일할 때……."

어떻게 똑같은 말을 똑같은 사람에게 길고 긴 시간 내내 똑같은 톤으로 말할 수 있는 것일까? 더욱이 내가 거부하는 게 분명한데…….

그는 그 뒤 서울에서 몇 차례 어떤 루트를 통해서든 나를 초대하여 술을 샀다. 그때마다 그는 내게 협조를 요청해왔고 나는 그저 웃을 뿐이었다. 웃는 내 앞에 또 그때마다 돈이 든 봉투를 내밀었고 나는 그것을 일단 받아 넣었다가 3, 4일 뒤에 어떤 루트로든 꼭 되돌려주었다.

똑같았다. 팔을 내밀어 내 허리를 안는 것과 똑같이 돈봉투를 내밀었고, 나는 또 슬며시 팔을 풀어 제자리에 돌려놓는 것과 똑같이 돈봉투를 되돌려주었다. 단 한 번 돈이 중간에서 떠버린 적이 있다. 장선생님이 내가 꼬박꼬박 돈을 돌려주는 것이 허문도 씨의 비위를 건드리는 일이라고 판단해서 중간 사람에게 쓰라고 줘버린 것이다.

그의 불패불굴의 집요함!

그것은 다음과 같은 일로도 여실히 나타났다.

어느 날 밤 나는 문화운동 관계의 후배들 200여 명이 모이는 곳에 가기로 되어 있었는데, 허씨가 이것을 알고 반드시 자기를 거기 데려가달라는 것이었다. 피하면 비겁하다는 말까지 했다. 내게 비겁이나 용기는 중요한 게 아니었다. 그러나 피하면 적이 되는 것이다. 같이 갔다.

술이 이미 거나해진 후배들은 두런두런거리며 허씨와 나에게 불만을 표시하기 시작했다. 그 와중에 허씨가 불쑥 일어나 연설을 시작했다. 비교할 수 없는 똥배짱이요, 집요함이었다. 내용은 결국 협조 요청이었다.

그가 '국풍國風'의 주인공이었고 또 그 국풍에 김민기 아우를 끌어들이기 위해 김제 시골에서 농사짓는 민기 아우에게 사람을 보내기까지 한 것은 이미 유명한 얘기다. 그렇게 해서 얻고자 한 것이 과연 무엇이었을까? 그는 결국 그것을 얻었나?

한번은 그가 오대산 상원사에서 만나자고 기별을 했다. 가야만 했다. 왜 가야 하는지 나는 이해할 수 없었으나 꼭 가야만 했다.

상원사에서 기다리는 내 앞에 그는 조선일보 편집국 간부들을 잔뜩 데리고 나타났다. 술 취한 조선일보 패거리들의 비꼬는 말끝들이 내 신경을 거슬렸다. 거기다 허씨까지 술이 거나한 김에 한도 끝도 없는 파시스트 담론의 장광설을 늘어놓는 거였다.

나도 역시 몹시 취했다. 내 입에서 드디어 총알이 날아갔다. 조선일보 패거리 십여 명 앞이었다.

"야, 임마! 파시스트! 입 닫아! 뭘 잘했다고 큰소리야!"

허씨는 벌떡 일어나 자기 주먹으로 벽을 갈기고는 원통하고 아파서 주저앉아 울었다. 조선일보 쪽이 말리지 않았더라면 아마 필생의 원수가 되는 판가리싸움이 일어났을 것이다.

그런데 그 일이 있고 나서도 그는 나를 찾아왔으니, 과연 허씨란 사람은 그 집요함으로 역사에 길이 남을 사람이었다.

이것저것 다 팽개치고 고향 전라도에서 새 출발 하고자 낙향한 해남 집에 그가 사람들을 잔뜩 거느리고 나타난 것이다. 너스레는 중요한 것이 아니었다. 그가 온 목적이 문제였다. 그때는 5공 말기였다. 나더러 곧 상경하여 민중운동의 헤게모니를 장악한 뒤 자기네와 손을 잡고 정국을 요리하자는 사쿠라 흥정이었다.

웃어버릴 수밖에 다른 도리가 없었다. 거기에까지 이른 그간의 나의 유화책이 문제라면 문제였다. 나는 그의 차 속에서 웃으며 웃으며, 참으로 어처구니없어서 웃으며 단 한마디밖엔 할 수 없었다.

"기자 출신은 기자 출신과 말이 통하는 법이오. 지금 민중운동의 헤게모니는 다름 아닌 동아 출신의 이부영 씨가 쥐고 있으니 이씨와 잘 타협해

보시오."

　　나는 그 차에서 내려 해가 설핏한 해남 우슬치 입구에서 서쪽 하늘을 물끄러미 쳐다보았다. 별 뜻도 없는 한마디가 그냥 내 입에서 기어나왔다.

　　"부끄럽다."

　　그는 그런 사람이었다.

286_ 원주 사변

나는 그 사건을 감히 '원주 사변'이라고 부르겠다.

허씨가 나에게 그런 집요함을 보이면서도 계속 원주를 두들기려고 눈독 들이고 있었던 것을 어떻게 설명할 것인가? 잘한 짓인가? 자기들이 변변하고 떳떳하다면 그럴 필요가 없을 일이었다.

왜냐하면 원주는 이미 '생명운동'을 표방하기 시작했고, '수동적 적극성' 또는 '솔라 패시브'를 전략으로 선택한 지 오래였으니까. 농담이 아니다. 공연한 헛수고였든가, 정보망이 엉터리였든가 둘 중의 하나다.

비록 광주사태의 수배 인물인 김현장이 원주수련원에 숨어 있었고 또 원장인 최기식 신부의 주례로 그가 원주의 한 책방 주인 영애와 결혼한 것이 사실이라 하더라도, 그것이 그렇게 사방에 난리를 일으키며 가톨릭 원주교구를 빨갱이 소굴로 지목하면서까지 근 한 달에 걸쳐 대규모로 매스컴 플레이를 벌일 만한 사건이 되는가?

또 그 과정에서 수련원 뒤뜰에 쓰다 버린 가톨릭농민회 피켓의 그 약간은 과격한 구호들을 신문 사진으로 클로즈업해서까지 원주의 붉은 소굴을 소탕하자는 난리굿을 벌일 만한 정치적 절박성이 있었는가?

안다. 그때 이미 우리도 알고 있었다. 우리에게도 정보 채널이 있었으니까.

장선생님의 참모였다가 결정적인 하자 때문에 원주 캠프에서 숙정당한 이 아무개 씨가 허씨의 오른팔이라는 것. 그 이씨가 그 무렵 소위 정권의 핵이었던 '관계기관 협력회의'에서 '원주 캠프 브리핑'을 통해 무슨 빨갱이 집단, 전위당모양 원주의 계보를 그리고, '장일순―대통령' '김영주―총리' 또 누구는 무슨 장관 또 누구는 무슨 장관 운운하며 유치한 짓거리를 한 것까지 이미 들어 알고 있었다.

제일 우스운 것은 김지하를 특수부대장으로 별동대화했다는 것이다. 왜 그랬을까?

생생히 기억한다. 그때 서울에 올라온 나는 허씨에게 간접 전화를 했었다. 명동성당에서 막 추기경님을 뵙고 마음 깊이 한 중대한 결심을 굳히고 나오는 길에 중앙극장 뒷골목 공중전화 부스에서였다.

"결정하라고 하시오. 김지하가 다시 감옥에 가는 게 좋으냐, 아니면 평화롭게 술이나 마시는 게 좋으냐고. 곧!"

고맙긴 하다. 바로 그 뒷날부터 매스컴을 통한 원주 공격이 중단됐으니까.

자랑이 아니다. 나까지 포함해서 소위 5공 시대의 정치력, 허씨가 그리도 자랑해쌓던 이른바 김춘추의 준비된 정치력이라는 게 겨우 그 정도에 불과하고 내가 그 따위 브리핑에 특수부대장으로 올라간 코미디를 개탄해서다.

공중전화 부스를 나섰을 때 저무는 서쪽 하늘을 쳐다보며 내가 내뱉은 말 한마디가 있다.

"부끄럽다."

적이라 하더라도 좀 능란했더라면…….

내가 이 사건을 '원주 사변'이라고까지 부르는 이유가 따로 있다. 나의 스승이신 무위당 장일순 선생을 너무도 괴롭힌 사건이었기 때문이다. 선생님께서 앞날을 크게 걱정하시며, 그 뒤 곧장 상경하여 악어 형, 곧 한기호 형님과 함께 허씨를 만났던 것이다. 난초를 그려주며 선생님이 허씨에게 건넸다는 그 한마디를 생각하면 지금도 내 눈에 피눈물이 흐른다.

"이봐, 문도! 나 용돈 좀 주게!"

이것이 무슨 말인가? 이것이 도대체 무엇을 뜻하는 말인가? 이것이 바로 우리나라의 정치요, 정치의 결과다. 장선생과 같은 민족의 큰 어른을 이렇게 대접해도 되는 일인가? 할말 있는가? 지금에 와서도 그 유명한 불패 불굴의 충성심과 자긍심을 계속 주장할 수 있다고 생각하는가?

바로 말하자! 그것이 도대체 정치력인가? 《춘추》에서는 그런 경우를 뭐라 지적하는가?

오해 없기 바란다. 시비 가리자는 것이 아니다. 이것은 회고록이다. 이렇게밖에 회고가 안 되는 것은 나의 죄인가? 그토록 견인한 내 탓인가?

그러나 글이 여기에 이르러 잠시 창밖을 내다본다. 멀리 길고 긴 한강이 벌판을 가로지르고 그 너머 김포의 작은 산들과 아득한 강화의 산들까지 보인다. 그 너머는 황해다. 누구 말처럼 동아시아의 지중해다. 거기에 우리 민족의 새로운 미래가 기다리고 있다. 내 입에서 저절로 나온 말이 있다.

"헛되고 헛되고 또한 헛되도다."

나는 이미 허문도 씨를 미소로 기억하고 있었다. 건강하게 잘살기를 기원하고 있는 나 자신을 발견했다.

　　아무래도 그는 좀 별난 사람이었다.

　　'불패불굴의 사나이'라는 신인령 교수의 말 한마디가 또 떠올랐다.

287_ 외로움

그 무렵 왜 그리도 외로웠을까? 뼛속까지 스며드는 외로움 때문에 매일 술 없이는 살 수 없었으니 곁에서 보기에도 딱했으리라!

윤배 형님을 몇 번 만난 뒤, 나 스스로 만남을 피했다. 사나운 짐승도 상처를 받거나 사냥꾼에게 쫓기면 동굴에 깊이 숨어 얼굴을 내밀지 않는 법이다. 내가 윤배 형님 뵐 낯이 있었을까?

그러나 그 무렵 모처럼 한 여름날 아내와 두 아이를 데리고 강릉 경포대에 수영하러 갔을 때 우연히 그곳에서 형님을 뵈었다.

어쩐지 건강해 뵈질 않았다.

형님은 웃으며 말했다.

"참 좋다. 네가 가족 데리고 해변에까지 오다니 이젠 안심이다. 그 사이 걱정 많이 했는데…… 참 좋다."

나는 참으로 궁금한 소식을 물었다.

"이종찬 선배는?"

"잘 있어. 염려 놔!"

이종찬 선배는 그 무렵 여당의 큰 재목으로서 성장 일로에 있었다. 혹시라도 누를 끼칠까 봐 안다는 소리는 어디 가서 입도 뻥긋하지 않았다. 그렇게 그렇게 살아가는 게 옛, 옛 그 최선생의 말처럼 '삶'인지도 몰랐다.

그런데 웬일일까? 윤배 형님이 어쩐지 건강해 뵈질 않았다. 취한 것인지? 내 귀를 잡고 낮은 소리로 한 마디 했다.

"내가 몇 억 벌었어! 한 삼억 줄 테니 영화 하나 만들어봐! 광산영화 말이야."

어쩐지 건강해 뵈질 않았는데 역시 그것이 마지막이었다. 그 뒤 해남에 낙향해 있을 때 형님의 별세 소식을 들었고, 그것이 간암 때문임을 알았을 때 들었던 생각,

"아하, 영화!"

실없는 생각이었다.

원주에서.(1985)

김영삼 정권 때던가? 어느 날 새벽에 환경운동연합이 주최하는 롯데호텔의 조찬 모임에 갔다가 거기서 참으로 오랜만에 이종찬 선배를 만났다. 아무 소리 없이 둘 다 굳은 얼굴을 하고 한 번 악수로 그만 또 헤어지고 말았으니, 언제 또다시 그 무슨 난새와 봉황의 인연이 있어 붉은 구름 사이에서 만나려나?

왜 그리도 외로웠는지, 왜 그리도 괴로웠는지, 왜 옛사람들은 그리도 만날 길이 없고 갈 길만 그저 아득했는지?

아아, 이것이 최선생의 바로 그 '삶'이라는 것인지?

288_ 애린

네 얼굴이

애린

네 목소리가 생각 안 난다

어디 있느냐 지금 어디

기인 그림자 끌며 노을진 낯선 도시

거리거리 찾아 헤맨다

어디 있느냐 지금 어디

캄캄한 지하실 시멘트 벽에 피로 그린

네 미소가

애린

네 속삭임 소리가 기억 안 난다

지쳐 엎드린 포장마차 좌판 위에

타오르는 카바이트 불꽃 홀로

가녀리게 애잔하게

가투 나선 젊은이들 노랫소리에 흔들린다.

애린이 누구냐고 묻는 사람이 더러 있었다. 물어 뭘 하자는 것이었을까? 그 무렵 들리는 소문으로는 이리역 앞에 '애린'이라는 카페가 있다고도 했다. 나와 가까웠던 어느 유명한 살롱의 여자 주인은 애린은 카페 제목이 제격이라고까지 말했다. 그럴까?

애린은 본디 고인이 된 하길종 감독의 미망인인 전채린田彩麟 여사의 막내동생 전애린田愛麟 씨의 이름이다. 출옥 후 나는 채린 여사에게 애린이란 이름을 써도 좋냐고 물어본 적이 있다.

"왜 그래요?"

눈이 똥그래서 물었다.

"애린이란 이름이 꼭 '엘자'와 같은 이미지를 갖고 있어요."

"아라공의 아내 말이죠?"

맞다.

나는 그 무렵의 나의 시경詩境은, 아라공의 〈엘자 찬가讚歌〉가 우뚝하니 서 있어 밤안개와 축축하고 찬 안개로부터 그것을 뚫고 솟아오르는 새하얗고 여성적이고 식물적인 아픔과 사랑과 아름다움의 이미지로 파시즘을 포위하는 일련의 레지스탕스 시들을 쓰고 싶어했다.

나에게 감옥은 그 자체로서 이미 파시즘이었다. 애린의 그 신성하게 고양된 이미지가 아닌, 그저 애린을 찾는 즉물적인 까닭과 애린을 찾는 과정과 그 결과에 관한 시를 오늘 옛 시집에서 두 편 발견했다. 〈둥글기 때문〉과 〈매화〉다.

〈둥글기 때문〉은 출옥 후의 내 마음의 동그라미다.

거리에서

아이들 공놀이에 갑자기 뛰어들어
손으로 마구 공 주무르는 건
철부지여서가 아니야
둥글기 때문

거리에서
골동상 유리창 느닷없이 깨뜨리고
옛 항아리 미친 듯 쓰다듬는 건
훔치려는 게 아니야
이것 봐, 자넨 몰라서 그래
둥글기 때문

거리에서
노점상 좌판 위에 수북수북이 쌓아놓은
사과알 자꾸만 만지작거리는 건
아니야
먹고 싶어서가 아니야
돈이 없어서가 아니야
모난 것, 모난 것에만 싸여 살아
둥근 데 허천이 난 내 눈에 그저
둥글기 때문

거리에서
좁은 바지 차림 아가씨
뒷모습에 불현듯 걸음 바빠지는 건
맵시 좋아서가 아니야
반해서도 아니야
천만의 말씀
색골이어서는 더욱 절대 아니야
둥글기 때문

불룩한 젖가슴 도톰한 입술
새빨간 젖꼭지나 새빨간 연지
그 때문도 아니야
뚫어져라 끝내 마주 쳐다보는 건
모두 다 그건
딱딱한 데, 뾰족한 데 얻어맞고 찔려 산 내겐
환장하게 보드랍고 미치고 초치게
둥글기 때문

개 같은 이 세상에 아직 살아남아
내 이렇게 허덕이는 건 허덕이고 있는 건
다른 뜻 있어 아니야

굳이 대라면 허허허
지구가 워낙 둥글기 때문

그리고 또 하나
요사이 부쩍 절을 자주 찾는 건
믿어서도 깨쳐서도 아니고 오직 한 가지
부처님 미소가 사뭇사뭇 너그럽고
둥글기 때문.

둥글기 때문?
이것은 참이었다. 그것이 조금 지나쳐 패륜의 감각을, 너무 진한 색정적인 표현을 가져온다 해도 나로서는 어쩔 수 없었고 또 사실 어떻게 해보지도 못했으니, 그저 '스즈키'의 말처럼 아리따운 꽃을 눈으로 보는 일밖에 안 되었다. '애린'은 엘자처럼 그렇게 깊은 느낌도, 먼 바다의 해일처럼 걷잡지 못할 넘쳐남도 아니고 그저 거기 있어서 언제나 나를 바다로, 바다로 끌어들이고 있었다.

그리고 마지막 〈매화〉는 해남 시절 내 마음을 통해서 나온 애린의 대답이다.

내 오른쪽 손을 이젠
잘못하지 마세요

오른쪽 손은
당신 아들에게 중요하니까

내 오른쪽 손을 더는
잘못하지 마세요
오른쪽 손끝에
이월 추운 시절 늘 그때마다
매화가 자라는 것을.

신산고초였다. 바짝 마르고 다 늙어빠진 몸이 피워 올리는 몇 송이의 흰 매화는 이때부터 이미 나의 '흰 그늘'의 표상이었다. 그러나 내가 매화에까지 도달하는 길은 아직도 멀고 먼 아득한 길에 불과했던 것이다. '이월 매화철'은 나에게 '나자(앙드레 브르통의 동명의 저서 제목)'였다. 애린을 찾다 찾다가 제대로 된 애린의 번지를 못 찾아 중간에서 애린의 얼굴마저 잃어버렸으니 애린의 말씀을 모두 잊어버린 것이다.

포장마차의 좌판 위에서 애린을 그려보았으나 떠오르질 않았다. 감옥에서는 핏자국처럼 선연하던 애린이, 출옥 후에도 미친 갈증 같던 애린이 문득 사라져버린 것이다. 나는 절망 속에서 낙향했다. 해남에서의 정신의 어둠 속에서 어느 새벽녘 문득 매운 한 가지 매화로 돌아왔으니 바로 내 아내의 얼굴이었다. 그러나 바람 찬 이월 매화를 보기까지 나는 나의 오른쪽 손을 내내 잘못했으니, 왼쪽 손이 행동이요 사상이라면, 오른쪽 손은 곧 시요 사랑이었다. 그 시와 사랑을 내내 잘못한 것이다. 그러나 그럼에도 이월 매화는 늘 피고 있었던 것이다.

애린은 그 매화 한 가지 속에 있었다. 서양 쪽의 페미니즘이나 제3세계 쪽의 에코페미니즘 이전에 감옥에서 읽은 동학계 사상에서 먼저 내게 다가온 이월 매화, 그 애린이 바로 나의 페미니즘이었다.

최수운의 최고의 혁명가사인 〈안심가安心歌〉는 혁명 당시 대중의 입에 늘 붙어 있던 변혁의 내용인데, 이것은 득도한 직후 수운 자신이 맨 먼저 자기 아내에게 바친 헌사이다. 동학은 자연스럽게 후천개벽의 풍류선도를 지향함으로써 페미니즘의 채마밭에 피어난 예쁜 장다리꽃이었던 것이다. 그리고 수운은 또한 여자 노비 두 사람을 해방하여 한 사람은 딸을 삼고 또 한 사람은 며느리를 삼았으니 동학 페미니즘 실천의 아리따운 시작이었다.

수운의 페미니즘을 계승한 최해월은 수운의 차원을 훨씬 넘어섰으니 '부인도통婦人道通', 즉 아녀자들의 득도에 동학의 사활을 걸었고 최고의 가르침을 '내측內則'과 '내수도문內修道文'으로 삼았다. 그것은 모두 여자들의 수행 내용이었으며, 심지어 여성을 후천개벽 시대의 타고난 도인이라고까지 불렀다. 왜냐하면 동학의 핵심 중의 핵심은 주문의 첫 글자인 '모심〔侍〕'에 있는데 여성은 태어날 때부터 이미 스스로 천지인 '아기를 제 몸 안에 모실 수 있는 능력'을 가졌기 때문이다. 그러하매 해월 동학의 가장 중요한 가르침은 태교로서 포태胞胎는 사람이 제 몸 안에 '천지부모天地父母'를 모시는 것이요, 동시에 도리어 천지부모가 사람을 제 안에 모시는 것이 되는 이치다.

나는 내 시로써 행동과 사상에서 바로 이 같은 '애린'을 실천하려 했으나 뜻을 이루지는 못했다. 한 젊은 여성 시인이 나를 스쳐갔다. 그 이름이 '예린'이었다. '애린'을 쓰려다 그리 표기돼버렸다고 했다. 하긴 애린이기에는 너무 꿋꿋하고 애린의 역사로서는 너무 뚜렷뚜렷했으니…… 너무 멀었다.

그 20년 후에 나타난 또 하나의 동학인 김일부의 《정역》은 우주의 주체를 율려律呂에 두었으나 율려가 선천 시대, 즉 지나간 왕권 시대, 가부장제와 봉건 시대의 남성적이고 제왕적인 하늘의 음률, 즉 '황종黃鐘'을 중심음으로 택했음에 비해 여성적이고 평면적인 땅의 음률, 즉 '협종夾鐘'을 '황종' 자리에 대체했으니(黃裳元吉. 坤卦), 율려는 이미 율려가 아닌 '여율呂律'이 된 것이다. 우주 음양이 비로소 '음'과 '여'를 앞세운 음양이요 여율로 변한 것이니, 이것이 '우주적 페미니즘'이요 '음악적 페미니즘' 아니겠는가? 《부도지符都誌》는 여율을 속까지 뒤집어 아예 '팔려사율八呂四律'을 정함으로써 나를 수 개월 동안 놀라움에서 해방시켜주지를 않았다.

그 뒤 또한 20년이 지나 전주 모악산 밑 구릿골과 정읍 대흥리에서 강증산姜甑山은 자기의 두번째 부인인 '고판례高判禮'를 부인 중의 으뜸인 '수부首婦'라 하고 천지인의 삼계 또는 색계, 욕계, 무색계의 삼계대권三界大權과 도道의 법통을 그녀에게 넘겼다. 제자들이 모두 다 보는 앞에서 고판례로 하여금 식칼을 들고 누운 자기 배를 올라타고 앉아 "삼계대권을 내놓아라!" 하고 명령하게 하고, 자기는 싹싹 빌며 말했다.

"네, 지금 당장 다 드리겠습니다."

그러고는 불경, 유교 경전, 술수 책, 공명첩, 어음과 계산서와 기독교의 성경 따위를 모두 찢어 마당에 벌려놓고 고판례로 하여금 그것들을 짓밟으며 춤추게 하였으니, 이것을 천지대권天地大權이 남자에게서 여자에게로 넘어가는 '천지굿'이라 일렀다.

'애린'이 무엇이냐고?

'애린'은 바로 이것, 이 한국의 기이한 페미니즘이다. 그러나 나는 운만 떼었지 제대로 실천하지 못했다. 아마도 이 같은 삼단계, 삼대三代에 걸쳐 계승하고 발전한 동학사東學史의 페미니즘 '애린'에 토대를 두고 전 세계의 페미니즘을 관통하고 실천할 때 참다운 여성 법통과 여성 도통, 즉 '애린'이 완성되지 않을까?

그러나 여기서 주목할 것은 다음이다.

애린은 창녀라는 것.

창녀는 천민이라는 것.

인간과 신이 합일하는 순간의 기적이라 할 수 있는 사랑, 바로 그 사랑을 직업으로 하기 때문에 도리어 가장 참혹하게 저주받은 인간이다. 그러하매 바로 그러한 창녀 '애린'에 대한 풋사랑은 고통에 찬 기적이다. 그 자체로 모순어법이다.

이 창녀가 그 고통에 찬 기적에 의해 천지 법통을 이어받는 것이 다름 아닌 후천개벽이니 이것이 곧 '애린'이다. 그리고 왈 '모심〔侍〕'이다.

모든 사상의 유년 시대에는 그 사상의 가장 연약한 부분이 그 사상의 가장 본질적인 부분을 아리땁게 꽃피우는 법이다.

나의 '모심'의 길이 전혀 사전의 생각 없이 꼭 카잔차키스의 젊은 예수의 길 비슷한 도정을 드러낸 것은, 그러하매 전혀 뜻밖이었다.

요컨대 상처받은 사랑으로 늘 상傷해 있는 상태, 그것은 환각이면서 사실이고 사실이면서 환각이다. 알튀세르처럼 말한다면 모든 환각은 곧 사실인 것이다.

289_ 탑골

5공 무렵 서울의 내 단골 술집 '탑골'은 파고다공원 뒤에 있는 한 시커먼 골짜기다. 그 골짜기 저 안쪽에 흰 탑이 두 개 서 있다.

낮이나 밤이나 그곳에서 취했고 몇 해를 그곳에 드나들었으니 외상값이나 떼먹지 않았는지 모르겠다. 그 탑 위에 비문碑文을 하나씩 새겨놓았으니 그 중 하나는 왈,

> 산은 바다로 간다.
> 바다 밑에는 산이 있다
> 거기에 사람의 주둥이 같은
> 역려逆旅가 하나 있으니
> 그 역려 이름은 '에잇, 미친놈!'이다.

또 다른 하나는 왈,

> '뭘 봐, 임마!'다.

술에 취해야 비로소 이 비문들이 보인다. 중학생 때였던가, 목포의 유달초등학교 앞을 지나가던 어느 일요일 아침, 흰 목련이 뚝뚝 지는데, 어느

교실에서인지 전혀 알아들을 수 없는 곡 하나가 연주되면서 그때 찾던 꽃이 이 지상에 피어 있다는 것만으로도 만족스러웠던 계절이 있었다. 나는 랭보의 〈오, 계절이여!〉를 되뇔 때마다 그 유달초등학교의 목련과 피아노 소곡을 잊지 못한다. 땅에 져서 이제 막 삭아가기 시작하는 흰 꽃처럼 '귀하면서도 비천한'…….

취해도 안 보일 때는 금석학을 동원해야 한다. 금석학은 위스키 속에 들어 있는 흰 손수건에 그 요령이 자세히 적혀 있다. 그 수건을 꺼내려고 위스키를 비우다가 갑자기 죽은 사람들의 이름이 밤 12시 정각이면 오디오를 통해 주욱 흘러나온다. 그 중엔 내 이름이 세 번이나 나온다. '김영일' '김지하' '김형산'.

그것 자체가 또 하나의 눈에 안 보이는 기념비이니 탑골은 바로 이 기념비에서 비롯된 이름이다. 그러하매 이 골짜기는 늘 눈물과 한숨으로 젖어 있다. 비극이 탄생하는 니체의 자리인 것이다. 그 집을 드나드는 자들의 술 마시는 마음 자락이 그리도 슬프다는 뜻이다. 가끔은 그 집에서 살인 사건도 났다. 그 집 주인인 매혹적인 '곱추'를 둘러싼 알코올 중독자들의 4각, 5각, 6각 연애의 결과였다. 너무 끔찍해서 그 얘기는 줄인다. 내가 그 집에 발을 끊은 것도 사실은 한 기괴한 살인 사건과 관련이 있어서다. 아니, 그 사건이 그 집에만 가면 연상이 되어서다. 연상도 실감의 하나다.

290_ 찬우물

서울엔 내 집이 없었다. 물론 내가 편한 마음으로 묵을 만한 친구 집도 없었다. 있다 하더라도 없었다. 내가 편하면 그가 불편하고 그가 편하면 내가 불편했는데, 그때 내 언저리의 사람들 삶이 모두 그랬다. 다만 한 군데 서울의 서북쪽 '찬우물'에 점치는 후배 부부가 살고 있어, 술 취한 밤이나 술 깨는 새벽이면 문득 찾아가 서너 시간 잠자고 한 술 얻어먹고는 또 다른 술자리를 찾아 떠나곤 했다.

찬우물! 찬우물! 찬우물!

버스 안에서 갑자기 토하는 중에, 깨끗한 향수 냄새 나는 손수건을 내미는 그에게 홀딱 반해서 가자는 대로 좇아가 신세 지게 된 곳이 바로 '찬우물'이다. 윤동주尹東柱가 그 이상한 우물을 자주 썼듯이 내 마음 안에도 이 우물이 번뜩일 때가 많다. 마법의 주문이다. 잃어버린 조국의 이미지 같은 것은 전혀 아니다.

그 집엔 조그마한 채마밭이 하나 딸려 있었는데, 상추나 쑥갓 같은 것 대신에 아뿔싸! 붉은, 붉은 저 샛붉은 꽃, 양귀비를 심어 씨를 받아 감추는 채마밭이 있었는데, 파는 건가? 먹는 건가? 아니면 감상하는 건가?

점쟁이 남편이 파고다공원에 점 보러 나간 뒤, 그 점쟁이 아내는, 그는 한쪽이 안 보이는 애꾸였는데, 외눈으로 양귀비밭에서 그 씨를 발라내곤 했는데 그 일을 할 땐 꼭꼭 문을 잠그고 노래를 불렀으니, 족보를 알 수 없는,

동서양 어느 쪽에도 해당 안 되는 기이하고 슬픈 노래 한 곡을 꼭꼭 부르곤 했다.

> 슬픈 여음 전설처럼 지니고
> 양귀비가 다시 피어납니다
> 양귀비의 꽃은 님을 병들게 하고
> 양귀비 들창 앞에 피던 날
> 님은 날 버리고 가셨드랍니다
> 양귀비가 피면
> 내 마음에 함박눈이 내립니다
> 별처럼 함박눈이 내립니다.

언젠가 내가 잠에서 깨었을 때 허공으로 열린 창문 유리 위에 외눈이 떠 있었다. 왼쪽 눈, 외눈, 그 검은 눈 속 깊숙이 거기 샛붉은 양귀비가 한 송이 피어 있었는데. 아아, 순식간에 두렵고 무서운 생각이 와락 들어서 후닥닥 일어나 집을 뛰쳐나온 뒤, 다시는 그 집엘 가지 않았는데, 그런데, 그들은 잘 살고 있을까?

그런데 그 양귀비는 파는 건가? 먹는 건가? 아니면 감상하는 건가?

찬우물을 기억할 때 반드시 집 대신 허공 쪽 유리에 비친 단 한 대의 양귀비, 그 붉은 빛이 떠오르는 건 또한 이해 안 가는 낯선 세계다. 왜냐하면 그 꽃이파리 밑 셋방에 자스민 빛깔의 웬 크고 모가 난 씨앗 하나가 밖으로 언제나 꼭꼭 튀어나와서 전체 모습을 기괴한 연상으로 이끌기 때문이다.

마치 무엇 같을까? 마치 《보물섬》에 나오는 실버의 조각배? 아니면 캄캄한 여도둑들만의 성?

기이한 것은 그 채마밭의 양귀비가 어떤 록 가요의 리듬대로 여기저기 피어서 전체가 연결되어서 산을 넘는 일이다. 산을 넘으면 거기가 바로 힐튼호텔의 도박장이다. 얼굴에 상처입은 자들만이 모이는 곳인데, 이곳을 자기들 스스로는 '노블리스 오블리제'라 부른다. 하긴 간여할 필요조차 없지만…….

291_ 바가본도

'바가본도'라는 찻집이 그 골목에 있었고, 골목이 끝나는 곳에 한 작업실이 있었다. 벽과 천장, 마룻바닥과 이젤, 종이와 옷들 위에까지 온통 그림이었다. '바가본도'는 여자다. 나와 닮은, 약간 미치광이 여자다. 그 미치광이와 나는 가끔 소주를 사 들고 수유리 쪽 방앗골에 있는 연산군 묘지에 간 적이 있었다.

"늬 할아버지한테 인사 여쭤라!"

'바가본도'는 그 희한한 덧니를 허옇게 드러내고 살포시 웃으며 무덤 위에 소주를 붓는다. 그리고 '이배 반'을 올린다.

내가 '바가본도'를 좋아한 것은 그녀가 천하의 추녀로서 자기의 추함을 전혀 개의치 않고 참으로 미친 그림을 제멋대로 그리는 데다 술이 들어가면 생김새와는 전연 딴판으로 최양숙의 다 잊혀진, 구슬픈 엘레지를 멋들어지게 부를 줄 알았기 때문이다. 때로는 새가 와서 그녀 어깨 위에 앉아 기도하고, 때로는 다람쥐나 들쥐가 와서 그녀의 무릎 아래 고개를 기웃이 숙이고 웅크렸던 것이다.

기억에 남는 것은, 한 겨울날의 노을 무렵이었다. 연산군 묘지 앞 잔디에서다. 둘이서 소주를 세 병이나 깠다.

마로니에 나뭇잎에 잔별이 지면

정열의 불이 타던 첫사랑의 시절
눈물 머금고 이별하던 밤
아아 아아아 흘러간 꿈
황혼의 엘레지이

황혼이 되면 지금도
가슴에 타는 사랑의 아픈 상처
……

  그녀가 없는 텅 빈 그녀의 작업실에서 새우잠을 잔 일도 두 번 있다. 곁에 친구나 애인처럼 빈 소주병을 놔둔 채. 그래서 그녀를 생각하면 꼭 '빈방'이란 말이 생각난다. '빈방'. 그의 그림 전체가 '빈방' 같다.
  그녀는 프랑스로 가서 돌아오지 않는다. 몇 번인가 도미에와 툴루즈 로트레크와 피사로 등의 그림엽서를 보낸 뒤로 영영 돌아오지 않는다. 센 강의 어느 다리 위에서 교통사고로 이 세상을 떠난 뒤 다시는 돌아오지 않는다. 그녀가 돌아올 수 있을 것인가?
  바가본도!
  그녀에게 나의 대학 전공이었던 카를 로젠크란츠의 '추醜의 미학'이나 아돌프 루텐베르크의 '질병의 미학'을 얘기해줄 때 그 이상하게 생긴 덧니를 허어옇게 드러내며 씨익 웃던 게 기억난다.
  그래! 그 웃을 때 모습 하나만은 아름답고 또 아름다웠으니, '미추'가 어디 따로 있더냐? 더욱이 영원히 그 숭고한 바가본도에게!

두 개의 뿔이 아랫배를 뚫고 나왔다고 한다. 그런데 그 두 뿔은 서로 국적이 달랐으니 한 뿔은 '메이드 인 아메리카'였고 다른 것은 '메이드 인 헤븐'이었다고 하니, '바가본도'는 그저 폼 한번 잡다 간 것이 아니고 본격적인 '잡바가본도'였음이 틀림없다.

센 강 위에서의 죽음!

그의 삶 전체로 봤을 때 그의 죽음이야말로 가장 빛나는 삶 아니었을까? 너무 냉혹한가? 그러나 진정한 방랑자는 세계에 대해 가장 잔혹한 '이별꾼'인 법이다.

292_ 두 사람

술과 관련된 기억으로는 원주의 '천하태평'이 잊히지 않고, 찻집으로는 '청자다방'이 잊히지 않는다. 그러나 마지막으로 내가 잊을 수 없는 서울의 여관 한 군데가 내 기억 속에 둥지를 틀고 있으니, 운현궁 뒤편 운니동의 '운당여관雲塘旅館'이다. 그 한옥 여관에서 그 피곤한 시절, 후배들과 밤새워 꿈을 꾸거나 밤새워 술 마시거나 대낮 내내 떠들거나 욕을 하거나 노래를 부르고 놀았으니, 어찌 보면 무심한 구름이요 어찌 보면 허망한 물결이었다.

운니동에는 내시들의 숙소가 있었다 하니 그 또한 이상하다. 일종의 허무함이 그 방들, 그 벽들, 그 마루와 창호에 새겨져 있었으니, 그 허무는 그 무렵 세월의 이름인가? 고자와도 같은 불모의 내 사십대 삶의 고적한 공간에 붙여진 이름인가?

나는 이미 감옥 안에서, 그리고 출옥 후엔 원주에서 나의 갈 길을 새롭게 정립한 바 있다. 민중 주체의 민족운동은 이미 이십대부터 나의 길이었고, 그 길에서도 이전보다 한 차원 높은 곳에 생명운동과 영성운동이 있었으니 당분간 그 가능성을 모색하는 것이 나의 일이었다.

뭐라 뭐라 나에 대한 비난과 비아냥이 한때 유행했으나 내가 알 바 아니었다. 그것은 비판이 아니라 비아냥이었으므로 그들의 일이지 나의 일은 아니었기 때문이다. 그리고 설명해도 알아듣지도 못했다. 생태학이 완전히 세계를 통일한 요즈음엔 '쉽다'는 사람들이 훨씬 많다. 허허허.

세상은 그런 것이다. 그러나 이런 때 불치의 오류의 씨가 싹트는 법이니 초기값이 중요하다. 그 밖에 옛 방법으로 옛 싸움을 그대로 되풀이하는 후배들이 태반이어서 안타까울 뿐이었다. 그렇다고 그들에게 닥치고 있는 위험을 알면서 모른 체 외면할 수도 없는 노릇이었다.

내가 입수한 정보에 의해 가까운 시일 안에 김근태 아우와 이부영 형의 청년운동과 전선운동이 위태롭게 된다는 것을 알려주기 위해 김근태 아우를 불렀다. 운당여관에서 대좌했는데 근태 아우는 그 위험을 피하지 않고 정면돌파할 작정인 듯했다. 그때 느낌이 그는 나와는 참으로 거리가 먼 사람이라는 것이었다. 그 거리는 여러 가지를 뜻했다. 그러나 비극적인 돌파의 용기만은 지금도 인정한다. 이부영 형은 나의 충고를 받아들여 곧 남한과 북한의 두 권력에 대한 상당히 차원 높고 강도 높은 비판적 문건을 국내외에 발표했다.

이 두 사람의 상반된 태도가 얼마 안 가 큰 차이가 났으니 터럭만 한 차이가 천 리의 거리를 만드는 격이었다. 근태 아우는 극심한 고문과 함께 극좌로 몰렸으나, 이부영 형은 수사기관에서 정중한 대접을 받았고 그 뒤로도 그의 행로에 이 점이 중요한 참고 요인이 되었다.

나는 지금도 생각한다. 정치를 하겠다는 사람들이 병법의 배려나 고려 없이 언제나 학생처럼 행동하는 것은 그렇게 바람직하지 않다는 것. 정략에 너무 흐르는 것도 문제지만 소위 운동권 티를 못 벗는 것도 숙고해야 한다는 말을 꼭 붙여두고 싶다. 입장이라는 것은 중요한 것이다. 그것을 깨달아야 한다.

오호라! 내가 정치판에 안 끼어든 것을 요즘처럼 잘한 일로 절실히 생각하기는 내 평생 처음이다. 당연한 얘기이지만 말이다.

솔직히 한마디 하자. 요즈음, 술 끊은 지도 십 년이 훨씬 넘은 지금의 내 눈에도 어떤 젊은이들은 뿔을 달고 다니고 또 어떤 젊은이는 가슴에 화염병을 달고 다닌다. 내 눈에는 다 보인다.

그러나 이 뿔, 이 화염병으로는 촛불의 그 영검한 대오에 끼어들기 어렵다. 한번 생각해볼 일이다. 마키아벨리나마 좀 진지하게, 로젠베르크나마 좀더 상세하게 읽어둬야 할 이상한 시대가 오고 있어서다.

이 시대는 창조의 시대이다. 이 시대는 창조를 하지 않으면 모가지가 못 붙어 있는 시대, 필사적인 창조의 시대이니, 이 씨알이 우리의 과거 안에는 무궁무궁하다. 자, 어쩔 텐가?

293_ 민중문학의 형식문제

　나는 그 사이 산문집 몇 권과 '애린' 연작의 짧은 시 몇 편을 발표하고 몇 꼭지의 잡문을 잡지에다 썼을 뿐 그리 활발한 활동을 못 했다. 그러던 차에 자유실천문인협의회에서 내게 '민중문학의 형식문제'에 관해 명동성당에서 강연해달라는 청을 해왔다. 나는 즉석에서 수락했다. 그러나 나는 그때 오른손과 오른팔을 못 쓰는 상태였다.

　그 얼마 전 탑골에서 소설가인 송기숙 형님과 대취하여 여관에 들어가 여관방에서 사소한 일로 말싸움을 하다가 화가 난 채로 아무렇게나 옆으로 누워 잤는데, 그때 오른팔 밑에 큰 재떨이를 깔고 잔 것이다. 이튿날 아침에 깨어보니 오른팔이 떨어져버렸다. 소위 의사들이 '주말병週末病'이라고 부르는 근육 마비였다. 그러니까 기氣가 막힌 것이겠다. 어둑어둑한 의식의 저편에서 계속해서 불길한 예감의 신호등이 켜졌다. 주의해야 했다. 그러나 그 무렵의 나는 이미 술로부터의 자유를 잃어버린 것이다.

　나는 아내의 손을 빌려 구술로 원고를 만들고 당일엔 손과 팔을 붕대로 처멘 채 명동성당으로 갔다.

　웬 사람이 그리도 많았을까? 수도 없이 많고 많은 청년학생들이 나에게 무엇을 기대하고 그렇게 모인 것일까? 선동일까?

　그렇다 하더라도 나는 그것만은 할 수 없었다. 당장은 쉽게 이해되지 않고 정치적 매력을 느끼지 못한다 하더라도 곰곰이 생각할 때 비로소 참답

자유실천문인협의회에서 개최한 문학 강연회에서.(1985)

게 느낄 수 있는 민중적이고 민족적인 문학의 미학적 조리에 관해 말해야 했다.

내가 생각해도 별 재미가 없는 강연이었다. 아직 '그늘론'이나 '흰 그늘의 미학'에는 못 미쳤으나, '신명'과 '활동하는 무無'에 관해 강조했던 것을 기억한다. 길거리에 화염병이 날고 곤봉과 물대포와 군홧발이 난무하는 파시스트적 일상 속에 있는 그들에게 '활동하는 무'는 너무 뿌윰하고 너무 안이한 얘기였을까?

지금 가만히 생각해본다. 정말로 너무 뿌윰하고 안이한 얘기였을까? 투쟁의 무기로서의 문학, 총알로서의 언어에 관해 말했어야 옳지 않았을까?

      오월에 죽어간 벗들을 위해
      나의 언어여,
      총알이 돼라.

아라공이었던가?
생각에 생각을 거듭한 결론은 역시 '아니다'로 나온다.

'활동하는 무'는 곧 창조적 자유다. 그것은 파시즘을 근본에서부터 부정하는 담론의 힘이요 감성의 태도다. '활동하는 무'가 삶의 주체일 때 우리는 어떤 경우에도 파시즘에 투항하거나 굴복하지 않는, 그럼에도 평정하고 창조적인 삶을 누릴 수 있는 것이다. 영성적 효과로서의 간디즘이 간디에게만 있는 것은 아니다. 간디 자신이 인정한 말이다. 나는 그 점을 강조하고 싶었다. 이른바 민중문학에서 이루어지는 그 나름의 내면성을 생성하자는 것이다. 그 어떤 것도 패배시킬 수 없는 저 아득한 내면의 자유와 자기 조직화의 생성적 주체, 그것이 바로 '무'이다. '무'야말로 활동의 주체인 것이다.

신자유주의인가?

어림없는 소리다.

신자유주의의 자유 개념은 '무가 아닌 욕망'이다. 절제되지 않는 욕망의 기제機制로서의 자유자본주의, 금융자본주의가 '활동하는 무'에 입각한 호혜적 인간관계와 같을 리가 없다. 그러나 그 둘이 오늘처럼 근접거리 안에 들어와 있는 것도 꽤 흥미 있는 일이다. 이 엇섞임 속에서 혹시 어떤 창조적 여백을 찾을 수는 없는 것일까?

학생들은 강당 밖 마당에도 가득 차 있었다. 확성기를 통해 바로 그 '활동하는 무' '창조적 자유'에 관한 담론을 듣고 있었다. 그리고 강연이 끝나고 퇴장할 때도 줄을 서서 〈타는 목마름으로〉를 부르고 또 불러댔다.

지쳤을까? 그들의 열기에 지쳤을까?

그러나 그보다는 아까 말한 '창조적 여백', 어떤 '틈'에 도달하기는 매우 어렵다는 '붕괴감'을 느꼈던 듯하다.

군중의 열기에 지쳐버렸을까?

나는 그날 밤 운당여관에 돌아오는 길로 아랫목에 누워버렸다. 윗목에다 인사차 들른 십여 명의 젊은이들을 그대로 둔 채 코를 골기 시작한 것이다.

미안하다, 젊은이들!

나는 이것밖에 안 되는 사람이다.

용서하라, 아우들아!

그러나 나는 이제 스스로 '활동하는 무'가 되고 싶다.

294_사상기행

운동이 장기화하면서 민족의 민중운동사, 특히 동학혁명사에 대한 사회경제사학 관련 논문과 책들이 많아지기 시작했다.

그런데 이 대부분의 이론적 작업에 나는 불만이 굉장히 컸다. 도대체 동학혁명에 대한 사회경제사학의 접근 자세부터가 문제였다. 아직 자기들의 사관도 검토하지 않은 채 엥겔스의 '독일 농민전쟁론'의 뼈대에 꿰맞추기 위해서 고무신에 안 맞는 큰 발을 자르기 시작한 것이다. 동학사상에 대한 진지한 성찰과 그 역사적 진행에 관해 엄정하면서도 치밀한 자료 발굴 및 사료 해석의 전제 없이 겨우 문헌자료 몇 가지를 가지고 때려잡으려는 젊은이들의 들뜬 사안史眼이나 여기에 비위 맞추는 기성 사학자들의 곡학아세曲學阿世가 큰 문제였다.

북접의 최시형 그룹을 반동으로 보고 남접의 전봉준을 불세출의 혁명영웅으로 우상화하는 태도는 매천梅泉 황현黃玹의 '혹세무민관'의 또 다른 반복이요, 엄정한 과학적 사관에서 용인될 수 없는, 야담류의 영웅주의밖에 안 되는 것이다.

또한 수운과 해월의 사상 및 수련, 조직과 합법적 교조신원敎祖伸寃 운동을 전제하지 않고 "그 따위 사이비 종교는 혁명가의 이용 대상에 불과하고 중요한 것은 사회역사적 모순 때문에 폭발한 민중폭력을 전봉준과 그 계꾼 또는 두레패가 조직했다"라는 식의 동학혁명의 전위주의·지역주의·전라도주의는, 1894년 1월에 터져서 그 해 12월에 사라진 농민폭동만을 혁명으로 미화하고 시간적으로 고립시키는 꼴불견을 연출한 것이다. 월북한 박태원朴泰遠의 아류들이었다.

사상, 수련, 조직, 합법적 대중운동이라는 단계 없이 무장폭동만 달랑 떼어 혁명시하는 역사의식이란 것이 과연 역사의식인가?

도대체 남접, 남접 하는데 그 남접의 시작은 어디인가? 그리고 동학사상과 동학혁명의 민중사적 기원과 배경은 어디에서 찾아야 하는가? 경제나 신분적 모순 문제는 상식에 속한다. 그런 상식만으로는 그때 인구 불과 1000만여 가운데에 수백만이 봉기하여 30~50만이 살육당한 혁명의 역사를 제대로 해명할 수 없다. 그리고 동학에 대한 그 따위 속물적 이해는 지금 진행중인 민중민족운동이 불원간 막대한 오류를 범하게 만드는 장본인이기도 하다.

나는 말과 글로 이 같은 견해를 누누이 밝혀왔다. 당시 이문구 형과 송기원 아우가 맡고 있던 실천문학사는 바로 그 점에 착안하여 나에게 삼남三南 지역에 대한 사상기행을 제안해왔다.

나는 이 제안을 수락하면서 세 가지 초점을 제시했다. 첫째는 동학사상 탄생의 민중사적 배경과 그 징후들의 탐색, 둘째는 수운 동학과 동학혁명사의 접점인 남접 조직의 남상 확인, 셋째 동학혁명의 민중사적 전개 · 계승과 현대의 세계사적인 의미 탐구였다.

우리는 첫번째의 탐색을 위해 계룡산, 모악산, 지리산의 민중사를 검토하였고 기타 거기에 직간접적 연관을 가진 역사적 사건과 지역을 둘러보

사상기행 도중 남원 은적암에서.(1984)

앉다.

　두번째의 확인을 위해 남원 남문 밖의 교룡산성 은적암과 남원 시내에 남아 있는 동학의 흔적을 혁명사와 연관시켜 확인하려 하였다.

　세번째의 탐구를 위해 김일부의 《정역》과 강증산의 천지공사운동 등을 비교·검토하고 그 현대사적 의미나 세계사적 미래를 탐구하였는데, 이 세번째 부분에 대해서는 몇 해 전 '사상기행 제2부' 기획을 진행하던 중에 시인 황지우 아우와 장장 열 시간여에 걸쳐 대담을 나누어 되도록 상세히 논의하였다.

　일행은 이문구·송기원·장선우·임진택·두껍 스님, 나와 내 아내 김영주, 이렇게 일곱 사람으로, 운당여관에서 출발하여 운당여관으로 돌아오는 코스였다. 전라남북도와 충청남도 세 도를 돌았고 여러 사람을 만났으며 많은 사적을 발로 밟아 지나왔다. 내용은 실천문학사가 간행한 《사상기행》 두 권에 나와 있으니 생략하고 단 세 가지만 여기서 강조해 얘기하겠다.

　하나는 남접 조직의 남상으로 내가 지적한 남원의 향토사는 그 지역과 동학 사이에 이미 정설화된 역사까지도 전면 부정하고 있다는 점이다. 하기야 족보에서까지도 동학 하던 일문을 깎아냈던 판에 그쯤이야! 그러나 나는 바로 그 점에서 '우리 동네는 동학과 아무 관계도 없다'라는 '아니다'의 주장이야말로 대개는 반드시 그와 정반대로 '우리 동네는 바로 동학의 씨밭이었다'라는 '그렇다'의 대답을 뜻한다는 역설을 깨달았다. 그것이 민중혁명사의 한 법칙인 것이다.

　둘째로 동학사상은 경상도 경주에서 발상하였는데, 민중사적으로는 그 예감이 당시로서는 경주와 교통이 두절되다시피 한 상황이었을 계룡산, 모악산, 지리산 등에서 나타나고 있었고, 거꾸로 동학혁명 이후에 그 사상의 변화와 발전이 도리어 바로 그 쑥밭이 된 지역 인근에서 진행되었다는 점이다. 이 점으로 미루어 사상과 그것의 혁명적 실천 사이의 관계에 대한 감추어진, 참된 역사적·지리적 법칙을 이끌어낼 수 있을 것으로 생각되었다.

셋째, 우리가 진보주의와 역사주의적 사관을 좇느라 간과했던 고대사상의 근대적 부활과 근대의 창조적인 민중민족혁명 사이의 친연관계, 즉 풍류선도의 맥락에 관한 연구가 강화될 때에만 사상과 군중운동의 폭발 사이에 놓인 정신사적 관계가 설명될 수 있다는 암시를 받았다.

마지막으로 한 가지 더 덧붙이고 싶은 것은, 수운이 남원의 제자들에게 보낸 편지를 나는 늦게 확인했는데, 그 편지에 의하면 남접의 조직 개시는 불을 보듯 뻔한 사건이라는 것이다. 머뭇거릴 이유가 전혀 없었던 것이다. 윤석산의 《후천을 열며》에는 그 무렵 남원 제자들의 이름까지 상세히 밝혀져 있다.

지금도 반성하고 있다. 나는 기행 도중 지나치게 과음했고 송기원 아우에게 결례했으며 이문구 형을 혹사시켰다. 내 생전에 다시 사상기행이 있을 리는 없고, 나의 후학들이 다시 기행에 나설 경우 술 때문에 간과했을 미묘한 매듭이나 사소해 보이는 연결고리 등을 자세히 관찰하라고 조언하고 싶다. 왜냐하면 폭풍과도 같은 동란이 지나간 자리에서는, 예전에 왕성했던 동식물들이 그 무렵 어렵사리 씨를 떨어뜨린 유아기의 생명이 이제 막 역사적 신출내기처럼 또는 틈새식물처럼 앳되게 자라고 있게 마련이라는 점 때문이다.

아하!

그러나 이문구 형의 그 탁월한 명문장으로 엮은 《사상기행》은 그 무렵 《실천문학》에 제1회 게재된 것을 끝으로 중단되었다. 당시의 사회경제사학도를 자처하는 수많은 마르크스 보이 동학 연구자들의 압력과 협박 때문이었다.

그러니 세월이 약이라는 말이 맞다. 세월이 흐른 지금에 누가 압력과 협박을 가할 수 있을 것인가? 신화를 전면적으로 거부하고 이른바 과학의 미명을 빌린 사상과 담론의 운명이란 때가 가면 수정될 수밖에 없는 실험실 과학의 처지를 못 벗어난다. 지금도 엥겔스의 독일 농민전쟁론을 과학이라고 감히 우길 사람이 있는가? 이미 토마스 뮌처의 연구 방향 자체가 변하지 않았는가?

295_외국의 벗들

　민족국가와 폐쇄적 민족주의의 시대가 이미 가고 있다. '글로벌라이제이션'이 일반화하는 시대다. 그렇다고 민족이나 지역이나 개인의 중요성이 소멸하는 건 또 아니다. 민족담론이나 개인주의, 지역의 특수성 속에서 세계화와 지구화, 전 인류화라는 거대 체계가 개인 나름, 지역 나름, 민족 나름으로 제각각 독특하게 진행되는 복잡성의 시대다. '글로컬라이제이션 Glocalization'이라고 하지 않는가.

　그러므로 자기 민족에 대한 자기긍정이 정당하고 강하면서도 그에 못지않게 공명정대하고 열렬한 세계화·지구화·인류화를 지향하는 사람이 바로 신인간이요 신인류다. 나는 그런 점에서 볼 때 행운아다.

　나는 외국의 벗들이 나의 민족의식과 인류의식 사이의 오류 없는 통일성을 발견하고 나의 정당성과 그로 인한 나의 고통이 부당하다는 인식을 공유함으로써 사심 없이 줄기차게 나를 지원하고 구명운동을 펼친 결과 끝끝내 죽임당하지 않고 이리 살아 있을 수 있게 되었다.

　외국의 벗들이 없었으면 나

외국 벗들의 김지하 구명운동 활동 장면.

구명운동을 해준 일본의 벗들과 함께. 오른쪽이 미야다 마리에 씨.(1987. 11. 8)

는 벌써 오래 전에 이 땅에서 사라졌을 것이다. 김대중 납치 미수 사건이나 장준하 테러 등은 남의 일이 전혀 아니었다. 이제는 반대로 우리 자신의 국제주의적 책무 또한 늘 잊지 않고 생각해야 한다. 이러한 사항들은 이미 여러 벗들 사이에 공유되어 있어 말하기가 아주 편하다. 특히 일본 내의 김지하 구명위원회의 조직자인 미야다 마리에宮田毬榮 씨의 도움은 말할 수 없이 큰 것이었다.

나는 일본에 세 번 다녀왔다. 한 번은 가와사키 시의 초청으로, 또 한 번은 오사카 시민의회 초청으로 갔고, 이즈伊豆의 시민모임에 참석한 적이 한 번 있다.

생각해보니 지난날 어지간히도 그분들의 속을 태웠다. 그리고 소위 민주화가 되었다는 오늘, 그것을 잊어버린 듯한 나의 태도가 그분들의 심기를 불편하게 해드릴 것 같다.

나는 출옥 후에 독일의 괴테 인스티튜트로부터 아주 좋은 조건의 초청을 받았으나 사양했다. 미국의 하와이대학과 코넬대학에서도 역시 미국 전 지역의 유명 대학 순회 강연을 부탁받았으나 고사했고, 뉴욕의 사회과학대학원 대학의 박사학위 수여식에도 결국은 못 갔다. 그리고 여러 번에 걸친 일본의 초청에도 불응했으니, 까닭은 아직 갈 때가 못 됐다는 것이었다.

하긴 그랬다. 국내의 상황이 밖에서 보는 것과 사뭇 달랐고, 나 자신이 무엇인가 새로이 시작하고 있어서 그 일에 좀더 뜸을 들여야만 했다.

그러나 최근 2, 3년 안에 일본과 미국과 홍콩을 잠시 잠시 다녀왔으니, 나의 구명과 관련된 분들에게는 예절을 제대로 갖추지는 못한 것이다. 특히 미야다 마리에 씨는 그 사이 나로 인해 가정파탄까지 겪어야 했고, 한국에서 방한 금지 인물로 등록되기조차 했다. 그런데도 예의를 다하지 못했으니 면목없을 뿐이다.

각 개인과 지역과 민족의 개별성과 다양성을 전제한다면 세계는 하나요, 인류는 서로 바다로 연결된 섬들이다. 아픔과 사랑은 바로 이 채널을 통해 상호 전달되는 것이니, 이 영성적 교통과 사이버적인 '디지털' 통신이야말로 생명이나 생태학, 즉 한마디로 '에코'와 함께 21세기 인류와 지구가 지닐 가장 중요한 특징이 아닐까 한다.

296_ 나카가미 겐지

내가 만난 일본인들은 대체로 이른바 진보주의자거나 자유주의적 지식인들이었다. 출신 성분도 대강 중산층이요 쓰루미 교수는 그 중에도 귀족에다 가쿠슈인學習院 대학 졸업자다. 세련되고 섬세하고 양식 있는 사람들이었다.

그런데 영 엉뚱한 작가가 한 사람 반도에 왔다. 아니 그는 반도에 오지 않고 고대의 동이문화, 규슈와 동북 지방의 환문화桓文化, 그리고 그 하대의 나라나 교토의 백제 정신이 영적으로 관련된 지역에 발을 디뎠을지도 모르겠다. 나카가미 겐지中上健次가 바로 그다.

그는 피차별 부락, 즉 백정 출신이다. 그와는 수없이 여러 번 만났다. 그러나 그에 대한 기억은 단 세 가지로 좁혀진다.

하나는 전주 대사습에서 그를 만났을 때다. 전주의 술집 골목에서 작가니 시인이니 모든 사회적 레테르는 떼어버리고 우리 둘은 자연인으로서 술 마시고 춤추고 노래 불렀다. 그는 대취해서 평소에 숨겨두었던 감정을 마구 드러냈다. 하나는 그가 한국인인 어떤 사람을 지극히 사랑한다고 고백한 것이고, 여럿이 있는 술자리에서 자기의 암동모(동성애의 여자 편에 속하는 친구. 본래는 남사당패에서 여자 노릇을 하는 광대)인 사부로三郎에 대한 자기의 축축한 감정을 솔직히 드러낸 점이다.

그는 도시개발이 아직 본격화하지 않은 전주의 해장술집 골목에서 그가 머릿속으로 그리던 태생지를 발견한 듯이 보였다. 도무지 즐거움밖에 보이질 않았으니, 그 즐거움은 사랑의 슬픔과 암동모의 배신, 그리고 구슬픈 향수와 심지어 낯선 땅에서 느끼는 여수旅愁까지도 포함하는 즐거움이어서 그의 얼굴이 그렇게 천진하고 그렇게 아름다울 수가 없었다. 천하의 추남으로 자타가 공인하는 모습인데도 말이다. 그는 전생에 한국인이었을까?

또 하나의 기억은 서울의 어느 술집에서였다. 《아사히신문》의 간사이 지방 간부 한 사람을 접대하는 자리였는데, 그 자리에 온 《아사히》 한국 특파원을 마치 옴쟁이라도 다루듯 거칠고 사납게 구박하는 것이었다. 그때의 모습과 분위기는 피차별 부락 출신으로서 느꼈던 원한과 증오심이 활활 타오르는 듯했으니, 내가 좌중을 웃기는 곱사등이춤을 추고 또 그가 그 춤에 매혹되어 순간이나마 구박하기를 멈추는 중에 그가 현대 일본의 한 뚜렷한 반항적 정신이로구나 하고 깨달았다.

그가 언젠가 한 말이 있다.

"한국의 작가 중에 민중작가는 한 사람도 없다. 술집, 밥집이나 구두를 닦는 거리에서 술집, 밥집의 심부름 하는 여자들과 구두닦이에게 경어를 쓰는 자를 하나도 못 봤다. 모조리 반말이었다"라고 토설한 적이 있으니, 그것은 우선 사실에 대한 날카로운 관찰의 결과지만 그 정신 안에 원한이나 증오감, 적대의식 같은 것이 전혀 없는 사람의 관찰일 수는 없을 터였다.

마지막 하나는 나와의 인터뷰다. 그는 나와의 첫 인터뷰에서, 아마도 《분게이슌쥬 文藝春秋》를 위한 인터뷰였을 텐데, 나의 저항적 삶의 태도 안에 있을지도 모를 지식인 나름의 중산층적인 위선이나 이중성의 낌새를 맡아내려고 안간힘을 쓰는 걸 눈치챘다. 그런데 한 시간 이상의 인터뷰가 다 끝났을 때 그 테이프가 녹음되지 않았음을 발견했다. 나는 즉시 일어나 춤을 덩실덩실 추었고 그는 무엇인가를 도둑맞은 사람처럼 멍청하게 앉아 있었다. 왜 그랬을까?

그러나 훗날, 러시아에서 쿠데타가 실패하고 동부 유럽에서 연쇄적으로 공산정권이 붕괴한 직후 《주오코론中央公論》을 위한 인터뷰에서 그는 내게 가슴을 넓게 펴면서 말했다.

"공산당이 망할 때 진짜 공산주의자가 태어나는 것 아니냐! 나는 이제 공산당에 입당해서 진짜 공산주의를 하겠다."

그러나 그 얼마 후 그는 세상을 떠났다. 술을 마시면 안 되는데도 그는 태연히 술을, 독한 술만 마시다 갔다.

그렇다. 그는 반항인이었다.

내가 읽은 그의 책은 두 권밖에 없다. 소설 《봉선화鳳仙花》와 가마다鎌田 교수와의 대담집 《언령의 천지言靈の天地》다. 두 책에서 내가 느낀 동일한 결론은 평생 그의 가슴속에는 일본적인 체제와 질서 속 깊은 곳에 감추어진 어떤 혼돈스러운 독특한 질서가 끊임없이 분화구를 찾아 폭발의 날을 기다리며 움직이고 있었다는 것이다.

그러나 그를 제대로 아는 것은 어려운 일 같다. 한 다큐멘터리 영화에서 그가 고향 구마노熊野의 청년들과 대화하는 장면이 있는데, 그곳에서 움직이는 일본 피차별 부락의 일반적인 감정은 우리는 잘 알 수 없으나, 예컨대 김단야가 동학에서 백정들의 계급해방운동 결사인 형평사로, 형평사에서 고려공산당으로 이동했듯이, 나카가미 겐지라는 한 지도자를 통해 탁월한 의미에서의 새로운 영성적 공산주의로 가고자 한 것은 아닌가 하는 생각을 갖게 하였다. 그의 벗인 가라타니 고진柄谷行人의 신공산주의 공표가 그 증거가 아닐까?

그런데 한 가지 내가 재미나게 생각하는 것은 그가 주오코론샤의 저 유명한 미인 미야다 마리에 씨와 아주 가깝다는 사실이다. 그야말로 '미녀와 야수'인 셈인데, 그들 두 사람의 정신사 속에 일본 해방의 비밀이 숨어 있는 것 아닌가 한다.

쓰루미 슌스케 교수는 그의 책 《일본 제국주의 정신사》에서 미래 일본을 해방할 집단은 여성과 피차별 상태의 소수집단이라고 못박고 있다. 아마도 그 예견은 적중할 듯싶다. 그러나 그때 한 가지 잊지 말아야 할 것은 그 해방은 반드시 아시아의 다른 나라들, 특히 한국 민족과 좀더 깊이 연관을 맺으며 이루어질 수밖에 없으리라는 것이다.

297_ 촛불

나의 술과 방랑은 극에 이르렀다.
"왜 그렇게 마시는 건가?"
누가 묻는다면 내 마음속 깊숙이 있는 대답은 이것뿐이었을 것이다.
"나는 돌아갈 집이 없다."
"네 그 훌륭한 아내는 어떡하구?"
"그것 때문이다."
"뭣 때문이라고?"
"고통이 너무 심하다. 머리털이 다 빠져버렸다. 나 때문이다."

술에 실리고 방랑에 실리고 노래에 실려 '풍타주낭타주風打舟浪打舟'였다. 술집 화장실 벽에 걸린 거울에 뜬금없이 쓰윽 하니 떠오르는 한 화상은 똑 지옥에서 온 사나이였다. 두 눈이 퀭하니 들어가고 앞니도 몽땅 빠져버리고 두 볼은 홀쭉 들어간 죽음 직전의 얼굴이었다. 나는 한편으로 계속해서 나를 죽이고 미워하면서 다른 한편으로 잠깐의 아름다움, 잠깐의 즐거움에 몸과 마음을 기대고 있었다.

노래, 노래, 노래! 한번 시작하면 끝이 없었던 나의 노래! 그것은 마치 내게 섹스와도 같은 것이었다. 잠깐의 멋스러움이 내 목청과 허공과 상대방의 반응 속에 나타날 때 그 짧은 한순간 나의 두 눈은 번뜩번뜩 빛나고 볼은 바알갛게 상기되고 어디서 문득 흰 앞니들이 돌아와 예쁜 미소를 화안하게 짓곤 했으니, 내 노래는 그 무렵 누군가의 표현에 의하면 '화장실의 분뇨 세척수'였다.

그 무렵에 저 유명한 조용필 아우와 벌인 노래시합이 있었다. 나는 그 얼마 전 충북 청주까지 내려가 충북대학교의 시인 이동순 아우와 밤을 꼬박 새우며 노래시합을 벌인 결과 나 스스로 항복을 선언한 일이 있었으니, 이동순 시인이 '뽕짝'을 2, 3절까지 깨알 글씨로 메모하여 그것을 들고 설치는 통에 그의 승부심에 항복해버린 것이다.

그런데 조용필 아우가 스스로 원주에 내려와 한 술집에서 나에게 도전한 것이다. 많은 곡목을 부른 것은 아니었다. 나는 대개 그의 노래를 많이 불렀는데 그가 항복한 것은 바로 나의 '촛불 패러디' 때문이었다. 그의 노래 〈촛불〉을 한 원주 토박이인 '언청이'의 소리로 패러디한 것이다.

"내가 한번 호래를 후른다 하면 적어도 호용필이의 〈홋불〉 정도는 후른다, 이 말이야! 잘 들어봐!

흐대는 훼 홋불을 히셨나요?

흐대는 훼 홋불을 히셨나요?

연약한 이 마음을 후가 후가 히히려나!"

'홋불'보다도 더 우스운 일은 그 이튿날 새벽 원주 톨게이트를 빠져나가는 조용필 아우를 연행해다 놓고 당국이 공갈협박을 한 사실이다. 한마디로 김지하하고 놀지 말 것! 계속 놀면 너는 그때 무대에 못 선다는 것! 가수로서의 생명을 유지하려면 김지하와 인연을 끊을 것!

중요한 것은 조용필의 태도다. 그날 저녁 서울에서 내게 그런 사실을 전화로 알린 이는 다른 사람 아닌 조용필이었기에 하는 말이다. 심지가 있는 아우였다.

한번은 자기 집에 가자 해서 한밤에 들러 부친을 뵈었을 때 대강을 짐작했다. 옛 학문을 한 양반이었다. 뼈대가 있었구나!

예전에 술 마시고 훨훨 날아다닐 때처럼 친숙하게 대하고 호형호제하지는 못 하지만 나는 지금도 조용필을 나의 친아우처럼 생각한다.

〈돌아와요 부산항에〉〈촛불〉〈창밖의 여자〉 그리고 〈킬리만자로의 표범〉……. 그의 노래는 나의 기쁨, 비록 짧은 것이었지만, 순수한 기쁨의 원천이었다. 이제 나는 노래나 술과는 담을 높이 쌓았지만 그의 노래만은 여전히 맨정신에 들어도 좋다.

그 무렵 나는 술만 마시면 실수 연발이요, '훈계병'과, '짜증병'에 걸려 같이 마시던 후배들이 찔찔 울면서 도망가게 만들곤 했다. 나는 안다. 이렇게 되면 마지막이라는 것! 내겐 절체절명의 빙벽과도 같은 어떤 삶의 혁명이 필요했던 것이다. 마치 눈 쌓인 킬리만자로의 최정상에 홀로 올라가 얼어 죽은 표범처럼 그렇게!

298_ 탈脫원주

　　원주 사회개발운동의 독일 미세레올 자금을 왜 평신도가 관리하느냐를 가지고 교구 신부들이 불만을 표시하기 시작했다. 신부들은 자기들끼리의 모임에서 이 문제에 강하게 반발하기 시작했고, 지주교님이 흔들리자 영주 형님과 장선생님이 참다 참다가 드디어 '로만 칼라 바리새'들을 공격하기 시작했다.

　　원주교구에서는 평신도 지도자들과 신부들이 내적으로 서로 혐오감과 갈등이 깊어지기 시작했다. 그렇지 않아도 5공 당국에 대해 장선생님이 유화책을 표방함에 따라 원주의 선생님 추종자들이 제1군의 장교단이나 정보부 사람들과 같이 어울려 술을 마시거나 함께 천렵을 다니는 일이 잦아지자, 신부들이 바로 그것을 좋은 공격거리로 삼기 시작했다.

　　내홍이 심각했다. 주교님이 나에게 수습을 부탁했다. 그러나 신부들은 오만했고 영주 형님과 사회개발은 이미 프로그램대로 움직인 지가 오래였다. 거기에 장선생님은 가는 곳마다, 입을 열 때마다 '바리새' 성직자를 강타했다. 종교개혁의 가능성까지도 엿보였다.

　　갈등은 해결하기 어려운 지경에 빠져들었다. 내가 몇 번을 중간에 서서 화해를 시도했으나 신부들의 오만과 장선생님의 분노 때문에 그때마다 좌절되었다. 손을 뗄 수밖에 없었다. 그리고 그 무렵 내 사상은 가톨릭의 서학에서 떠나 동학과 테야리즘, 그레고리 베이트슨 등에로 성큼 다가가고 있었다. 그 무렵에 '엑소더스', 즉 '탈원주'라는 말이 나와 박재일 형 사이에서 나오기 시작했다.

한편 장선생님은 최해월 사상에 더욱 심취하시고 생명사상에 깊이 몰두하고 계셨다. 장선생님이 '최보따리(최해월 선생이 항상 봇짐 메고 도망만 다녔다 하여 그런 별명이 붙었다)'의 마지막 은신처였던 원성군 호저면에 비석을 세우고 박재일 형 중심의 생명운동 그룹 '한살림' 앞에서 '나락 한 알 속의 우주' 등의 주제로 강연한 것이 그 무렵이다.

선생님은 우리의 '탈원주' 논의를 묵인했다. 원주는 이제 조용한 생명운동의 도시로 바뀌어야 했던 것이다. 사회개발 자금의 연한도 끝나가고 있었고, 농민회 건설이나 기타 민중운동으로 조직력을 이전하는 계획이 사실상 이루어지고 있었다.

나는 가톨릭을 떠나기로 작정했다. 장선생님과 지주교님께 말씀드려서 이해를 얻었다. 가장 중요한 것은 미사 때에 가끔씩 나타나는 시커멓고 불길한 그늘과 십자고상十字苦像 뒤 벽면의 흰빛이 눈이 멀 듯 강렬하게 나를 엄습하는 것, 일종의 흰빛과 검은 그늘의 심상치 않은 분열이었다. 그러나 그것만은 두 분께 알리지 않았다. 알려봐야 실감이 가는 얘기도 아니었을 것이다. 나는 내심 무엇인가 정신적인 어떤 징후가 서서히 다가오고 있음을 막연하게나마 느꼈다. 술과 집안에 대한 내적 갈등이 화근이었다.

내가 이여정李麗正의 시 한 편을 신문에서 보고 두껍 스님과 함께 찾아간 한 시골 도시의 컴컴한 여관방 흰 벽에서, 열다섯 나이 어린 창녀와 그의 스무 살 먹은 남자친구가 시골길에 발가벗고 선 채로 극도로 심신이 피로한 속에서 함께 기도하는 환영과 또 붉고 푸른 움직이는 만다라를 한 차례 보고 나서 이윽고 본격적으로 나에게 다가온 징후였다.

박재일 형도 '한살림'을 건설하기 위해 장차 서울의 제기동으로 떠날 계획을 세우고 있었으니, 우리는 탈원주 해야만 했다. 나는 탈원주 해야만 했다. 운동도 탈원주 해야만 했다.

299_문경새재

문경새재 바로 밑 고사리골에는 이대 김옥길金玉吉 총장의 별장이 있었다. 술과 내적 갈등으로 인해 피폐해질 대로 피폐해진 내 건강 소식을 듣고 김총장께서 나를 고사리로 초대했다. 참으로 편안한 땅, '노안지老安地'였으니 총장님께는 더없는 쉼터였다.

나는 전부터 총장님을 누님, 누님 하며 따랐는데, 누님은 내가 고사리골에 도착한 그날 마당에서 저녁식사를 한 직후 "술을 안 끊으면 나 누님 안 할 거야!" 하시며 엄명을 내렸다. 술을 끊고 나를 위해 비워둔 한 조용한 방에서 밤낮 그저 쉬라는 거였다. 처음엔 그렇게 했다.

그러나 며칠 뒤부터는 살살 동네로 내려가 소주를 사다가 혼자 몰래 마시곤 했다. 알코올 중독은 하나의 병이다. 큰 전환점이 없는 한 그것을 끊기란 죽기보다 더 어려운 것이다. 총장님이 드디어 그 원인을 발견했다.

하루는 저녁식사 후 마당을 거닐다가 마당 가운데 있는 조그마한 분수를 가리키며 이렇게 말씀하셨다.

"김시인, 내가 저 분수를 보며 매일 뭐라고 기도하는지 아나?"

"뭐라고 하십니까?"

"내 잔이 넘치나이다!"

"하하."

"그걸 한문으로는 뭐라고 하지?"

"지족知足입니다."

"그래, 지족! 김시인한테 지금 필요한 것은 그것이야! 우리나라 최고의 시인이요, 불굴의 행동인이요, 최대의 사상가로서 만족해야 하지 않을까?"

"……."

폭탄은 그 다음에 터졌다.

"도대체 언제 우리 영주 행복하게 해줄 거야?"

"예?"

"분가 말이야. 지금 영주한테 필요한 것은 분가야! 머리털 빠지는 거, 그것 말이지, 자기 집, 자기 살림 살면 머리털 다시 돋아! 그래, 언제 단행할 거야?"

총장님은 매서웠다. 마구 몰아세웠다. 사실은 모든 문제가 거기에 달려 있었다.

"네, 네!"

"네, 네가 언제야? 오늘? 내일? 급해, 이 사람아! 잘못하면 영주 죽어! 약 먹으면 어떻게 할 거야?"

그날 밤 꿈인지 환상인지, 반은 꿈이고 반은 환상인지, 웬 애꾸눈의 난쟁이 형제가 새재 꼭대기에서 산적질을 하다가 내려와 위아래에서 둘이 나를 서로 붙들고 잡아당기며 고문하기 시작하는 거였다.

"아악!"

외치며 잠에서 깨어나 가만히 생각했다. 신호다. 띠나라는 신호다. 받아들이자! 가자! 나는 바삐 집을 정리하고 총장님께 편지 한 장을 써놓고는

해남에 내려가 집 구하기 전에 머물던 여관에서.(1985)

부우연 새벽길을 터덜터덜 걸어 수안보 쪽으로 내려가기 시작했다.

떠나는 거였다. 탈원주다.

나는 전부터 고향에 돌아가는 것이 평생의 소망이었고, 이제는 낙향하여 생명과 영성과 지역공동체운동을 새로이 시작하려는 높은 뜻이 있었다. 그러나 목포는 돌아갈 곳이 아니었다. 그곳엔 옛 시절의 형해形骸만이 남아 있을 뿐, 새 기운을 도무지 찾을 수가 없었다.

나는 그 사이 두 번이나 해남에 다녀왔다. 그때는 아직 '소도시 가꾸기' 전이라서였는지 길가 토담 너머로 청청한 감나무 가지가 뻗어 나와 주황색으로 익은 감을 길에서도 얼마든지 따 먹을 수 있었다. 산물이 풍부하고 사람들이 멋을 알았다.

내가 어렸을 때 6·25 전에 두 번 간 적이 있던 해남. 나는 그 해남으로 낙향할 작정이었다. 그리고 그곳에서 다시 새 출발 할 것이었다. 나는 버스를 타고 서울로 간 뒤, 아무에게도 들르지 않고 막바로 광주행 고속버스로 광주터미널에 도착하여 그곳에서 또한 막바로 해남행 버스를 탔다.

그 길로 원주를 떠난 것이다. 해남종합병원의 김동섭 아우에게 연락하여 조그마하지만 깔끔한 여관에 들어갔다. 동섭 아우에게 해남으로 낙향할 뜻을 비치고 집 얻을 것을 부탁한 뒤 바로 원주로 전화하여 아내에게 이삿짐을 챙겨 내려오라고 일렀다. 머뭇거리면 방해받을 것이니 앞뒤 돌아보지 말고 즉각 오라고 재삼재사 당부하였다.

여관에서 보낸 나날들! 꿈결같은 나날들!

그러나 술은 여전했다.

300_ 최동전

집은 물색했는데 돈이 한푼도 없었다.

출판사 몇 군데에 연락해봤으나 아예 소용이 없었고 믿었던 창비마저 절벽이었다. 동광출판사를 하고 있던 외우 최동전崔同田 형에게 어찌어찌 연락이 가닿았다. 최형은 첫마디에 선뜻 큰돈을 보내주었다. 앞으로 낼 책에 대한 선불인 셈이었다.

뭐라 할까? 그저 고맙다기보다는 차라리 큰 감동이었다. 아무리 대학을 함께 다니고 학생운동을 같이 한 친구이지만 기약없는 글에 대해 선뜻 선불하는 사람은 있을 수 없는 세상이었기 때문이다.

최동전 형은 본디 통뼈다. 사람 됨됨이만 통뼈가 아니라 실제로 그의 팔다리가 통뼈라서 팔씨름이나 다리걸기에서 최형을 이기는 사람은 그 무렵 문리대에서 아무도 없었다는 말이다.

통뼈! 최형의 통뼈는 일상의 삶뿐 아니라 정치적 판단과 실천적 행동에서도 그대로 나타났다.

생각난다. 한일굴욕회담을 반대하는 6·3사태 당일 밤, 계엄령 정보를 듣고 중앙청 앞에서 대오를 지어 문리대로 후퇴하던 내 앞에 최형이 불쑥 나타났다.

대뜸 가로되,

"니 지금 머하고 있노? 중앙청을 불질러 버리라카이! 때리 뽀사버리는 기라. 확 때리 뿌사버리! 어서!"

그래서 최형 별명이 통뼈인 것이다.

그 앞에서 어리버리 굴었다가는 벼락이 떨어졌다. 매일매일의 삶과 말과 사람관계 자체를 아예 혁명처럼 살아가는 사람이었다. 그래서 지독한 고문과 오랜 옥살이도 견뎌야 했다.

최형의 동광출판사에서 나의 첫 전집이 출간된 것은 당연했다. 아내는 지금도 최형의 은혜를

해남의 들녘에서.(1986)

잊지 못해한다. 참으로 빈털터리에다 병까지 겹친 그 무렵 우리를 심정으로만이 아니라 경제적으로까지 깊이깊이 도운 사람은 최형이 유일했기 때문이다.

그 최형이 느즈막이 장가를 가고 곧이어 아들을 보았다. 경사였다. 볼 때마다 싱글벙글 웃는 최형의 모습은 보기에도 참말 좋았다.

그러던 어느 날 최형 왈,

"우리 아 이름 좀 지어줘!"

"내가 무슨 자격으로?"

"니 아니면 아무도 자격 없다. 니가 지어줘야 애도 나중에 커서 이름

값을 할끼다, 어서!"

그래 최형 아들 이름을 내가 짓게 되었다.

최배영崔培英.

기를 배, 꽃부리 영. '꽃을 기르는 사람'이라는 뜻이다. 자기 삶의 꽃과 동시에 꽃다운 청년을 기르는 사람이니 훌륭한 지도자라는 뜻인데, 지금까지도 자신은 없다.

그런데 그 애 배영이가 최근 내 앞에 모습을 드러냈다. 인사동에서 '묵란전'을 할 때였다.

뭐랄까? 검실검실한 바탕 위에 슬기로운 기운이 화안한 얼굴, 아주 지혜로운 모습의 아이였다.

최형에게 한마디,

"잘 키웠다."

했더니 크게 웃는다.

아마 지금도 웃고 있을 것이다. 어째서 그걸 내가 아는가 하면, 영양 고추장을 한 통 보낸 직후 새해 들어 커다란 난을 한 촉 보냈기 때문이다.

분명 그는 내내 웃고 있는 것이다.

그는 최고운崔孤雲, 최수운, 최해월 선생의 바로 그 경주 최씨 가문이다. 아니나 다를까?

301_ 아내의 집

예전에 〈바다 아내〉라는 영화가 있었다. 폭풍으로 배가 파선한 뒤 뗏목 위에서 한 수녀가 한 남자에게 마치 아내와 같은 존재가 되었길래 훗날 그 남자가 그 수녀를 내내 찾아다니는 영화다. 그 바다에서만 아내 노릇을 하는 검은 옷 벗은 수녀의 한때가 그렇게 아름다울 수 없었다. 그 조건은 아마도 순결과 순정에 있었을 것이다.

나는 왜인지는 모르나 해남 시절의 그 남동집을 '아내의 집'이라고 불러왔다. 그 남동 시절의 그녀가 왜 그리도 아리따웠던지! 그리고 두 아이는 왜 그리도 싱싱하고 슬겁고 귀엽던지!

아내는 내가 전화한 지 며칠 안 있어 이삿짐을 싸가지고 아이들과 함께 내려왔고 우리는 해남 단군전檀君殿 건너편의 대웅아파트에 방을 하나 얻었다. 그 동안 동섭과 그 밖의 여러 해남 아우들이 집을 알아보고 있었다.

한여름. 햇볕은 너무 뜨거워 무지개 빛을 띠었고 풀들은 너무 시퍼레서 차라리 자줏빛을 띠었다. 낮에는 아내와 아이들과 함께 밥과 김치를 싸가지고 들판으로, 연못으로, 가까이 있는 바다로 마구 놀러다녔고, 밤이면 단군전 앞 잔디밭에서 풀모기에 뜯기며 튀김닭을 먹거나 소주를 마셨다.

아아! 그 한시절의 이름을 나는 감히 '행복'이라고 부른다. 날이 저물면 모기장 안에 누워 아이들에게 옛이야기를 해준답시고 엉터리 같은 만담과 무시무시한 괴담을 생각나는 대로 그 자리에서 지어 들려주거나 이상한

작은아들 세희의 돌잔치 하던 날.(1982)

짐승 울음소리를 흉내내서 아이들을 무섭게 만들었다. 아이들 그 좋아하는 모습이라니!

그러나 나의 술만은 고질이었다. 아침에 눈만 뜨면 모기장 안에서 머리맡에 놓아둔 소주병을 나팔 분다. 그래야 제정신이 나는 것이다. 그렇게 온종일 마시고 밤엔 밤대로 밤이라고 해서 또 마셨다. 새 집에 들어가면 단호히 끊겠다고 매일 다짐했고 그때까지만 마신다는 거였다.

그러던 어느 날 아침, 작은 놈 세희世熙를 데리고 단군전 앞길 건너에 있는 큰 아름드리 소나무 숲에 산책 갔다. 솔 밑에 있는 미끄럼대에 올라간 세희가 내게 보여주려고 재주 부리는 걸 멀찍감치 보고 있는데 갑자기 한두 발짝쯤 앞에 사람 몸뚱이만 한 커다란 솔가지 하나가 쭈욱 하니 큰소리를 내면서 찢어져 쿵 하고 땅에 떨어졌다. 나는 어리둥절, 사태 파악을 잘 못 했다. 가까이 있던 사람 몇이 몰려와 그 솔가지를 가늠해보더니 나더러 "까딱했으면 큰 변 볼 뻔했구만요" 했다.

두 발짝만 앞에 가 있었으면 죽었다는 것이다. 그만큼 커다란 나뭇가지였다.

왜 난데없이 생솔이 찢어지나? 아무리 생각해도 이해가 안 갔다. 그런데 그때 아파트 쪽으로 난 길로 동섭 아우가 바삐 다가왔다.

"성님! 아무 일도 없으시오?"

"아무 일도 없는데, 왜?"

"허, 그것 참!"

동섭이 이야기를 시작했다.

우리가 자주 가는 한 다방의 친한 레지 하나가 어젯밤 꿈을 꿨는데 그 꿈에 내가 죽었다고 아침에 전화해서 괜찮으신지 알아보라고 하더란다.

"원, 재수 없이……."

그렇게 뇌까리다가 불현듯 깜짝 놀랐다. 이것이 죽을 운수 아니던가?

너무 좋아하고 너무 까불고 너무 퍼먹고 너무 떠들어대니까 단군 할아버지가 노하신 걸까?

조짐은 계속되었다. 그날 낮에 밖으로 난 큰 유리문을 열고 그 문 앞에 있는 손바닥만 한 화단에 핀 들꽃을 보고 있는데 웬 새 한 마리가 휙 날아와 화단에 툭 떨어져 부르르 떨다 이내 죽어버렸다. 머리는 피투성이인 채로! 아내가 땅을 파고 새를 묻더니 한 번 부르르 떨고 나서 나더러 오늘은 밖에 나가지 말란다.

집은 쉽사리 구했다. 남동 끝자락 옛 천석꾼 천씨네 고가였다. 사랑채였는데 워낙 커서 본채를 방불했고 문간방도 대문 양 옆에 둘씩 달려 있었다.

그 집. 남동집. 그렇다. 그 집이 바로 '아내의 집'이었다. 왜냐하면 그 집에서 보낸 몇 달간이 아내에겐 아마도 일생에서 가장 애틋하고 행복하고 아리따운 시절이었을 테니까.

나는 아침에 큰 막사발로 두 잔씩이나 작설차를 마셔 작취(昨醉)에서 깨어나면 점심때까지 마당의 돌을 치워서 한편에 돌덤부락을 만들고 흙을 골라 텃밭을 가꾸었다. 내 생전 이렇게 손발을 놀려 열심히 일해보긴 처음이었다. 아내는 가까운 시장에 가서 맛있고 싼 반찬거리들을 장봐다가 점심을 짓고, 나는 손발을 씻고 나서 학교와 유치원에서 막 돌아온 두 아이와 함께 밥을 먹었다. 아마 그 무렵은 꼬박꼬박 점심을 두 그릇씩 비웠던 것 같다. 아내 얼굴에서 기미와 주근깨가 희미해지고 밝은 흰빛이 나기 시작했다. 그리고 머리털이 새로 돋기 시작했다.

해남에 살 때 유치원 갔다 돌아온 세희.

오후엔 해남의 아우들, 김성종·천용식·김광식·정지산 아우와 박순태, 임영오 아우가 번갈아 오고 저녁엔 병원의 동섭과 동국 형제가 김기종 등 여러 친구들을 데리고 놀러왔다. 그야말로 매일이 축제였고 매시간이 굿이었다.

나는 젊은 그들에게 새로운 생명사상과 지역공동체운동에 관한 씨를 뿌리기 시작했다. 나를 영적으로 인도한 하나의 힘이 있었다. 그것은 나 나름대로 기억하는 동학의 역사다. 그 시간이 나를 인도했으니, 바로 수운 선생을 남원 교룡산성으로 인도한 그 힘일 것이다.

302_ 손님들

아내가 내려올 때 장모님이 다녀가셨고, 새 집을 얻자마자 김옥길 총장님이 내려와 축복을 해주고는 매우 흡족해하며 돌아가셨다. 얼마 안 있어 지주교님이 오셨다. 해남 아우들과 함께 진도대교와 우수영을 구경시켜드렸는데 건강이, 그 당뇨병이 심상치 않은 듯했다. 나와 아내가 행복해하는 걸 보시고 왠지 도리어 쓸쓸한 얼굴로 돌아가시었다.

이어 장선생님과 원주 일행이 한꺼번에 들이닥쳐서 해남 아우들과 함께 땅끝 사자봉에 올랐다 돌아와 큰 여관방에서 선생님이 아우들에게 일일이 난초 한 장씩을 쳐 주셨다. 그런데 가실 때 내게 하신 한마디가 덜컥 가슴에 체했다. 그 한마디로 인해 나는 오래도록 고민해야 했다. 어머니에 관한 것이었다.

김민기 아우가 결혼한 뒤 조선옷을 입고 들렀고, 송기숙 형님이 화가 홍성담 아우와 함께 들렀으며, 내게 앞으로 낼 책의 인세를 선급해서 집값을 치르도록 도와준 외우 최동전 형이 왔다. 그리고 악어 형님 부부가 도예가 윤광조 형 부부와 처남들 강준일·강준혁 등과 함께 와서 하

해남에 살 때 찾아오신 지학순 주교님과 해남의 벗들과 함께.

룻밤 묵어갔다.

또 김기팔 형님이 박정기 형과 함께 내려왔다. 스님들도 들르고 목사님들도 들르고 신부님들도 들르고 증산교 사람들도 들르고 해남, 영암, 강진과 광주, 목포 양반들도 들렀다. 맞이하는 내 쪽에서 보면 매일매일이 장 서는 것과 같았으니 내 입에서 술이 떨어질 날이 없었고 아내는 반찬과 안주 장만하느라 쉴 틈이 없었다.

아아, 그 매일매일이 기쁨이고 행복이었으나 아내에겐 더없는 고역이었고 나에겐 병의, 새로운 큰병의 시작이었다.

'아내의 집'은 바람이 드셌다. 바람을 재우고자 안마당에도 키 높은 큰 나무들을 심은 모양이었으나 그 때문에 집안이 나무 스치는 바람 소리로 가득 찼다. 밤엔 무엇인가 어둡고 스산한 그림자가 일렁거리고 도둑고양이들 울음소리에 적막이 적막대로 지속되는 때가 없었다. 장선생님은 마당의 큰 나무들 때문에 자손이 지리지 못할 터이니 베어버리든지 뽑아버리라 하셨다.

큰 나무들을 동섭 아우가 뽑아다 병원에 옮겨심는 역사가 시작되었다. 그러나 큰 나무들이 없어지자 바람이 너무 심해서 마당

해남 남동집엔 손님이 끊이질 않아 아내는 분주한 나날을 보내야 했다.(1986. 4)

에 가득 찬 돌맹이들마저 울부짖는 듯했다.

    하루는 아침에 대문을 열던 아내가 소스라치게 놀라며 소리를 질렀다. 바로 대문 앞에 피투성이 고양이 한 마리가 누워 있었다. 불길했다.

303_ 백방포

해남에서 바다 쪽으로 조금 나가면 강진 쪽과 땅끝 쪽 길이 갈라지는 곳 부근에 백포 마을, 또는 백방포白房浦 마을과 함께 그 뒷산인 백방산이 우뚝 서 있다. 본디 섬 지방과 제주를 왕복하는, 그리고 중국으로 가고 중국에서 오는 배가 드나드는 포구였으며, 섬으로 귀양길 떠난 인사의 가족이 귀양 풀리기를 기다리며 머물던 집들, 장사 떠난 지아비를 기다리는 지어미들이 묵었던 집들, 여각旅閣들, 객줏집들이 즐비한 포구였다.

그리고 뒷산 백방산은 머언 섬이나 중국에서 돌아오는 가족을 기다려 먼눈을 주던 아낙들이 서 있던 봉우리와, 지아비의 귀양 풀릴 날만 기다리다 도리어 죽음의 소식을 듣고 절망한 아낙들이 몸을 던졌다는 '나가미〔落岩〕'가 있는 산이다.

아우들과 함께 마을을 둘러보던 내 가슴에 왠지 모를 깊은 한, 풀 길 없는 슬픈 정한이 사무쳐오는 것을 도무지 어떻게도 설명할 수가 없었다. 이미 일제 때에 간척을 해서 포구는 없어진 지 오래요, 논만이 무연한 벌판에 백방산만 우뚝 솟았을 뿐 마을도 적막한데, 어디서 그렇게 짙고 뿌리 깊은 정한이 우러나와 내 가슴에 깊이깊이 저며드는지 알 수가 없었다.

뭔가를 묻고 있는 내 눈을 의식한 동섭 아우가 다만 한마디 했다.

"쩌그 저 나가미에서 떨어져 죽은 여자들이 솔찬히 많은갑디다."

아하! 한恨이로구나!

한이 서렸구나!
 두타산 무릉계의 저 시커먼 원한의 그늘과는 또 다른 새하얀 고독과 인생유전의 슬픔이 내 가슴에 기이한, 기이한 눈부심을 남기고 있었다.

304_ 음유시인

그림 잘 그리고 시 잘 쓰고 공부 잘하는 큰놈 원보의 재능은 이미 잘 알고 있었으나, 작은놈 세희의 재능은 나는 아직 눈치채지 못하고 있었다. 다만 혼자서 가방을 메고 유치원에 가는 아이 뒷모습이 왠지 쓸쓸해 보여서 전학이란 쉽게 할 일이 아니로구나 생각만 하고 있었다.

그런데 어느 날 오후에 마당의 나무들 사이에서 혼자 돌아다니며 놀던 세희가 마루 끝에 앉아 차를 마시고 있는 나에게 뜬금없이 질문공세를 퍼붓는 것이 아닌가!

"하늘은 왜 파랗지요?"
"바다는 왜 움직이지요?"
"흙은 무얼 먹고 살지요?"
"고양이는 왜 노랗지요?"
"나무는 왜 파랗지요?"
"나는 어디서 왔지요?"

나는 슬그머니 일어나서 귀퉁이에 있는 나의 서재로 꽁무니 빼고 말았다. 어두운 서재에 들어와 앉은 나는 담배를 한 대 피워 물고 빙긋 웃었다. 그러고는 혼잣말로 한마디 했다.

"됐어!"

그런데 며칠 지나 한밤중에 식구들이 안방에 모여앉아 놀고 있는데 세희가 손짓발짓으로 춤추는 시늉을 하며 노래를 부르기 시작했다. 지금 그 내용은 기억해낼 수 없으나 나와 아내와 원보 세 사람이 다 깜짝 놀라서,

"시인이다, 시인!"

"가수다, 가수!"

하고 외쳤다.

"그래, 이 아이는 음유시인이 되겠구나!"

이 소식을 전화로 전해 들은 제 외할머니가 즉각 피아노를 한 대 사서 우체국을 통해 부쳤다. 세희가 처음엔 피아노를 좋아라고 둥당둥당 제멋대로 두드리며 놀더니 가까운 이웃에 있는 피아노 선생에게 악보집을 갖고 가 며칠 배우다가 그만 선생에게는 물론 피아노 근처에도 영영 가질 않았다.

'이 아이는 음악은 못 하겠구나!'

그런데 요 얼마 전에는 '사디'라는 좋은 디자인학교에 입학해서도 공부를 때려치우고, 일본풍의 '비주얼 락'을 한다고 기타를 배우러 다니더니 요즈음은 그것도 다 엎어버렸다.

'아, 이 아이는 결국 문학을 하겠구나!'

인터넷 소설과 게임 시나리오 작가로 나선 원보와 함께 세희까지 문학을 한다면 온 가족이 문학판이 되는 것이다.

'음유시인'이라는 별명을 가졌던 세희의 어린 시절.

해남 시절, 유치원에서 막 돌아온 듯 가방을 멘 세희의 어깨를 안고 함께 찍은 사진.

그래서 내 생각을 바꾸기로 했으니, 해남에서도 그 무렵 똑같은 생각을 했다.

'무엇을 가르치려 하지 말고 자유롭게 크도록 분위기만 만들어줄 것!'

해남 시절에 찍은 사진이 지금 남아 있다. 음유시인의 가능성을 보였던 그 무렵 유치원에서 막 돌아온 듯 가방을 멘 세희의 어깨를 안고 내가 함께 찍은 것인데 내 얼굴이 몹시 파리하다.

'아! 내가 아팠던 지난 십 년 동안 이 아이가 겪었을 우울을 어떻게 갚아줘야 한단 말인가?'

나는 아내와 아이들에게 빚이 많다. 그저 그 빚만큼 열심히 살다 가는 것말고 또 그 무슨 힘, 무슨 돈이 있어 그 많은 빚을 갚을 수 있겠는가?

305_ 무화과

무화과는 비파와 함께 윗녘 지방엔 없는 과일이다. 내 어렸을 적 목포에서 보고 강원도와 서울에서 구경도 못 하던 무화과를 해남에서는 남동집 마당에서 늘 보고 또 그 열매까지 따먹으니 새삼 고향의 정겨움을 말로 다 못 했다.

바로 그〈무화과〉란 제목의 시를 쓴 것이 그 무렵이다.

돌담 기대 친구 손 붙들고
토한 뒤 눈물 닦고 코 풀고 나서
우러른 잿빛 하늘
무화과 한 그루가 그마저 가려 섰다

이봐
내겐 꽃시절이 없었어
꽃 없이 바로 열매 맺는 게
그게 무화가 아닌가
어떤가
친구는 손 뽑아 등 다스려주며
이것 봐

열매 속에서 속꽃 피는 게
그게 무화과 아닌가
어떤가

일어나 둘이서 검은 개굴창가 따라
비틀거리며 걷는다
검은 도둑괭이 하나가 날쌔게
개굴창을 가로지른다.

동향 목포 출신의 평론가 김현 형이 공들여 〈무화과〉를 평한 〈속꽃 핀 열매의 꿈〉이란 글이 있다. 그 평문의 맨 마지막이 "아, 어둡다! 컴컴하다!"로 끝난다. 절묘한 예상이다. 나는 이 시 이후로 그리도 오랜 세월을 앓았으니, 이 시 안에 이미 어두운 예감이 드러나고 있는 것이다.

시란 짓거나 쓰는 것이 아니다. 시란 속에서 떨리고 밖에서 흐르는 넋의 감응이요 반응이니, 하나의 예감이며 좋은 평론은 시에 못지않은 하나의 예상인 것이다.

고인이 된 김현이 떠나기 전에 내게 남긴 한 깊은 우정의 편지 같은 것으로 나는 지금도 생각한다.

김현 생각하면 대학 때 한 밤 둘 다 술이 취해서 목포항의 제주 브리지에 앉아 있을 때가 떠오른다. 김현 왈,

"나는 아무래도 프롤레타리아는 될 수 없어!"

"그러지, 뭘!"
"나는 끝끝내 성실한 부르주아로 살다 가겠어!"
"그러라고!"
그래. 그는 그렇게 살다 갔다.
그런데 이 문맥에서 중요한 것은 프롤레타리아와 부르주아가 아니다. 바로 '성실'에 있는 것이다. 먼 곳을 바라보고 있는 나를 내가 발견한다.

306_ 향목

초가을이 왔다. 일 년 중 가장 아름답고 화려한 시절, '토용土用'이 온 것이다.

어느 날 저녁 때 놀러온 동섭 아우와 마루에서 과일을 먹고 있을 때다. 어디선가 기이한 향기가, 짙은 향기가 났다. 이 짙은 향기는 며칠 전부터 꼭 이맘때면 코끝에 와닿는 것이었다.

나는 그때 문득 내가 이십대에 즐겨 읽던 토머스 에드워드 로렌스, 그러니까 '아라비아의 로렌스'가 쓴 자서전인 《지혜의 일곱 기둥》이란 책에서 본, 아라비아에서 고고학 답사를 하던 중 무역풍이 불 무렵 폐허가 된 한 토성에 들어가 그늘에 앉아 있을 때의 글이 생각났다.

로렌스는 그때 바람 따라 흘러오는 아주 복잡한, 그러나 짙은 향기를 맡는다. 그것이 흙벽돌에서 나는 것임을 짐작한 로렌스는 벽돌 하나를 챙겼다가 그 뒤 다마스커스의 한 이슬람 고고학자에게 감정을 의뢰했다. 그 결과는 다음과 같이 기록돼 있다.

그 토성 주변에는 독충이 많고 특히 사막 특유의 지네와 전갈이 많은데, 무역풍이 불 때 가장 독이 많고 물려서 목숨을 잃는 사람도 많았다고 한다. 그래서 그 독에 대해 가장 강력한 해독제요 방독제인 인근 사막 오아시스에 피는 여러 꽃잎을 채취하여 흙벽돌 만들 때 짓찧어 넣어서 토성을 축조했기 때문에 무역풍이 불 때면 바람을 타고 그 여러 꽃잎의 복잡한 향기가

진하게 풍기는 것이며, 그 효과로 지네와 전갈이 토성 주변을 얼씬거리지 않게 된 것이라고.

나는 문득 기억에 떠오른 이 이야기를 상기하며 동섭 아우에게 물었다.

"이 집 지을 때의 이야기를 어른들한테 들은 일이 있는가?"

"야, 그라믄이라우. 들었지요, 잉."

"뭐라고 그러던가?"

"기둥용이나 서까래용으로 나무를 베어다가 우선 흙 속에 오랫동안 묻어놓고요, 한참 지난 뒤에는 그 위에다가 톱밥을 얹고 불을 지른다고 합디다. 그라믄 벌거지가 안 먹는다고."

"또 다른 이야기는? 재목에 향나무 섞어 쓴다는 얘기는 없던가?"

"아참, 아주 고급 향목香木을 섞어 쓴답디다. 그런디 그 향기가 독충이 제일 독이 많이 오르는 요즘 같은 초가을에 제일 진하게 냄새를 풍긴다고요. 그래서 독충이 못 덤빈다고 하든디요, 잉."

"아항! 역시 그렇구나! 이슬람 문화만 대단한 게 아니야! 우리의 민족 문화도 그만큼 독과 향을 알고 썼어. 그러니 요즘의 빈대 잡고 모기 잡는 킬러가 얼마나 우스운가 말이야! 독과 향이라! 독과 향이라! 독충과 향나무라!"

"참말로 그렇구만이요, 잉."

307_검은 산 하얀 방

그 뒤 며칠 있다가 어둑어둑한 저녁 때 가운뎃방 흐릿한 전등 밑에서 내 마음속에서부터 갑자기 무슨 소리가, 무슨 시행들이 울려 나오기 시작했다. 나는 아내에게 받아쓰라고 부탁하고 곧 구술하기 시작했다. 제목까지도 흘러나왔으니 '검은 산 하얀 방'이었고 즉각 나는 검은 산이 두타산 무릉계를, 하얀 방이 백방포와 백방산을 상징한 것임을 깨달았다.

아! 이 '검은 산 하얀 방'은 내 환상의 시작이니 '검은 그늘'과 '흰빛'의 깊은 분열을 뜻하는 것이었고, 그러하매 정신신경과의 거인인 이부영 박사가 나의 경우를 단순한 병이 아니라 '종교적 환상'이라고 진단한 까닭이다. 카를 융 식으로 말한다면 결국 검은 산과 하얀 방의 통합, 눈부신 흰빛과 컴컴한 그늘의 창조적 통일이야말로 내 정신의, 내 넋의 제일 과제였던 것이다.

이상한 것은 문학을 전공한 사람 가운데 그 어떤 남성도 이 시행들을 가타부타 하지 않고 일절 침묵으로 일관하는데, 단 세 여성, 장모님인 박경리 선생과 시인 허수경과 내 아내만이 그것을 내 문학의 최고봉으로 평가한다는 점이다. 지금도 내게 분명한 것은 '검은 산 하얀 방'이 내 넋의 떨림과 흐름 중에 계속되고 있다는 것, 그럼에도 이제는 모순되면서도 일치하고 조화하는 '흰 그늘의 길'로 진행되고 있다는 점이다.

이 시행들은 그 구술 내용에 단 한 자도 수정·가필하지 않고 그대로 분도출판사에서 시집이 되어 나왔다는 점을 밝혀두며, 시행 전체를 회고록의 한 맥락으로서 그대로 드러내보고자 한다. 서시 〈촛불〉부터다.

촛불

나뭇잎 휩쓰는
바람 소리냐 비냐
전기는 가버리고
어둠 속으로 그애도 가버리고
금세 세상이 온통 뒤집힐 듯
눈에 핏발 세우던 그애도 가버리고
촛불
홀로 타는 촛불
내 마음 휩쓰는 것은
바람 소리냐 비냐.

검은 산 ─무릉계에서

화살내

화살은 왜 나에게 떠오나

화살은 왜 나를 향해서 오나
화살은 왜
화살은 왜 내 가슴에 아프게 박히나
화살은 왜 이 개울을 따라서 흘러오나
화살은 왜 물을 따라 흐르나
화살은 물을 따라 나에게 오고
나는 물을 따라 화살을 거슬러가고
너는 누구냐
물.

피쏘

번득이는 것이
왜 빛뿐일까요
번득이는 것이
왜 눈뿐일까요
번득이는 것이
왜 절벽에 부딪쳐 부서지는 햇빛뿐일까요
하늘에 가득 찬 총알 총알 총알
그 구리의 빛은

찢어진 왼쪽 다리 끌며 당신 찾는데

내 외침만 찾을까요

내 눈만 찾을까요

내 손만 찾을까요

찢어진 다리 흐르는 피가 흘러가는 곳 거기 당신이 누워 숨지고 있겠지요

아아 피쏘 속에서

당신 누워 숨지고 있겠지요

가물거리는

마지막 생각

가물거리는 마지막 눈

그 속에 타고 있는

삼화사 촛불

마지막 들리는

삼화사 독경 소리

마지막 보이는

삼화사 쇠부처님

아아

물방울.

쇠부처굴

옆으로 가자
곁으로 가자
앞으로 가자
뒤로 가자

같은 것 같은 이야기
우린 갇혔다
고목이 웃는다
벼락 맞은 바위들이 웃는다
죽은 것은 사람만이 아니다
죽은 것은 물만이 아니다
우릴 죽이는 하늘까지도 죽어가는 것이다
절벽에 대고 이마를 찧는다
내 이마를 찧으며
절벽이 넘어져 오는 날
물방울 하나
내 목구멍 속에 타는
물방울 하나.

호랑바우

돌이 소리질렀다는데
나는 듣지 못했는데
돌 속에서 아이들이 노래 불렀다는데
나는 아직 듣지 못했는데
돌 뒤에서 누군가 걸어 나왔다는데
나는 보지 못했는데
엄마를 부르며
아빠를 부르며
아이들이 노래 불렀다는데
나는 듣지 못했는데
아이들이 손에 손을 잡고 돌 위에 서서
하늘을 처다보고 통곡해 울었다는데
나는 보지 못했는데
하늘은 어찌 저리도 푸른 것이냐
삼화사 종소리는
내 신발 끝에 눈물과 함께 떨어지는데.

아랫쏘

가거라 애야
이 어미 간다
가거라 이 어미 제삿날을
잊지 말아라 애야
가거라 가거라
새처럼 높이 뜨고
여우처럼 빠르게
가거라 애야
이 피바다에서.

비리내골

비라도 왔으면 좋지
이 피 씻어주게
눈이라도 왔으면 좋지
이 기억 얼려주게
벼락이 쳐라
천둥은 쳐라

해일이 넘쳐라
하늘은 소리질러라
땅도 소리질러라
내 눈물을 소리질러라
내 울음으로 울어라

타 죽은 고목에 걸린
살점 앞에서.

문간재

잔잔한 풀 위에 바람 흔들림이
이마 위에 그늘지는 것을
알겠는가
묻는 나는 모른다
잔잔한 풀 위에 바람 흔들림이
너의 머릿속에서 파고 있는
홈의 뜻을 아는가
피는 피를 부르고
바람은 낮게 속삭이며

물과 함께 먼길을 가더라

내 눈에 타는, 밤새 타는
이상한 핏발
이제 나는 안다
돌의 역사를
돌의 신음의 역사를.

고사목

고목에 기대서서
고목을 생각하자
고목에 기대서서만
고목을 생각하자
고목에 기대설 때만
고목을 생각하자
불타 죽은 나무
나무의 혼을.

두타산

쓸데없는 소리 말라
산이 산을 그리워하던가
된장이 된장을 그리워하던가
양파가 양파를 그리워하던가
쓸데없는 소리 말라
사람만이 사람을 그리워한다

이것은 절대 지상 철학이다
나는 이것을 두타산에서 배웠다

개새끼들!

용추다리

내 오른팔을 호랑가시나무라고 불러라
내 왼팔을 사자봉 벼락바위라고 불러라
있다면
내게 힘이 있다면

한 팔로 너희들의 죽음을 막고
한 팔로 너희들의 삶을 껴안아주고 싶구나
무심한 구름이 용추다리 건너가는 내 발 밑에 와서
나의 힘없음을 비웃는구나.

윗용추

왠지 그럴 것 같애
왠지 필요할 것 같애
배낭에 금강경을 넣고 갔었다
왠지 머리 뒤끝 잡아당기는 것 같애
왠지 머리끝 섬뜩섬뜩 서는 것 같애
지은 죄도 많고
지을 죄도 많아
금강경을 읽었는데
금강경을 읽었는데
문득 바람결에
용성 스님의 금강경이
날아가 붙은 바위를 보니
바위에 새긴 글자

범소유상 개시허망

돌 하나 굴러 소리 없이 물에 잠긴다.

너럭바위 1

한 노인을 만났는데
한 미친 노인을 만났는데
양파를 질겅질겅 씹으며
알젓을 똘똘 뭉쳐
하늘에 던졌다
받아먹는 노인을 만났는데
고양이 같은 눈빛
이글이글 타는 눈빛
수세미 같은 머리
한 노인을 만났는데
가라사대
사람은 손을 손으로 저울질할 일이다라고 하더라
두타산은 일곱 개의 피복창이 있었다고 하더라
오십 개의 우물 터가 있었다고 하더라
오천 명이 한날 한시에 총 맞아 죽었다고 하더라

사멧골 제사는 모두 한날 한시라고 하더라
피쏘 한복판에 물 못 들어가는 큰 구멍 하나 있다 하더라
그 구멍 속에 한 여자가 발 거꾸로 해 지금도 떠 있다 하더라
돌아오는 길에
피쏘 너럭바위 위에
아로새겨진
토포사! 토포사! 토포사!

너럭바위 2

술잔 가녘에
술병 주둥이를 때리며
혀를 차는 버릇은
나에게 예전에는 없었다
술병 주둥이로
술잔 가녘을 때리는 버릇도
나에게 예전엔 없었다
오늘 바람은 불고
하늘은 차다
웬일인가.

시행은 멈춤 없이 검은 산에서 하얀 방으로 넘어갔다.

하얀 방—백방포에서

백방 1

누가 백방이라 하였는가
백방산 나가미 위에
무수히 서 있는 저 여인들의
얼굴 얼굴
누가 백방이라 하였는가
저 무수히 바람에 갇혀
옹송거리는 어깨 움직임
누가 백방이라 하였는가
여기서 중국으로 중국에서
이리 떠나고 떠나오던
그 숱한 작별의 이야기들을
누가 백방이라 하였는가
어느 나무에
어느 나무 그늘에

그 사연 새겨졌는가
내 이제 짧은 머리
짧은 바지 차림으로
이 자리에 서서
홀로
잿빛 하늘을 향해 울부짖는다
여긴 왜 이제 항구가 아니냐.

백방 2

하얀 방에 누웠네
내 누구를 원망하랴
하얀 방에 누웠네
내 이제 와서 누구를 기다리랴
저 형광등 소리
저 형광등 타는 소리
빛깔이 아닌
빛깔이 아닌
흰 빛깔이 아닌
가래 타는 소리

곁에 하나만 있다면

곁에 하나의 휴지통만 있다면

내 누구를 원망하랴

더 무엇을 그리워하랴

어차피 죽어가는 것을

그리고 가래를 뱉고 난 뒤

어차피 난 일어서 이 자리를 떠날 것을.

백방 3

흰 물결에 갇힌 때를 기억하자

흰 눈에 갇힌 때를 기억하자

흰 방에 갇힌 때를 기억하자

그러나 기억할 수 있겠는가

흰 살에 갇힌 때를, 그 여자의 흰 살의 눈부심에 갇혔던 때를

만지지 마라, 머리 위에 난 상처는 만지지 마라

만지지 마라

머리는 하늘을 이는 것

너의 왼손이 너의 오른손이

하늘을 만져 죄짓게 하지 마라

만질수록 깊어지는 하늘의 병.

백방 4

사랑합니다 여보
부디 이 흰빛을 기억해주세요
기억해주세요
백 일이 넘도록 흰 방
흰 생각 흰옷 흰 모든 날의 저 하얀 바람들을
매일 나가미 위에 서서 웁니다
나가미가 내 위에 서서 웁니다
당신 떠나간 백방포
그 새카만 뻘밭을 보며 웁니다
나를 웁니다
흰옷 흰옷에 싸여 살 수밖에 없는 내 운명을 웁니다
그래 이제 돌아가렵니다
아니오
우슬재 쪽으로가 아닙니다
당신 가신 두머리 개웅
그 새카만 뻘밭으로.

백방 5

한 날도 아니요
열 날도 아닌
십 년 이십 년을 어찌 견딜 겁니까
나 이제 떠나가는데
두머리 가심 끝
동백 피우리
새빨간 동백
동백 한 잎
넘쳐 끓는 바닷물에 펴 흐른들 무엇하리
돌아가리 백방 포구
당신 있는 곳
못 돌아가리 백방 포구
그 징겨운 동백 숲 마을.

백방 6

빛은 어디서 오나
참빛은 어디서 오나

내가 이렇게 몸부림치며

누워 있는 이 흰 방 흰 방으로부터

빛은.

백방 7

아십니까

뒷산 어덩 밑을 함께 헤맬 때

내 이 사이에 들어온 바람

그 바람을 타고

내 가슴까지 들어오신

당신의 배

그 배의 이름을 오늘 아침에 정한 것을 아십니까

뒷산 어덩 밑 작별할 때의 어둠에도

지치지 않는 힘으로

바다로 바다로

향했던 당신에 대한

그리움

아십니까

당신의 아이

누구도

이제

내 얼굴을 돌아보지 않는데요

친척 중에 누구도

내 이름을 부르지 않는데요

아십니까

그애 이름을 아십니까

내 뱃속에 커가는

달

그 달은

바다라는 것을

바다의 꿈이라는 것을

꿈꾸는 바다라는 것을

그리고

꿈속의 바다라는 것을

흔들지 말라

낮은 바람철에는

무화과여

비파여

석류여

작은 나뭇가지들이여
내 속에 너희는 커가고 있다
흔들지 말라
낮은 바람철에는.

백방 8

가지 말라
바다가 너를 삼키리라
가지 말라
바다가 너를 밟으리라
삼켜도 밟혀도
떠나가야 하는 바다
떠나가야 하는 바다
바다
네 이름
바다는 그대에게 내 그대에게
백방 뒤꼍 후미진 뻘밭 마지막 떠나던 목선전 잡고 넘어지던 그대
그대에게 마지막 줄 것
이름뿐

마지막 줄

비단 주머니 속에 든 것은

바다뿐.

백방 9

비다로부터

내가 너를 보았던 날

그날은 초록빛 하늘이었지

내가 너를 껴안았던 날

그날 내가 질렀던 바다는

쪽빛 바다였지

햇빛은 하늘에서

바람은 서쪽에서 불어와

너의 얼굴은 수만 가지 수십만 가지 수천만 가지의 빛깔로 번득이고

너의 이마는 푸른 솔빛으로 타고 있었지

나의 운명도

풀과 같은 것

짝지 가녈 시달리는

바람 끝 시달리는 갯여뀌

파멸하였네라
그리고 초록빛 속에
미소지었네라.

백방 10

뒷숲에선 바람이 불어요
바람 속에선 뒷숲이 내게 와요
가까이 늘 밤마다
뒷숲 속에
홈 파인 자국
자국 있는 샘물
샘 곁에 남겨진 끊어진 두레박
아 오세요
두레박 속에서 오세요
그날의 창도 버리고
그날의 핏발 선 눈도 버리고
오세요
뒤꼍 바람을 타고
웃음으로라도 오세요

머리끝 흩날리는
바람으로라도.

백방 11

하나
솔 하나 있었지
기억하는가
나가미 위 큰 까끔 파고드는
바위샌님
하나
그때
자네 얼굴에 감돌던
낮은 머리 휘날림.

백방 12

멀리서 보는 백방산 위
푸른 하늘은 슬프다

더 멀리서
더 멀리서 생각하는 백방산 위
푸른 하늘은 더 슬프다

멀리 멀리서
그 산을 보고
숱한 해일을 넘어왔던
아득한 산동반도의 짱꾀들의 기억 때문일까
지금 바람은 서쪽에서부터 불어
나가미 열두 시 겨울 산란 밑을 스치고
나는 바위에 고개를 기대
아무런 작정도
아무런 회한도 없이
긴 슬픔에 빠진다.

바로 해설 비슷한, 서문 비슷한 말들이 이어 따라나왔다. 역시 수정 없이 받아쓴 기록이다.

한시도 떨어지지 않고 내 마음의 뒤를 따르는 고통에 찬 무거운 쇠사슬 끄는 소리가 있다. 하나는 머나먼 북쪽 끝 험준한 산골짜기에서, 다른 하나는 머나먼 남쪽 끝 바닷가 옛 포구에서.

옛날은 그저 옛날인 것인가? 오늘은 그저 오늘인 것인가? 훗날은 그저 훗날인 것인가? 사람의 삶은 이런 것, 사람의 지금 여기 삶 속에는 북쪽도 남쪽도 옛날도 훗날도 함께 들어와 외치고 울고 가슴을 치며 눈물 삼키고 고개 숙여 걷는 것을.

먼 북쪽 삼척 두타산 무릉계는 임진란 때는 수천 수만의 화살이 강물에 떠 흘러 '화살내'를 이루고 숱한 사람의 피는 못에 고여 '피쏘'라는 이름을 만든 곳이다. 그 뒤에도 지난 전쟁 때는 한날 한시에 수천 명이 참혹하게 죽어 간 땅이다. 그래서 이곳은 제삿날이 모두 다 한날 한시다. 특히 어린이와 여인들의 죽음은 참혹했었다 한다.

오 년 전 내가 무릉계에 갔을 때 삼화사 너럭바위 입구에서부터 내 귀를 때리며 심장을 조이며 내 뇌수 전체를 뒤흔드는 총소리, 포탄 소리, 비행기 폭음 소리, 아우성 아우성 소리, 그 중에도 견딜 수 없었던 그 어버이를 부르는 아이들 울음소리, 그리고 이상하게 떨리던 여인들의 귀곡성, 귀곡성, 귀곡성의 끝없는 환청. 머리 뒤를 잡아 끄는 보이지 않는 손길들, 다리를 잡아당기는 물과 바위와 잡초들의 기괴한 엉킴, 숯처럼, 마치 썩어가는 시체처럼 거무칙칙한 절벽에서 빛나는 음산한 햇빛, 검은 갈가마귀들의 불길한 울부짖음, 여기저기 도처에 널려 있는 불에 타 죽은 시커먼 고목들, 나는 질려버렸다. 마지막으로 《금강경》을 읽어, 내 따위가 뭐라고 《금강경》 한 줄이라도 읽어 깊은 한을 품고 구만리 장천을 떠도는 중음신中陰身들을 조금이나마 위로

해보자고 읽던 바로 그 구절이 내가 읽으며 등을 기댔던 바로 그 바위 위에 깊이깊이 새겨져 붉은 노을에 타는 불꽃처럼, 화광처럼 번득이고 있음에 그만 혼비백산하여 달아나 골짜기를 튀어 나오고 말았다.

그들의 그 참혹한 고통과 죽음은 역사에 있어서 무슨 의미를 가지는가? 그것은 지금으로서는 내게 명백히 잘 잡히지 않는다. 그렇지만 다른 한편 분명한 것은 원한怨恨이다. 그 뒤 나에게는 단 한 줄이나마 그들을 위한 진혼곡을 써야겠다는 강박관념이 무거운 쇠사슬 끄는 소리가 되어 따라다니고 있다.

먼 남쪽 땅끝 백방포는 고려 때부터 조선조 말까지 제주도로, 흑산도로, 추자도와 다도해의 저 숱한 섬들로 귀양 가는 사람, 지목을 피해 이름 없는 섬으로 몸을 숨기는 사람, 중국으로 사신 가는 사람, 장사 가는 사람 들이 아득한 뱃길을 떠나던 포구, 그리고 그들의 무사귀환을 위하여 몇 년이고 몇 십 년이고 그 아낙들이 백방포에 백 개의 방을 짓고 매일 포구 뒷산 백방산 깎아지른 나가미〔落岩〕위에 올라 흰옷에 눈물 지으며 끊임없이 합장 기원했던 곳이다. 그리고 때로는 설움에 겨워 바다로 몸을 던지던 곳이기도 하다.

나는 일백 개의 방이라고 보고 싶지 않다. 빈방의 외로움, 한 맺힌 흰 방, 그 스산한 흰 방의 낯설음, 그 눈부신 낯설음의 한없는 지속. 나는 백방을 갈 적마다 그 무서운 바다, 그 아득한 뱃길, 그 기나긴 세월, 사랑하는 사람과의 그 쓰라린 이별도, 정든 땅을 버리는 아픔도 다 뒤로 한 채 바다가 끄는 이상한 매혹, 바다가 손짓하는 신기루처럼 찬란한 새로운 낙토에의 열광의 의

미가 지금에까지도 살아 있을 수 있는가 하는 의문과 똑같이 바로 그 스산한 흰 방의 외로움을 가슴에 사무치게 느껴왔다. 정한情恨일 것이다. 그래서 나는 일백 개의 방이라는 백방百房보다 흰 방이라는 뜻의 백방白房이라 부르고 싶다.

북쪽과 남쪽의 이 두 개의 무거운 쇠사슬 끄는 소리는 지금 여기 내 살아 있는 의식 속에서 계속 들려온다. 이 사무친 원한과 뼈저린 정한이 무거운 쇠사슬 끄는 소리로 내 마음을 따르고 있는 한, 나는 아무것도 할 수 없음을 확실하게 느낀다. 단 한 줄이나마 그들의 진혼을 위해 써야 한다고, 말해야 한다고 하는 것이 나의 하나의 강박관념이었다.

그러나 나는 단 한 줄도 그것을 써내지 못했다. 그러던 중 해남에서 어느 날 밤 우연히 술에 취한 듯 몽롱한 상태에 접혀들며 속으로부터 흘러나오기 시작한 소리, 잇달아 떠오르는 느낌, 생각, 울부짖음, 마치 내가 아닌 그 누군가가 내 속에서 불러주는 듯한 소리가 있어 그대로, 취한 듯 정신 잃은 듯 떠오르는 그대로 구술하기 시작했고 아내가 그걸 받아썼다. 그리고 일체 수정·가필·추고하지 않았다. 형식 문제, 곧 가락이나 장단, 말의 생동성 따위 나의 평소의 관심사는 일단 제쳐두기로 했다. 그 소리 속에서 움직이는 종잡을 수 없는 어둡고 비통한 흔들림과 눈부신 흰빛의 섬세한 떨림을 그대로 드러내기 위해. 이것이 '검은 산'과 '하얀 방'이다.……

그러나 이 소리들, 이 모든 말, 말, 말들은 과연 초혼인가, 진혼인가? 불림인가, 살풀이인가?

과연 이것들이 이 땅에 가득 찬 저주와 살煞을 풀어줄 힘이 있는 것인가?……

그 소리, 속으로부터 울려 나오던 그 소리는 도대체 무엇인가? 도대체 그 무엇이 다가오고 있음을 알리는 조짐인가? 이런 일들은 왜, 어째서, 무슨 힘에 의해서 일어나는 것인가?……

1986년 4월 19일

해남에서

김지하

308_ 현실 1

누구던가 서울에서 손님이 와서, 누구던가 서울에서 거절할 수 없는 손님이 와서 술을 많이 많이 마시고 그 뒤로 사흘 동안 아무것도 먹지 못하고 물만 마시고 누워 있었다. 이불을 덮고 누워 있는데 이불 위로 같기도 하고 옷 위로 같기도 하고 맨살 위로 같기도 하고 날카로운 고양이 발톱 같은 것이 몇 차례 할퀴고 지나간다. 환촉幻觸이겠는데 환촉인 줄 모르고 그저 이상하기만 했다.

사흘째 되는 날 저녁 때. 서쪽으로 난 내 서재의 창문에 노을이 비끼던 어둑한 방안, 창문 밑 책상 위 벽에 걸어둔 해월 최시형 선생의 처형 직전의 사진, 한 러시아 신문기자가 지금의 종로 3가 단성사 자리 바로 뒤꼍 좌포청左捕廳에서 우연히 찍은 그 사진 속의 해월 최시형 선생의 얼굴과 몸이 문득 움직이기 시작했다.

오른손을 입술에 갖다대고 말씀하셨다.

"쉬잇! 영일아! 일어나라, 일어나!"

일어나 앉았다.

"너는 왜 내 말을 듣지 않고 매일매일 뽀끔뽀끔 푸우푸우 하고, 꿀꺽꿀꺽꿀꺽 하고, 쿨룩쿨룩쿨룩 하는 거냐? 너는 내가 누군 줄 아느냐? 나 해월이다. 해월! 무서워 말고 두려워 마라! 내가 너한테 간다고 했더니 수운 선생이 너한테 안부 전해달라고 하더라. 수운 선생이 너한테 전해달라고 이 노래를 부르시더라!"
　선생이 시조를 읊으시는데 알아들을 수가 없었다. 소리가 고조되면서 선생의 몸이 공중으로 올라가는 듯 그리고 내 마음과 몸이 따라서 올라가는 듯 한참을 그러더니, 선생이 이어서 말씀하셨다.
　"영일아! 네가 좋아하는 거창의 한 후배가 오고 있다. 큰길에서 지금 꺾어져 네 집 대문으로 걸어온다. 어서 나가봐, 어서!"
　일어나 문을 열고 마당으로 나갔다.
　키가 훤칠한 한 청년이 막 대문을 들어서고 있었다. 그 청년은 내가 아직 원주에 있을 때 성당으로 찾아왔던 거창고등학교 2학년 학생, 그였다. 선생님들이 내게 가보라고 해서 왔다던 그 고등학생은 참 총명해서 내가 하는 말을 하나도 빠짐없이 다 알아듣는 눈치였는데, 아, 지금 그가 어른이 되어 나타난 것이다.
　"선생님, 저 알아보시겠어요? 저 거창고 다니던 학생입니다. 지금은 중앙대학을 다닙니다. 학생운동 하는 제 친구들이 하도 같잖은 짓을 해서 선생님께 몇 가지 가르침을 얻고자 왔습니다."
　폭력을 앞세운 운동, 조직을 앞세운 운동, 세대론을 앞세운 운동은 옳지 않은 것 같은데 나는 어찌 생각하느냐는 거였다. 무어라 대답했는데 지금은 기억나지 않는다. 내가 몸이 좀 안 좋다고 하자 아쉬워하며 돌아갔다.
　나는 다시 내 방으로 돌아왔다. 환영은 계속되었다.
　해월 선생을 묶은 오랏줄이 클로즈업되며 제3세계와 한민족을 가운데 놓고 각축하는 제국주의 네 세력의 상징적 형상들이 차례로 등장했다. 검은 양복을 입은 미국 코쟁이들, 견장과 모자를 쓴 군복의 러시아 코쟁이들, 일본도를 차고 머리를 깎은 일본 제국주의자들, 변발을 하고 비단옷을 입은 중국 제국주의자들.

오랏줄에 꽁꽁 묶인 해월 선생의 눈앞 허공에 밥그릇 하나가 매달려 대롱거리고 선생은 그것을 잡으려고 애를 쓰나 밥그릇이 자꾸만 옮겨가면서 사방에 웃음소리가 가득 찼다.

나는 눈물을 흘리기 시작했다.

"영일아! 영일아!"

해월 선생이 나를 불렀다.

"너 배고프지? 밥 줄까? 배고프지?"

굶주린 민족에게 해월 선생이 말하고 있었다.

나는 흐느껴 울기 시작했다.

"영일아! 너 좋아하는 후배가 또 왔다. 어서 가봐라! 안방에 있다."

문을 열고 나가서 안방에 갔더니 거기 해남종합병원의 의사인 동국 아우가 와서 아내와 얘기하고 있었다. 아마도 내가 헛것을 보고 있다고 아내가 병원으로 전화를 한 모양이었다. 나를 쳐다보는 동국의 눈이 번들거리며 이상했다. 나는 아무 소리 안 하고 내 방으로 다시 돌아왔다.

영상은 계속되었다. 한국의 근대사. 광산에 끌려가는 사람들, 처형당하는 사람들, 고향을 떠나는 사람들, 도시의 거리를 구걸하며 떠도는 사람들! 몽양, 백범 등의 연설 모습이 보이고 이어서 김일성의 군중연설 모습, 또 김정일의 군중연설 모습까지 보였다. 그러고는 내 뒤편에 있는 마룻방 창호지문이 화안하게 밝아지며 흰 고양이 서너 마리가 내 몸을 발톱으로 할퀴기 시작했다.

    한참을 그러는 중에 바깥은 캄캄해졌고 아내가 가끔씩 살금살금 걸어와 문밖에서 내 동정을 살피는 것이 감촉되더니 이윽고 정신을 잃고 쓰러져버렸다. 잠이 든 것이다.

309_ 현실 2

　　이튿날 새벽, 서쪽 벽 위에 동학과 민족운동의 지도자들 모습이 계속 보이더니 동학 토벌과 반민족 행위자들의 흉한 모습이 또한 계속 보였다. 조병갑·홍계훈·이용태·이완용·이용구·송병준 등은 알아보겠으나 그 밖엔 누구인지 모를 수십 명의 모습들이 꼭 그 무렵의 흑백사진들처럼 지나갔다.

　　또 지나갔다. 이번엔 동학혁명에 참가했다가 패배한 후 외국으로 망명하는 인사들의 얼굴이었고, 날아가는 갈매기, 기적을 울리며 시커먼 연기를 내뿜는 기선들과 돛배들, 엿장수와 과일장수, 짐꾼들이 북적대는 부산항, 인천항, 원산항 등이 차례로 지나갔다.

　　감격적인 노랫소리가 사방에 울려퍼지고, 만세소리가 울려퍼지고, 사람들이 모여들고 길거리에 민족통일의 퍼레이드가 지나가고, 삐라가 허공에 가득 가득히 살포되어 날고 날아 우리집 마당에까지 날아든다. 이윽고 어떤 반국가 지하조직의 계보가 발표되고 눈부신 전등 아래서 취조받는 피투성이 얼굴들과 물고문당하는 벌거벗은 여성들이 보인다.

　　라디오에서 아나운서가 세칭 '김지하 사건'의 전모를 발표한다. 또 거칠고 우악스럽게 생긴 검은 옷의 수도자들이 내 몸을 토막토막 내고 고문한다. 나는 그 지옥에서도 굳세게 땅에 엎드려서 〈민족청년에게 고함〉이라는 성명을 한자 한자 또박또박 써서는 큰 목소리로 시 낭송하듯 발표한다.

지붕 바로 아래에서 검은 옷의 수도자들이 자기네들끼리 뭐라고 내내 두런거린다, 두런거린다. 한 젊은 여자가 해남읍내 중심가에서부터 내 이름을 목이 터져라 부르며 우리집으로 다가와 내 방 문앞의 화단 커다란 백일홍나무 밑에 누워 시뻘건 심장을 꺼내놓고 나더러 먹으라고 눈웃음친다. 자꾸만 나를 끌고 거리로 나가려 해서 내가 옷을 입고 문밖으로 나가려 하자 아내가 나를 필사적으로 막는다. 씨름을 하는 두 사람을 보며 두 아이가 엉엉 소리내 운다. 환상 중에도 '아아, 지옥이로구나!'라고 생각한다.

알 수 없다. 별의별 이상한 짓거리를 다 하는가 하면 수많은 환영과 이미지가 겹치며 지나가고 꼬리에 꼬리를 물다가 일주일 만에야 정적이 찾아온다. 그 동안 밥도 먹는 둥 마는 둥 잠도 자는 둥 마는 둥 하여 눈은 퀭하고 볼은 움푹 패고 이마엔 주름살이 쭈글쭈글, 완전히 폐인이었다.

나는 무슨 까닭이었는지, 술을 끊겠다는 결심에서였는지 이발소에 가지도 않고 가위로 싹둑싹둑 삭발을 했고, 그 무렵 사월 초파일에는 아이들과 아우들을 데리고 대흥사에 가서 식구들 이름을 쓴 연등을 단 뒤 아우들과 또 술을 마셨다. 막걸리가 그렇게 맛있을 줄은 꿈에도 몰랐다.

대흥사를 내려오며 동학군 수천 명이 피살된 병풍산 아래 술청에서는 작은 세숫대야 가득 막걸리를 채우고는 세수를 했다. 세수한 뒤엔 또 그것을 마셨다.

아이들이 사진의 프레임 바깥으로 자꾸만 나갔다가 내가 불러서 다시 프레임 속으로 돌아오곤 했다. 나는 술을 끊겠다고 맹세하면서 술을 계속 마셨다.

수많은 사람이 내 곁에 있었는데 아무도 없었다. '아이들도 없다. 산천이 병이다'라는 생각을 했다. 숲과 나무들이 마치 부스럼 같았다. 세계가 죽어가고 있었다. 죽는다기보다 흩어져 바람에 흩날리고 있었다.

310_제주

그 이튿날 삭발에 캐주얼 차림으로 자그마한 단도를 한 자루 품에 품고 김광식 아우와 천용식 아우만 데리고 완도에서 페리를 타고 제주로 건너갔다.

《검은 산 하얀 방》의 원고를 왜관에 있는 분도출판사에 넘겨 마음이 홀가분했다. 《검은 산 하얀 방》 자신이 제주항에 내려 스스로 5·16도로를 통해 서귀포로 가고 있었다.

제주 친구들에게 전복을, 산덩이만한 전복을 대접받았다. 그러나 나는 먹지 못했다. 다만 환식幻食만, 허공에 대롱거리는 밥그릇처럼 슬픈 그림 같은 전복만 전복만 꿈속에서 아귀아귀 먹었을 뿐이다.

그러고는 끝없는 술.

소주, 소주, 소주…….

밤낮 없는 안팎 없는 그저 소주뿐.

안주는 돌소금, 그저 그뿐.

한밤중에 용식이가 광식이를 팼다. 광식이가 피를 흘렸다. 그러나 저항하지 않았다. 나는 이 두 아이가 믿음직했다. 그들은 무언가 어려운 일을 해낼 것이다.

나는 꿈에 노래를 노래를 불렀다.

저 바다
검은 바다 유혹의 바다
은색의 구름은 눈부시어라
생명이여 생명이여
물결에 달빛 쏟아지네.

그러나 나는 입가에 침을 질질 흘리며 잠자고 있을 뿐이었다. 곁에 아무도 없었다. 휑하니 뚫리고 뻥하니 뚫린 눈이 허공에 떠 있다. 그 두 눈이 밖에 나가 절벽 위를 거닐었다. 마지막 삼별초들이 범섬에서 나를 외쳐 불렀다. 머리와 손발이 비례보다 엄청나게 크게 보인다. 마지막이다. 삼별초 최후의 모습. 몽고군의 창끝에 피를 흘리며 마지막 외침을 내 가슴에 문신처럼 깊이깊이 아로새겼다.

생명이여 생명이여
물결에 달빛 쏟아지네.

눈을 떴을 때는 저녁 해거름이었고 곁에 아무도 없었다. 나는 죽어 있었고, 누군가 내 송장을 제 무릎 위에 얹고 있었고, 나지막이 난쟁이들이 춤을 추며 손을 잡고 노래를 부르고 있었다.

검은 바다 유혹의 바다

은색의 구름은 눈부시어라.

나는 단도의 칼날 위에 내 손가락을 비비며 비비며 피를 흘리며 피를 흘리며 또 잠들었다. 깊이깊이 잠들었다.

곁에 아무도 없었다. 혼자 섬을 가로질러 황파두리로 가서 작은 돌을 돌들 위에 던졌다.

'딱 딱 딱' 소리를 내며 플라스틱 샌들을 복도 위에 딱딱거리며 누군가 떠나고 있었다. '기자에몽'이란 잡지 기자 같다. 그러나 아니다. 그 곁에서 한 소녀가 노래를 불렀다.

"저 바다, 저 바다, 저 바다."

이튿날 아침 나는 비행기에서 용식의 무릎 위에 죽어서, 죽은 채로 광주공항을 거쳐 해남으로 돌아왔다. 그리고 남동집 어두운 내 서재에 비틀거리며 들어가 이번엔 완전히 죽어버렸다.

311_재발

마시지 말라니깐

마시지 말라니깐

또 마셨구나 또 마셨구나

이젠 혼이 나야 한다

이젠 혼이 나야 한다.

허공이 쩌렁쩌렁 울리며 하늘이 흔들흔들하며 다시 시작되었다.

문 바깥에 해월 선생이 와 계셨다. 무섭게 생긴 선생이 웬 여자 둘을 거느리고 마루 앞에 서 계셨다.

나는 나지막한 토담 위에 걸터앉아 있는데 하는 말은 들리지 않고 손짓, 발짓만 크게 크게 확대되어 보였고, 그것을 보는 내 모습이 또 건너편 개울 위 공터에 흐릿하게 비껴 있었다. 두 여자가 내 양 옆구리에 찰싹 붙어서 아랫도리를 할퀴기 시작했다. 고양이 발톱이었다.

갑자기 벽 위의 해월 사진이 외쳐대기 시작했다.

"이놈아, 너는 이제 죽었다! 이놈아, 너는 이제 죽었다!"

문지방으로 번갯불이 확 들어와 지그재그를 긋더니 이불 얹힌 낡은 궤짝 안으로 쑥 들어가버린다. 동시에 해월 선생이 내 뇌파에다 전파를 맞추어 뇌파 고문을 시작한다. 한 번 번쩍 할 때마다 온몸이 뻣뻣해지며 사지가

부들부들 떨렸다.

나는 악을 악을 쓰면서 궤짝 속으로 몸을 숨기려고 바둥댔다. 몸은 안 들어가고 머리만 들어갔는데, 안에 똬리를 틀고 도사린 채 번갯불같이 번쩍이는 웬 커다란 놋쇠 뱀에 감겨 정신이 깨어났다 까무라쳤다 하기를 몇 번이고 몇 번이고 반복하였다.

꼭대기가 깎여 나간 말뫼 가는 언덕 위에 다 쓰러져가는 한 검은 집이 있고, 나는 그 집안에 묶여서 고문을 당하고 있었다. 웬 중이 내 곁에 우뚝 서서 말한다.

"당신은 왜 이 모양이오? 팔식八識이 허물어졌소. 당신 아내는 고결한 귀부인이고 당신 아이들은 정신세계의 장수들이오. 우리가 맡아 살릴 터이니 안심하고 떠나가시오. 그리고 수련이 끝나면 돌아와야 합니다. 환생까지도 각오하시오. 당신에겐 아직도 할일이 있어요. 그 일 다 마치기 전엔 못 죽어요. 죽는 건 편한 거지. 당신은 일이야, 일이 벌이야. 각오해!"

이어서 내 몸을 토막토막 내서 죽였는데, 그날 밤 하늘에 큰 구름이 일어나며 수운 선생이 직접 내려오셨다. 내 몸을 다시 붙이고 손으로 쓸어주며 나직이 부르짖었다.

"너는 살았다. 그러나 넌 다시 태어나야겠다. 괴롭더라도 이를 악물고 일을 해라. 무슨 일인지는 네가 더 잘 안다. 그것만 해! 그리고 훌훌 떠나라!"

한마디를 남기고 하늘로 다시 돌아가셨다.

곁에 서서 울며울며 나를 어디론가 데려가던 해월 선생이 말씀하셨다.

"이놈아! 살아라! 알았니, 이놈아! 넌 다시 태어나야 한다. 새 일을 해야 해! 이 일을 시작하는 날이 이 병이 낫는 날이요 네 생일이다. 큰 지옥을 통과해야만 너는 다시 태어난다! 지옥으로 가자!"

내가 정신을 잠깐이라도, 조금이라도 수습한 것은 원주 가는 택시 안에서였다. 해월 선생과 이야기하고 때로는 농담을 하며 콧노래를 부르면서 원주 가던 길에서였다.

원주 시내에 다 가서 나는 소변보러 간다고 택시에서 잠깐 내려 냅다 뛰었다. 미친 듯이 뛰어 달리다가 택시를 하나 잡아타고 청주로 간 것이다.

이미 그전 원주 길에서 해월 선생 왈,

"청주에서 너를 기다리는 사람이 있다. 네가 원주에 가봤자 큰 부담이다. 네 아내만 고생시킬 뿐이다. 청주에 이동순 시인이 너를 기다리고 있고, 손가락을 잘라서 내게 일신을 의지하려 했던 도둑놈 오소작이 문둥이 왕초가 돼서 너를 기다리고 있다. 청주 문둥이굴에 들어가 나머지 일생을 보내거라. 넌 이제부터 온몸에 부스럼이 나기 시작해서 청주에 도착할 때쯤이면 눈썹이 빠지고 손가락이 뭉턱뭉턱 잘려 나갈 것이다.

어디 웃어봐! 문둥이처럼 헤헤 웃어봐! 어서!"

나는 택시 뒷자리에 앉아 '헤헤헤' 하고 비렁뱅이 문둥이처럼 비굴하게 자꾸 웃었다.

"그래 임마! 똑 문둥이다! 그렇게 살아! 오소작이 너를 돌보고, 이동순이가 가끔 와서 들여다볼 거다. 그럼 됐지, 임마! 인생이 별거더냐! 하나 이상한 것은 이제부터 너는 기이하고 슬프고 아름다운 시를 매일 쓰게 된다는 거다. 네 이름마저 감추고 인터넷에 계속해서 싣게 돼! 그 밖에 너의 부담은 없다."

나는 고개까지 주억거리며 문둥이로 살아갈 새 인생을 꿈꾸기 시작했다. 이상한 일은 정말로 이때부터 몸에 부스럼이 나고 눈썹이 빠지고 손가락이 뭉턱뭉턱 잘려 나가는 것이었다. 그런데도 나는 그것이 슬픈 천명이라고 체념하는 것이었다.

차가 청주에 도착했다. 차가 경찰서 앞에 도착했다. 택시 값도 지불하지 못하는, 미친놈처럼 헤헤거리다 울곤 하는 나를 운전기사가 경찰서로 인도한 것이다.

나는 경찰관에게 자꾸만 이동순 시인과 오소작이 있는 데를 가르쳐달라고 졸랐다. 몇 시간을 기다렸을까? 기다리면 이동순이가 온다고 했으니, 동순 아우와 함께 오소작의 소굴을 알아내자고 마음먹고 벤치에서 잠이 들었다. 깨어보니 원주였다.

312_ 기독병원

'알코올 중독에 의한 정신 황폐증'이라?

내 병의 최초의 근원은 유년기의 사랑 결핍과 욕구 불만이었고, 최근의 원인은 과도한 알코올 중독인 것으로 구체화되었다.

사랑 결핍! 사랑 결핍! 나도 안다. 그러나 말하고 싶진 않다. 다만 혼자서 그것을 극복할 수밖에 없는 것이다.

이 세상에 내가 의지할 사람은 아내밖에 없었다. 그 아내가 나를 만나는 날, 그날은 온종일 기쁨에 차 있었고, 그 아내가 없을 때는 밤새 마음속으로 울었다. 나는 어린애로 돌아가 있었다. 헬스용 '러닝 머신'을 굴리며 끊임없이 외쳤다.

"여보! 여보! 빨리 와! 빨리 와!"

"세희야! 원보야! 빨리 와! 빨리 와! 아버지가 기다려! 아버지가 기다려!"

아기가 돼 있었다. 지금 두 아기의 내면에서 진행되는 슬픔, 외로움, 괴로움도 바로 이것이라는 생각을 하자 나는 바로 즉각적으로 자살을 생각했다. 어디서인가 면도날을 구해서 오른쪽 귀 옆부분의 동맥을 그었다. 나는 기절했고 기절한 동안 수술했고 회복되었다. 두 아이가 보고 싶었다.

그러나 아내는 그 머나먼 해남에서 드문드문 올 수밖에 없었고 아이들은 아예 데려오지조차 못했다. 얼마 전 출간한 새 시집 《화개花開》에 실린

〈그때〉라는 시에 다음과 같은 몇 구절이 있다.

어릴 적 내가 앉아
울고 있다

엄마를 기다리는 걸까
아빠를 기다리는 걸까

산은 거꾸로
눈물 젖은 눈에 비치어

아
환상의 시작이었다
이 지루한 지옥의 삶의 아련한

시작,
내 어린 날
그때.

사랑에서 가장 중요한 것은 '사랑의 기술'이다. 그 기술은 사랑을 받아본 사람만이 알 수밖에 없다. 유년기에 사랑 결핍을 경험한 사람은 아이들을 사랑할 줄도 모른다.

　평소에 사랑할 줄 모르다가 운명의 험한 골목에 들어가서야 아이들에 대한 연민과 자기 연민과 가족에 대한 연민을 되새기는 법이다. 같은 시집에 〈별〉이라는 시의 몇 구절.

　　　　내일 새벽
　　　　나의 죽음 뒤에
　　　　아마도 별이 뜰 것이다

　　　　불쌍한 우리 네 식구처럼
　　　　네 개의
　　　　푸른 별 뜰 것이다
　　　　……
　　　　다시 산다면
　　　　나는
　　　　불쌍한 우리 네 식구처럼
　　　　네 개의 푸른 별로

　　　　항상 떠
　　　　내내 비출 것이다.

그러나 사실 주위의 사랑을 많이 받아온 맏이 원보보다 어쩐지 태어나서부터 지금까지 내내 안쓰럽고 안 잊히는 건 작은아이 세희다. 막내에겐 다 그렇다고 하지만 나는 나의 감옥에서부터 시작된 불행이 두 아이와 아내의 슬픔을 만들어준 가장 큰 원인이었다는 점에 할말을 잃는다.

세희! 내 작은놈 세희!

이 시집엔 또 다음과 같은 짧은 시도 하나 있다.

> 감기 들린 작은놈 콜록 소리
> 내 가슴에 천둥치는 소리
> 손에 끼었던 담배
> 저절로 떨어지고
> 춥다
> 그리고 덥다.

그러나 그렇게 아프고 또 아파서 입원하거나 침묵으로 오랜 세월을 살다보니 나와 아이들의 사이는 사실 '소 닭 보듯, 닭 소 보듯' 돼버렸다.

어찌하랴!

그렇게도 아프고 서글퍼서 해남으로 살러 내려갔는데, 그곳에서 분가하여 아내와 아이들과 함께 즐거운 인생을 새 출발 하자고 했는데…….

어찌하랴!

어찌하랴!

313_ 해창에서

몇 달 뒤 퇴원해서 원주에 다시 돌아와야 한다는 주위의 희망에도 불구하고 나는 해남에 그대로 머물기를 고집했다.

해남에서의 나날.

새벽이면 시누대 숲 입구의 샘물로 물 뜨러 다니고 낮과 밤 내내 문을 닫고 앉아 처량한 시들, 애린의 이름으로 발표된 것들, 그것들을 끄적이고 있던 그 무렵 똑 〈무화과〉의 후편 같은 〈해창에서〉란 한 편의 시가 나와 김현이 보았으면 좋겠다 싶었는데, 서울에 물어보니 이미 그는 고인이 되어 떠나고 없었다.

잘 가시게!

〈해창에서〉 전편이다.

아슬아슬하게 두 사람 서 있다
옛날엔 번창했던 포구
고천암 막아
이제는 폐항 돼버린 해창

통운창고 앞에 아득하게 서 있다
한 사람은 취해 한 사람은 깨어

개마저 짖질 않고
국밥집 터엔 바람만 불고

다가서는 나를 꼼짝 않고 노려본다
멀리서 물오리들 떼지어 헤엄치고
삭은 똑딱배 물결에 흔들리고

구름 낮게 드리운 날 거기 그 자리
내가 서 있다
반쯤은 취해 반쯤은 깨어
둘로 찢어진 채 아슬아슬하게 서 있다
사그라드는 노을 함께

아득하게 사라진다
짐차 떠나는 소리
차 모습마저 고개 너머 자취없고
두 사람도 사라진다.

314_되돌아간 그곳

모든 것이 불편했다.

전라도 해남에서 강원도 원주까지 일정한 간격으로 원주기독병원에 통원치료하기가 못내 불편했다.

아내가 내 고집 꺾기를 바라는 듯했다. 원주에 가긴 가되 학성동과는 떨어진 딴집 살림을 조건으로 원주로 돌아갔다.

원주!

이제 그곳은 나의 일터도, 쉼터도, 삶터도 아니었다. 부모님 집에서 멀지 않은 곳에 한 아파트를 얻어 들었다. 새벽이면 산책에 나서서 쓸쓸한 삶의 냄새, 외로운 시의 향기를 맡을 수 있을 뿐이었다. 그 무렵의 시 〈속살 1〉과 〈속살 2〉를 여기 옮긴다.

속살 1

내 안에서
치악산이 돋터 오고 있다
내 안에서
내가 걷고 있다
맑은 나도 더러운 나도

앞서거니 뒤서거니 함께
내 안에서 걷고 있다
첫눈 내린 새벽길
뿌리 깊은 기침도 함께.

속살 2

앞서가던 내가 뒤돌아보니
뒤서오던 내가 또 치어다보니
별도 뜨고 비도 내리고
안개 낀 나무 숲에 걸린 쪼각달
먼동까지 터온다 좋다

마당을 편 것이냐 좋다
털레털레 걷는 새벽길이
무슨 백중날이냐

없는 것 없구나 좋다
사람만 없고.

315_ 광주

도저히 배겨낼 수가 없었다. 그 갑갑함은 마치 도시에 살다 시골에 돌아간 젊은이나 시골에 살다가 도시의 아파트에 갇힌 늙은이의 그것 같았다. 그리하여 원주로 전학했던 원보를 위해 해남이 아닌 광주를 택했으니, 그 무렵 광주고속에 근무하던 조성삼 선생의 배려이기도 했다. 광주의 조선생 화정동 집 가까이 한 아파트에 세들었다.

원보와 세희는 적응을 잘 못 하고 있었다. 광주 애들은 해남과 달리 텃세가 심했던 것이다. 그 여진과 상처는 지금까지도 남아 나의 오류와 내 삶의 하자를 뚜렷이 보여주고 있다.

내가 하는 일이라곤 아침에 택시 타고 무등산 입구까지 가서 거기서부터 걸어 김덕령 사당을 돌아 다시 시내로 나오는 산책뿐이었다.

지금 기억나는 건 광주에 있을 때 뉴욕의 프랑크푸르트 학파 근거지인 사회과학대학원 대학에서 박사학위를 수여할 테니 도미해달라는 연락이 온 것이다.

그리고 또 기억나는 건 여권을 신청하고 비자를 내기 위해 안기부에서 하는 일정한 과정에 들어가 연수받았던 일이다. 처음부터 끝까지 이상하고 수상하고 괴상한 짓만 되풀이하고 있었다. 통일정책이 그것밖에 안 되니 별 오도깨비 같은 짓을 다 하게 되는 건 당연했다. 한참 다니다 도대체 박사학위가 내게 무슨 의미가 있는지 근본적인 질문을 하게 되었다. 대답은 '웃기지 좀 말라'였다.

그래 그날로 그만두고 미국에는 건강 때문에 못 간다고, 학위는 안 받아도 좋다고 기별했다. 허나 그것은, 이제 와서 생각하니, 단견이었다. 학위가 중요한 것이 아니라 프랑크푸르트 학파의 근거지인 그 대학과의 인연이 중요한 것이었다. 그것을 저버린 것이다.

그러나 또 한 번 깊이 생각해보니 그 밝은 무등산마저 어둑어둑했던 내 정신의 어둠 속에서 프랑크푸르트는 과연 무엇이고 하이델베르크라 한들 그것이 또 무엇이었으랴!

그 직후 우리는 단안을 내려 아이들 장래와 나의 병 치료 때문에, 그리고 원주 연세대에서 강의하게 된 아내 때문에도 서울로 옮길 것을 결정했으니, 내가 목동에 자리잡게 된 내력이다.

316_ 쉰

내 나이 쉰에 접어들고 있었다. 목동에서다.

집도 삶도 어둑어둑했다. 그늘이었으니 흰빛과 분열된, 아니 애당초 흰빛과는 거리가 먼, 나의 저 흰 우주의 길과는 도무지 연속되지 않는 어둑어둑한 삶의 그늘이었으니, 바로 이 '그늘'을 담은 것이 나의 목동 시절의 시 〈쉰〉이다.

나이 탓인가

눈 침침하다

눈은 넋그물

넋 컴컴하다

새벽마저 저물녘

어둑한 방안 늘 시장하고

기다리는 가위 소리 더디고

바퀴가 곁에 와

잠잠하다

밖에

서리 내리나

실 끊는 이끝 시리다

단추 없는 작년 저고리

아직 남은 온기 밟고

밖에

눈 밝은 아내

돌아온다

가위 소린가.

누군가 이 시 〈쉰〉을 두고 나의 지천명의 시라고 했다. 가위 소리를 기다리는 지천명도 있는가?

나는 실패한 것이다. 지천명의 나이 '쉰'에 삶을 끝내고 싶어하는 것이 실패한 인생이 아니고 무엇이겠는가? 죽음이 아니라 해도 가위 소리는 무언가를 끊는 소리다. 끊음을 기다림은 삶이 권태롭다는 뜻이고, 그늘은 우선 실패에까지 이른 신산고초를 말한다. 그리고 그것이 컴컴한 넋그물의 시학이매, 일단은 '아우라'나 '무늬'와는 거리가 있다.

누군가 이 시 〈쉰〉을 읽으면 가슴이 아리다고 했다. 그럴 것이다. 나의 이 그늘에만은 빛이 들지 않을 것인가? 영원히 어둑한 그늘로 일관할 것인가? 분명한 것은 시간이란 반드시 시종始終이 아니라 종시終始라는 점이다. 끝이 있을 것이다. 그러하매 새로운 시작도 있을 것이다.

나는 목동 시절 박재일 형의 '한살림'이 유기농 생산소비운동 이외에 또 하나의 필수적 수레바퀴인 문화운동을 시작한 점에서 내 삶의 종시를 보려 했다. 그늘로부터 새 빛이 돋으리라 기대했다.

이것은 그 이전 한살림의 출발 시기부터 내가 강조해온 바로서 문화운동이라는 또 하나의 수레바퀴가 없는 유기농 생산소비 공동체운동 외쪽만으로는 한살림은 필연적으로 중산층적인 소비이기주의와 기업농적인 상업생산으로 기울고 말 것이라는 주장에 터를 둔 것이다.

부안 변산반도에서 그곳 후배들과 함께.

한살림은 그 동안 박재일 형의 노고의 결과로 상당히 성숙하였으나 그 예견된 한계가 보임으로써 문화운동의 배합을 절실히 요구하게 되었다. 바로 그때에 문화운동을 위한 최소한의 자금을 내놓겠다는, 참으로 기쁜 제안이 있어 시청 앞 대한일보사 빌딩에 방을 빌리고 최혜성 형과 김민기, 윤형근 아우가 주축이 되고 내가 연구위원장이 되어 시작한 것이다.

지금까지도 환경운동과 유기농운동을 포함한 생명운동 전반에서 가장 획기적인 명문장으로 자타가 공인하는 최혜성 형의 〈한살림선언〉이 그때 발표되고, 부정기간행물 《한살림》이 그 무렵 발간되었다. 우리는 정기적으로 한살림 강연회나 토론회를 꾸려나갔으며, 신문과 잡지 등을 통해 한살림 사상과 한살림 문화운동의 향방을 선전하였다.

이미 원주 사회개발운동의 연한을 마친 영주 형님이 새로이 원장으로 취임한 대전 신협연수원에서 가끔 보고회를 가질 때는 푸른 이파리, 붉은 꽃으로 뒤덮인 연수원 정원의 향기 그윽한 등나무 넝쿨 밑에서 참으로 순결하고 진정한 희망으로 고양된 기쁨들을 나누곤 하였다. 그리고 그때마다 늘 장 선생님께서 중요한 지침을 주셨다.

그러나 아직 우리의 때가 일렀던가? 돈을 내겠다던 사람이 떨어져나가고 거의 동시에 소비자공동체의 골간인 여성 지도자들이 왈, 왈, 왈,

"소비자운동만도 벅찬데 무슨 놈의 문화운동이냐? 옥상옥屋上屋이 아니냐?"

마구 떠들어댔다.

박재일 형이 후퇴했다. 나는 한살림에서 손을 뗐다.

재작년과 작년부터 한살림에 또다시 문화운동 바람이 불고 있지만, 그것을 생산소비운동 외에 또 하나의 큰 수레바퀴로 여기지 않고 무슨 고급스럽고 아담한 주부 교양 시간 정도로 여기고 있으니 도저히 난망難望이다.

나는 또다시 그늘진 소라 껍데기 속에 웅크려 앉아 환상과 마주했다. '쉼'의 침침함과 넋의 컴컴함이 계속되었다. 빛이라곤 단 한 줄기도 없었다.

317_ 카를 융

나는 그 무렵 서울대병원 정신신경과의 명인, 이부영 선생에게 카를 융 스타일의 치료를 받고 있었다. 선생은 원주기독병원과는 전혀 달리 나의 병명을 '종교적 환상'으로 진단했다.

입원, 퇴원, 통원치료 과정에서 그 진단은 관통했으며, 나는 '꿈치료'를 내내 받았다. 우선 나의 꿈을 노트에 기록하고 그것들을 선생이 분석하고 해석을 내리는 것이다. 여러 해에 걸친 꿈분석과 융의 저서 탐독 등으로 나 자신이 한 사람의 유사 심리학자가 되어갔다. 치료야 어찌 되었거나 간에 내가 나에 대해서 이전에 그렇게 많은 것, 깊은 것을 알았던 적은 백일참선 때 외에는 없었다. 또한 그렇게 알고 보니 나의 환상이라는 이름의 병의 시작은 바로 백일참선 때부터였고, 또 그렇게 알고 보니 나의 정신, 나의 넋도 하나의 만다라였으며 4박자와 네 기둥의 균형 속에서 물결처럼 휩쓸어가는 그림자라는 이름의 3박자의 어두운 혼돈이었다. 그리고 '그늘'이었다.

'꿈의 일기'에서 몇 부분 옮긴다.

기독교의 세계다. 신비적인 숫자들과 현실의 사건을 비교하고 직시하는 게시판에 하나하나 적시하고 비교하는 나의 노력이 거의 다 맞아떨어지는 쾌거를 본다. 신부들과 성인들이 다 칭찬한다.

동학의 세계다. 옛날 감옥에 들어앉은 십여 명의 남녀 수형자들에게 일일이 동학 교리와 법률, 사건 내용과 인용 사례, 예화 등을 따로 묶은 변소 문건을 들이밀어 준다. 그들이 모두 감격하여 칭송한다.

나는 이 모든 일을 하나하나 피땀 흘려 준비하신 우리 선생님 장일순 선생이 지금 위암으로 돌아가시게 됐다고 홀로 우짖으며 벅차서 눈물바람을 한다.

기도한다. 동학 성인들 앞이다. 해월 선생은 봉두난발의 젊은 얼굴로 앉아 있다. 해월 선생이 천천히 걸어서 저승으로 내려가신다. 내가 선생을 외쳐부르나 무가내다. 내 앞에는 '출판 관계 개선사항'에 관한 법률적 사안이 전문電文처럼 와서 놓여 있다. 긴급 사항이다. 잠을 깬다.

내 집이 아닌 객지의 비좁고 어두운 골방에, 갇힌 것이 아닌데도 빠져나오지 못하고 허우적댄다. 드디어 빠져나올 때 집으로 돌아가는 길이 야바위처럼 우습고 재미난다. 가파른 높은 곳에 유리로 만든 기인 뾰족구두를 신은 여자가 되어 여러 모양 내는 여자들과 경쟁한다. 멋이 절정에 이르고 위험도 절정에 이른다. 잠을 깬다.

이스라엘 공동체 디아스포라 같다.

〈시편〉이나 신을 찬양하고 경배하는 구절, 《탈무드》 등을 암송하거나 인용하는 것은 아무 의미도 없고, 공동체의 삶의 역사를 기억하는 것이 바로 이스라엘의 생생한 고통과 첨단 생산기술에 얽힌 삶을 알 수 있는 의미 깊은 것이라고 나는 가르치고 또 강조한다. 이 짓을 큰 자랑삼아 하고 있다. 잠을 깬다.

내가 이제 나간다.
날카로운 물을 가지고 나간다.
차가운 뿌리와 함께 나간다.
잠을 깬다.

내가 아프다. 약 구하기가 힘이 든다.
내가 내 약, 조가비 고약을 만든다. 좋다.
이 약은 1·3·5·7·9로 나가면 흉하다.
잠을 깬다.

'쿠데타 또 한다. 쿠데타 또 해!'라는 내부의 외침과 함께 내가 가볍게 그것을 진압한다. 잠을 깬다.

구역질한다. 두 번인지 크게 토한다.
나는 암이다. 절망한다.
'아홉'이란 숫자.
그러나 나는 그것을 극복한다. 잠을 깬다.

  내가 융에게 가장 크게 감동받은 것은 '그림자' 이야기다. 아마도 융의 '그림자론'에서 나의 '그늘론'이 실질적으로 창조적 출발점을 얻은 것 같다. 왜냐하면 그림자는 일종의 불길한 욕망이요, 복잡하고 혼탁한 콤플렉스의 침전물이니까.

그러나 가장 관심을 집중한 부분은 역시 '비인과론적 동시성', 즉 '심리물리학'이다. 얼마 전부터 읽기 시작한 《역경》의 영어판인 《The I Ching》의 서문에서 융이 '역리'의 지혜와 변화를 '비인과론적 동시성'으로부터 탈유럽적으로 인식하는 것을 보고 다시 한 번 융의 위대함을 인정했다.

융은 동서양 문화 융합의 거대한 이정표다. 그리고 나의 미학적 심리물리학, 즉 '흰 그늘'의 한 선구자다. 내가 나 스스로를 앎으로써 도리어 나의 병을 극복하는 길, 또 하나의 참선의 길이 곧 카를 융 공부였고 꿈치료였음을 인정한다.

그러나 그럼에도 불구하고 그 시절은 내내 어둑어둑하였으니, 길고 긴 침묵 속에 앉아 담배만 담배만 피워대며 두 아이와 아내를 무슨 물건 보듯 멀뚱멀뚱 쳐다보고만 있었으니, 나 스스로 내가 물건을 보고 있는 또 하나의 물건임을 알고 있었으니, 그 시절 전체의 이름이 바로 '물질화'였으니.

318_ 척분

《동아일보》에 나의 회고록《모로 누운 돌부처》가 연재중이었다. 그 내용은 이 회고록의 시작에서 6·25전쟁 직전까지의 부분이었다.

연재하던 그 무렵 명지대 강경대 군 치사사건에 뒤이어 학생들의 분신이 거듭되고 있었다. 정국은 시끄러웠고 학생들은 연일 시위와 함께 의사·열사 추모식을 거행했다. 자꾸 죽었다. 자꾸만 제 몸에 기름을 붓고 불을 붙였다.

내 몸과 마음에도 흰, 새하얀 불길이 활활활 타는 듯했고 매우 뜨겁고 몹시 괴로웠다. 생명에 대해 입을 다물든가 아니면 분신을 만류하는 글을 써야만 했다. 운동의 선배로서, 한 사람의 생명론자요 지식인으로서 반드시 말을 해야 한다, 말을!

그러나 세상의 지식인들, 내로라하는 자칭 선비들 모두 입을 꽉 다물고 있었다. 권력 아니면, 학생들에게 혼이 날까 봐 아예 눈치를 보고 있었다.

그 무렵 이부영 선생을 뵈었다. 꿈분석이 끝난 후 선생이 내게 물었다.

"요즘 시국을 어떻게 보세요?"

"글쎄요. 말려야 할 텐데……. 글을 써야 한다고 생각은 하지만 어떻게 써야 할지……."

"하나 물어봅시다. 학생들을 사랑하세요?"

"네. 사랑합니다. 우리나라는 작은 나라올시다. 민족의 책임 역량은 일정한 것이어서 지금 분신하거나 또는 발언하고 있는 학생들이 이 나라의 중요한 역량이라는 걸 잘 알고 있습니다. 운동의 선배로서도 말을 해야 하는데 끄트머리가 안 잡힙니다."

"말리세요. 말려야 합니다."

"그래야지요."

"자살하는 사람을 말리는 데는 말을 부드럽게 하면 절대 안 됩니다. 그러면 더 하지요. 야멸찰 정도로 냉정하게 꾸짖고 끊어야 합니다. 그래야 자살의 명분을 못 찾게 됩니다. 명분이 서는 한은 어떻게든 죽으려고 합니다. 어떤 경우에도 그것은 마찬가지입니다."

선생의 말뜻을 알아들었다. 그 말뜻 하나에 이미 뼈대가 섰다.《동아일보》가 좋았다.

그러나《동아일보》에는 이미 나의 회고록이 한 면 전체를 차지하며 주말마다 연재되고 있었다. 거기에다 기고문까지 싣게 되면 나만 아니라 편집국장까지 욕을 먹는다.《조선일보》가 좋다.《조선일보》에 싣자, 그렇게 결정되었다.

《조선일보》에 기별하자 대환영이었다.《조선일보》는 오고 있고 나는 쓰고 있었다. 며칠 전부터 이미 생각해오고 있던 것이라 단필에 써내렸다. 나의 직심直心이었다.

직심!

그렇다. 머뭇거리지 않고 썼으니!

내용을 되풀이하고 싶진 않다.

신문에 인쇄되어 나왔을 때 나는 조금 이상한 것을 느꼈다. 내 글보다 신문의 논설과 기사가 더 흥분하고 있었던 것이다. 어떻게 될 것인가?

서강대의 박홍 총장이 분신을 공격하고 나섰다. 세상이 들끓기 시작하고 학생들 사이엔 도리어 서늘한 기운이 돌기 시작했다. 어떻게 될 것인가?

민족문학작가회의가 나의 제명을 결정했다. 우스운 일이었다. 저희들이 무슨 소비에트 작가동맹이라고…….

나에게 전화가 걸려오기 시작했다. 아내가 가로막고 나섰다. 아내는 걸려오는 전화마다 매섭게 쏘아붙였다. 욕하는 전화도, 통곡하는 전화도, 협박하는 전화도 있었다. 어떻게 될 것인가?

나는 일단 여행을 떠나기로 했다. 강릉에 사는 나의 벗, 권혁구 형에게 가서 해변의 한 여관에 묵으며 한밤중에 새카만, 그러나 흰 물보라를 일으키면서 끊임없이 몰려오는, 새카만 밤물결을 바라다보았다. 검은 물결들 위의 그 자그마한, 흰 물보라들!

그렇다. 강경대 군 사건의 책임 추궁과 함께 무엇보다 먼저 죽은 이들에 대한 예절을 찾아 챙기지 못했구나!

그날 밤 내내 핏발 선 눈으로 불에 타는 학생들의 몸뚱이가 뒹굴며 외치며 삼도천三途川을 채 못 건너고 강 앞에서 후회하며 후회하며 고통에 못 이겨 소리소리 지르고 있는 모습을 환상으로 보았다. 참혹했다.

기도하고 또 좌선했다. 새벽녘, 아직 먼동이 트기 직전 내 마음 저 안쪽에서 조시弔詩가 흘러나오기 시작했다. 간결하고 평이했다.

스물이면

혹

나 또한 잘못 갔으리

가 뉘우쳤으리

품안에 와 있으라

옛 휘파람 불어주리니

모란 위 四更

첫 이슬 받으라

수이

三途川 건너라.

　'척분(滌焚, 물로 불탄 곳을 씻음)'이란 제목을 붙였다. 새벽부터 정부에 대한 강경한 성토문을 쓰고 그 맨 마지막에 이 한 편 시로써 죽은 이들을 위로했다. 나의 가까운 원주 선배 한 분과 아우 한 사람이 그 원고를 가지고 상경하여《조선일보》에 전했고 글은 바로 그 이튿날 게재되었다.

　이상한 일이었다. 며칠이 지나도록 학생들의 분신은 더 이상 일어나지 않았고, 웬 중국집 배달원 한 사람과 파출부 다니는 한 아주머니가 염세 자살한 사건만이 있었을 뿐이다.

　잘했다는 얘기가 아니다. 어차피 비극이다. 다만 나는, 내 입장에선 말하지 않을 수 없어서 했고, 매섭게 꾸짖어야 자살을 단념한다는 권위 있는 정신과학자의 충고를 그대로 실행했을 뿐이며, 대중지《동아일보》가 불가능해서 또 하나의 대중지 《조선일보》에 게재한 것뿐이다.

그러나 그 뒤 십 년이 지나도록 나의 그때 《조선일보》 기고문에 대한 젊은이들의 비난은 그치질 않았고, 지금까지도 사실은 계속되고 있다.

두 가지 일이 생각난다. 한 번은 '문화개혁시민연대' 그룹이 나를 찾았다. 내용인즉슨 다음과 같았다.

"김지하 선생님이 현대 한국의 민중적 문화운동의 법통인 것을 누구나 부정하진 못합니다. 우리는 이제 이 시대에 맞는 시민문화운동을 일으키고자 합니다. 그러려면 법통이 서야 합니다. 우리가 선생님의 법통을 따르기 위해선 선생님의 그 《조선일보》 기고문에 관련된 오해를 먼저 풀어야 합니다. 우선 어느 잡지에서든 운만 떼어주십시오. 결말은 우리가 짓겠습니다."

그래 그 후 《말》이란 잡지와 회견할 때 적절한 해명을 하여 그야말로 운을 떼었다. 그러나 아무리 기다려도 결말은 없었다. 또 작년인가 민족문학작가회의와 실천문학사에서 동일한 요청이 있어 민족문학작가회의와의 담화에서, 그리고 실천문학사 김영현 사장과 나눈 대담에서 또 한 번 적절한 해명을 하여 운을 떼었다. 그러나 결말은 《한겨레》 홈페이지에 거의 한 달에 가까운 시간 동안 그 말이 그 말 같은 상투형의 지루하고 지루한 비난과 공격뿐이었다. 왜 이렇게 되는 것일까?

두번째로 생각나는 것이 있다. 먼젓번 문화개혁시민연대 그룹과의 회식에서 한 젊은이가 계속 소주를 마셔대다가 나중엔 흐느껴 울며 한 소리다.

"그때 그 선배가 불탈 때 나는 몇백 미터 거리에 있는 술집에서 술을 마시고 있었어요. 그때는 이를 악물고 우리의 명분을 세웠지요. 목숨을 버리고라도 혁명을 성공시키겠노라고. 다른 기회에 또 필요하다면 나도 목숨을 바치겠노라고. 그런데 한 5, 6년이 지나서 어느 날 대낮에 큰길을 가는데 앞에서 그 선배가 우뚝 서는 거예요. 그 다음부터는 술 취할 때도 나타나고 꿈에도 보이고 자꾸만 나타나서 내가 죽인 거라고, 내가 죽인 거라고 생각하게 돼요. 자꾸만······."

사실은 나도 이 고백을 듣고 나서 《말》지와의 회견 때 결단을 내려 해명을 하게 된 것이다.

"내가 죽인 거라고······."

이 말이 무슨 말인가?

이 말이 무슨 말인가?

괴로울 것이다. 안다.

그러나 이젠 그만 잊고 절이든 성당이든 아니면 새벽녘 자기 방에서라도 명복을 빌어줘야 할 것 아닌가!

분신이 있던 그 다음다음 해 내게 편지가 한 장 왔다. 분신이 있던 그해 고려대 사회학과 학생으로 시위에 참가했던 한 사회주의자의 편지였다.

"그리고 그 해 겨울 소련의 쿠데타 실패에 뒤이어 옐친 정부가 들어섰습니다. 동유럽의 연쇄적인 공산정부 붕괴가 있었습니다. 저는 세 차례나 자살을 기도했습니다만 실패했습니다. 고향 청송에 내려와 가톨릭에 입교하고 주경야독합니다. 결과적으로 선생님이 옳았습니다."

'결과적으로', 그런 건 중요하지 않다. 젊은이들의 아픈 마음속 기억 위에 평화가 깃들어야 한다. 이제 그만 그 일을 잊어야 할 때다.

319_ 정신병동에서

    그리고 나는 그때 정신병동에 있었다. 나는 그때 오른손 엄지의 윗부분을 심하게 물어뜯었다. 병동 탁구장에서 건너편의 여덟 살짜리 소년 하나가 라켓을 왼손에 든 채 오른쪽 손가락을 빨고 있었다.
    내 옆에 서서 탁구를 구경하던 민간호원이 혀를 끌끌 차며 외쳤다.
    "저게 문제야, 저게! 욕구 불만에 사랑 결핍!"
    나는 얼른 내 오른손을 입에서 떼어 등뒤로 감췄다.
    침실 입구의 흰 시멘트 벽에 아직 흰빛이 강한 이른 노을이 비끼며 중세 말기의 '장미 십자주의'의 꽃 문장紋章이 화려한 모습을 드러내고 비밀 결사위원들의 명단이 독일어로 낭독되기 시작했다. 몇백 명인지 알 수 없었다. 한 지역만이 아니었다. 수도 없이 많은 지역이었다. 환상 속에서도 나는 놀라 중얼거렸다.
    '중세가 그냥저냥 극복된 게 아니로구나.'
    하루는 마당에서 52병동과 53병동 환자 사이에 족구시합이 있었다. 그때 53병동에 있는 한 운동권 처녀가 사뭇 악바리로 물고 늘어져 박수를 받곤 했다. 내 눈에 호랑나비 한 마리가 보였다. 그것이 후일 한 편의 시가 되었다. 〈정신병동에서〉다.

    나 들어 있는 52병동에서

두 팔을 불로 지진 운동권
桂花가 사는 53병동까지 사이엔
영안실이 있다
밤낮 초상이다
낮엔 53병동 초입 자귀나무
붉은 꽃잎 위에 검은 호랑나비가 숨쉰다

'잘사는 사람들이 미워서!'
족구에서 이긴 桂花의 말
날더러
'당신 알아'
빙긋 웃는다.

320_ 줄탁

생명의 때가 무르익어 달걀 속의 병아리가 깨고 나오고자 쪼아대는 껍데기의 한 부분을 어미 닭이 정확히 부리로 쪼아주어 안팎이 동시에 쪼임으로써 마침내 달걀이 깨어지는 것을 줄탁啐啄이라 한다. 불교 용어로는 수좌首座의 선기禪機가 무르익었을 때 조실祖室이 이를 알아 방할棒喝로 깨우쳐 주는 것을 말한다. 그러하매 줄탁은 생명의 신비요 영靈의 오묘함이다.

나는 망연 속에서도 어느 날 어둑어둑한 초저녁에 두 다리 사이 회음부에서 새파란 별이 반짝하더니 가슴 복판에 별이 뜨고, 다시 배꼽 아래 안쪽에서 뜨고, 끝에는 상단전에 뜨는 과정이 저녁 내내 반복되는 체험을 했다. 그 후 나에겐 변화가 왔다. 별수련이었다.

별은 '시천주侍天主' 주문과 함께 뜨고 또 떴다. 시천주 주문은 말로는 네 단락이나 뜻은 세 단락으로 '3 플러스 4'였다. '3 플러스 2'와 마찬가지다. 바로 '역동적 균형'이니 '태극'이요 '궁궁弓弓'이었다.

병원에 입원하고 퇴원하는 고달픈 경험에도 불구하고 또 뭇 비난이 내게 쏟아졌음에도 불구하고 '척분'은 내게 하나의 줄탁이었으니 나만의 새로운 내공 수련이자 바로 생명시의 시작이요, '그물코'의 탄생이며 '생명민회生命民會', 즉 '생명 가치를 위한 민초들의 모임'의 출생 신호이자 거의 동시에 '풀뿌리 민주주의를 위한 시민연대'의 개막 선언이었다.

시 〈줄탁〉은 이렇게 된다.

저녁 몸 속에
새파란 별이 뜬다
회음부에 뜬다
가슴 복판에 배꼽에
뇌 속에서도 뜬다

내가 타 죽은
나무가 내 속에 자란다
나는 죽어서
나무 위에
조각달로 뜬다

사랑이여
탄생의 미묘한 때를
알려다오

껍질 깨고 나가리
박차고 나가
우주가 되리
부활하리.

시천주 주문은 동학의 핵심이요 테야리즘의 압축이다. 테야리즘 안에, 테야리즘과 함께 베르그송과 그레고리 베이트슨, 데이비드 봄 등의 우주적 생명문법이 그대로 드러난다.

시천주 주문은 그 언어적 문법구성으로는 네 단락이요, 사위체四位體이다. ① 시천주侍天主, ② 조화정造化定, ③ 영세불망永世不忘, ④ 만사지萬事知로 구성된다. 그러나 그 의미적 체계로서는 세 단락이요 삼위의 역동적 구조이니, ① 시천주, ② 조화정, ③ 만사지로 발전한다. 따라서 박자로 치면 '3분박 플러스 4분박' 또는 '3분박 플러스 2분박'으로 '엇박'을 이룬다. '역동적 균형'이며 '혼돈의 질서'다.

또한 세분하면 문법체계로서는 ① 시, ② 천주, ③ 조화, ④ 정으로 ⑤ 영세, ⑥ 불망, ⑦ 만사, ⑧ 지로 여덟 단락 또는 4·4단락이지만, 그 의미로서는 ① 시, ② 정, ③ 지의 세 단락 또는 ① 시천주, ② 조화정, ③ 만사지의 세 단락에 조건구인 ④ 영세불망이 끼어서 네 단락이 되니, 역시 박자로 치면 '3분박 플러스 4분박'(또는 '3분박 플러스 2분박')으로 '엇박'이다. 따라서 주문 전체는 그 별 뜨는 순서에 따라 '궁궁ㄱㄹ'의 자취를 형상화한 것이다.

태극음양의 사상四象과 같은 네 개의 단전에서 별이 뜨되 그 내용의 움직임은 궁궁과 같은 세 개의 '움직임'이다. 이렇게 3과 4의 내용과 형식에서의 역동적 균형, 혼돈적 질서, '카오스모스(Chaosmos, 들뢰즈·가타리의 용어인데 수운의 계시 체험 그대로 태극 또는 궁궁을 해명하는 용어다)'가 곧 '활동하는 무無'로서 '고리〔環〕(《천부경》)' 또는 '고리중심〔環中〕(《장자》)'을 이룬다.

즉 《천부경天符經》의 전체 의미상의 앞부분과 뒷부분의 '연결고리'에 해당하는 '셋과 넷이 고리를 이룬다(三四成環)'의 비밀이 이것일는지도 모른다. 이 고리는 선도풍류의 비의秘儀일 것이니 《장자》철학 그 나름으로 자세히 의미되어 있는바 "빈방에서 흰빛 난다(虛室生白)"의 경지이거나 '좌망坐忘' 또는 '허무의 체관' 등이 모두 그 자취나 형상으로서는 이 '고리' 또는 '고리중심'의 그 체험 아닐까? 이 '고리'는 철학만이 아니라 일본 학자 사카이酒井의 말처럼 현대 물리학에서 원자운동의 새로운 핵심으로, 채희완의 탈춤에서와 같이 탈춤, 시나위 등 우리 민족예술의 미학적 핵심원리로서 '엇' '걸이' '묵默' 또는 '농현弄弦' 등의 원리로까지 작용하는 그것은 아닐까?

또한 '삼사성환三四成環'은 그 다음 이어지는 '오칠일五七一'이라는 전혀 새로운 암묵한 뇌세포의 불가해한 차원(?)을 열고 나온다.

주문의 마지막에는 이렇게 씌어 있다.

> 그러므로 그 진리의 작용을 밝게 밝히며 끝내 생각하고 생각해서 잊지 않으면, 마침내 지극한 우주 기운으로 변화하여 끝내는 '지극한 성스러움(至聖)'의 자리에 이를 것이다.
>
> 故 明明其德 念念不忘則 至化至氣 至於至聖.

이때 이미 동학의 진리, 그 계시인 '태극이며 궁궁'이 상고의 동이東夷 사상 천부天符의 근현대적 부활임을 깨닫게 될 것 같다. 하늘은 사람 안에 있다. 《삼일신고三一神誥》에는 "신은 뇌 속에 내려와 산다"는 구절이 나온다. 현대 뇌수학으로 말한다면 90퍼센트 이상의 잠자는 뇌세포 속에 바로 신의 거처가 있다는 것이다. 사람이 제 안에 모신 것이 하늘이다. 고로 천부는 영부靈符다. 영부가 바로 그 모양이 태극이며 또 그 모양이 궁궁인데, 이것이 즉 오늘에 제시된 '천부', 세계사의 '대혼돈(Big Chaos)'에 대한 처방(그 이름을 '신선의 약[仙藥]'이라 한다는 수운의 계시 내용)으로서의 새 삶이자, 새 문명의 원형이요, 새 문화의 패러다임(들뢰즈·가타리의 주장인, '카오스모스'와 같은 것)인 것이다.

물론 그런 경지에야 언감생심 오르기야 했겠는가마는, 한답시고 병원에서 시작한 별수련을 집에서도 거듭거듭 하면서 매일 오전에는 걸어서 파리공원에 가서 나직한 관목 숲 사이에 앉아 새나 나비나 벌이나 나무나 꽃과 동화하려고 애썼다. 아니, 가서 앉아 있으면 동화되는 듯했다. 내 안에서 나비의 날갯짓이 시작되고, 팔을 벌리고 견인하는 나무의 오랜 기다림이 나의 기다림이 되어가는 듯도 했다. 이 무렵에 쓴 시가 〈예전엔〉이다.

        예전엔 풍성했던
        온갖 생각들 자취없고

        빈자리에
        메마른 나무 그림자 하나

        새야

와 앉으렴
앉아
새 노래를 불러주렴

겨울이 깊을수록
파릇파릇한 보리싹의

노래 매화의 노래
그리고 새빨간
동백의 노래

내 안에 다시 태어나는
나 아닌 나의 노래.

 목동의 내 집은 사람 자취가 끊어졌다. 전화벨조차 울리지 않았다. 그것이 얼마간이었던가! 내 말씀 상대는 안에서는 아내뿐이요 밖에서는 이부영 선생뿐이었으니, 산책에서 반복해 눈여겨본 목동의 여러 풍경이 사뭇 어떤 기이한 사람의 전기傳記마냥 내 눈에는 그렇게 깊숙이 깊숙이, 아기자기하게 아로새겨져 있다.
 외로웠다. 그러나 그 외로움은 나를 해맑게 하는 정화작용을 하는 듯했고 점차 새로운 일의 씨눈을 틔우는 듯했다. 〈무슨〉이다.

무슨
소리라도 한번 들려라
살포시라도

외롭구나
무슨
벌레라도 한 마리
나를 물어라
너무 외롭구나

생각하고 생각하다
생각이 막힌 곳
문득 생각하니

내 삶이란 게 간단치 않아
온갖 소리 갖은 벌레 다 살아 뜀뛰는
무슨 허허한 우주

쓴웃음이
한 번

뒤이어
미소가 한 번

창밖의 마른 나무에
공손히 절 한 번

가랑잎 하나
무슨 종교처럼 진다.

외로움 속에서 무엇인가 새로운 우주적인 사랑이 싹터 오고 있었다. 그 우주는 내 몸 안에서 별이나 꽃처럼 살포시 열리고 문득문득 싹트곤 했다. '저 먼 우주의' 무슨 사랑이…….

저 먼 우주의

저 먼 우주의 어느 곳엔가
나의 병을 앓고 있는 별이 있다

하룻밤 거친 꿈을 두고 온
오대산 서대 어딘가 이름 모를
꽃잎이 나의 병을 앓고 있다

시정에 숨어 숨 고르고 있을
기이한 나의 친구
밤마다 병든 나를 꿈꾸고

옛날에 옷깃 스친 어느 떠돌이가
내 안에서 굿을 친다

여인 하나
내 이름 쓴 등롱에 불 밝히고 있다

나는 혼자인 것이냐
홀로 앓는 것이냐

창 틈으로 웬 바람이 기어들어
내 살갗을 간지른다.

　나에겐 산책이 곧 행동이었다. 산책은 곧 회음에서 수해(髓海, 두뇌에 있다는 상단전)로 다시 회음으로 돌아오는 별수련, 환(環)수련, 궁궁수련이었으니, 우주적 코뮤니즘을 인간세계 안에 일으키고 꽃피우고 열매 맺기를 예상하는 하나의 생명운동이었으니까.
　〈저녁 산책〉이다.

숙인 머리에
종소리 떨어지고

새들이 와 우짖는다

숙인 머리에
바람이 와 소스라치고

가슴 펴라
가슴 펴라 악쓰고

숙인 머리에
별 뜬다

오늘밤은 무슨 꿈을 꾸랴
먼 하늘에 새빨간
노을 쏟아지고.

321_그물코

이 무렵의 시들은 틈이 많고 엉성하다. 그러나 이 틈을 통해 나는 많은 이야기와 노래와 담론을 뭇 생명과 주고받았으니, 나는 이것을 바로 '그물코'라 이름지어 이 이름으로 새로운 문화운동을 시작하고자 했다.

그러나 나에겐 친구가 없었다. 나는 친구를 혼신으로 불렀다. 〈겨울 시편〉이다.

내 마음 깊기가
겨울 바다 같아라

아파트 사이
아스팔트 위에
길게 끌린 내 그림자
하늘 닿아라

눈 덮인 산속에 갇혀
잠이 든 나의 친구
설화 지는 소리에
내 꿈 꾸어라

> 내 몸 솥 같고
> 지금 여기 나
> 그래
> 무궁이어라.

무궁에, 내 속 아득한 곳 모두가 하나요, 하나의 새로운 모두가 비약을 준비하는 때, 그렇게 생각했다. 외로움과 외로움의 시심만이 그 새로워진 무궁을 마련해 우주 벗들의 밥상에 내놓을 수 있다고.

나는 목동의 파리공원 그 나지막한 관목 숲 곁에서 '필사적인 공경'을, '온몸을 바치는 모심'을 생각하고 있었다. '화개花開', 즉 '새파란 별 뜨듯! 붉은 꽃봉오리 살풋 열리듯!'은 회음혈에서부터 시작하는 주문수련, 시천주 수련 혹은 별수련의 화두였으니, 그것이 다름 아닌 나의 모심의 풍류선도였다. 공경의 수련이었다.

단순해질 대로 단순해진 공경이 한 편의 극도로 단순한 공경의 시, 즉 '모심의 선언' '공경의 마니페스토'를 낳았으니.

> 꽃 사이를
> 벌이 드나들고
>
> 아기들
> 공원에서 뛰놀 때

가슴 두근거린다

모든 것 공경스러워

눈 가늘어진다.

나는 그야말로 이 세상에 한 톨 좁쌀처럼 외로운 처지가 되었다. 가까운 벗들, 아우들도 모두 멀어졌고 신문, 잡지, 방송도 남의 일이었다. 그러나 그 외로움 속에서 꽃과 벌, 공원 모래마당과 발벗은 아기의 분홍빛 살결이 보이고, 아아, 그런 것인가? 그렇게 내면이 해맑아졌으니 더욱 복잡하고 넓은 우정이 다시금 아니 생길 도리가 있겠는가?

강대인, 이창식, 주요섭, 윤형근, 그리고 독일에서 바로 내 꿈을 두 번씩이나 꾸었다는 문순홍('설화 지는 소리에 내 꿈 꾸어라'라고 노래한 때가 언제던가? 놀라운 일을 나는 이제 이렇게 아무렇게나 말하고 있다) 아우들이 나와 함께 십수 차례씩의 공부모임과 심도 있는 검토를 거쳐 '생명민회', 즉 '생명 가치를 위한 민초들의 모임'을 시작하고 우선 그 정치적 형식에서 지역 풀뿌리 민주주의 운동으로 힘을 모으기로 하였다. 강대인, 이창식 아우 등이 주동이 되어 '풀뿌리 민주주의를 위한 시민연대' 수수백 명의 연대 그물이 발족했고, 나는 그 모든 형식을 《화엄경華嚴經》과 《법망경法網經》에 토대를 둔 '그물코' 운동으로 내면화했다.

'그물코'는 간행물 제목이기도 하다. 투철한 일꾼 주요섭이 《그물코》를 맡아 한참 경영하였으나, 애당초 그리 영세하게 조그맣게 하려던 것은 아니었다. 제대로 갖춘, 생명문화운동과 지역의 풀뿌리 정치 등을 연결하고 동북아와 세계의 환경, 생활협동, 유기농 등 시민생명운동을 네트워킹하는 그야말로 '그물코'가 목적이었고, 그 자금을 쌍용의 김석원 회장에게 희사받았다. 김회장께는 감사하면서 또한 미안하다. 편집진과 나의 불화로 일이 깨어져버렸으니 할말은 많으나 침묵 속에 묻겠다.

그렇지만《그물코》는 영세한 형태로나마 유지는 되고 있었고, 생명민회는 해체와 카오스 시대의 통일론인 '풀뿌리 연방제 통일론'을 내세우며 경기도 부천과 전북 부안에 근거지를 만들고자 몇 년간을 노력했다.

내 생애의 처음이자 마지막이 될 선거유세 연설까지 해보았으니 부천시장에 출마한 이창식 아우를 위해서였다.

내가 그때, '그물코'의 큰 구상이 깨어진 뒤 힘을 몰아넣었던 일은 부안 변산반도에 전남·전북·충남·경기를 잇는 풀뿌리 생명운동의 한 근거지를 장만하는 것이었다. 그만큼 부안에 자주 갔고 거기에 뿌리를 내리면서 어찌하든 인근의 타지역과 연대하려고 노력했다.

지역통화나 비판적 지역주의 등도 검토해서 여과했으며, 특히 민중변혁사의 온상인 그곳에 강력하고 새로운 지역 풀뿌리 운동 기지를 구축하려 했다. 강대인·문순홍·이창식·주요섭과 현지의 이강산·김운주·김완술·고영조 아우 들이 힘을 많이 썼다. 전남에서도 김성종·천용식·정지산 아우가 참가했으며 내가 좀 뜸한 사이에도 그들은 열심히 일했다. 이것은 작지만 큰일이었고 오래 됐지만 새 길이었다.

그러나 봉건제가 아닌 군현제郡縣制 국가였던 우리 사회에서 수도권 중심주의, 즉 '메트로폴리즘'은 사실상 완강하다. 인간에게 자기 중심주의,

집단 이기주의가 강한 것 못지않게, 서울은 전 인구의 반을 독점하고 온갖 인물과 시설과 자금, 기구를 독식하고 있다. 이 중심으로부터의 이탈, 틈, 텅빈 무無의 사상은 이 무렵 나의 모든 사유를 점령하고 있었으니, 목동에서 일산으로 이사할 무렵의 시집《중심의 괴로움》은 '중심 중심주의'가 천만 아니라 도리어 그 반대인 '탈중심의 어려움'을 가리키는 해체의 사유인 것이다.

어떤 문학평론가가 이 제목을 두고 "아직도 제가 중심인 줄 아는 모양이지!" 했다는데 쓴웃음을 넘어 한 방울 눈물이 난다. 한번 읽어보자.

봄에
가만 보니
꽃대가 흔들린다

흙 밑으로부터
밀고 올라오던 치열한
중심의 힘

꽃피어
퍼지려
사방으로 흩어지려

괴롭다
흔들린다

나도 흔들린다

내일
시골 가
가
비우리라 피우리라.

비움, 무無, 이것은 어느 사이엔가 나의 모든 생각과 행동에서 움직이는 근원이요 배경이 되고 있었다.
비움, 무, 없음.
그것은 빛으로 치면 흰빛일까?

322_ 탑

오늘 낮, 인터넷에 연재중인 회고록에 관한 이야기를 한 아우에게서 전화로 들었다. 해남에서 환상에 휩싸이고 서울 목동으로 이사한 뒤부터 소위 학생들의 집단적인 분신 사태에 관한 칼럼을 쓸 때까지 그 전후 무렵에 내가 뭘 했으며 어디서 어떻게 살았느냐에 관해 아무 기록이 없어 궁금해한다는 내용이었다.

가만 앉아 생각해보니 귀찮더라도 대답을 해야 한다는 판단이 섰다. 그렇다. 친절하게 얘기를 해줘야 하는 것이다. 순서는 없다. 아무 곳에나 삽입하면 되는 일이다. 이 회고록의 특징이기도 하다.

내가 서울의 목동으로 이사한 것은 아내가 대학에서 강의를 시작한 일과 두 아이들의 교육문제가 가장 큰 이유이긴 했으나, 그보다 더 근본적인 것은 내가 서울로 가야만 환상 같은 섬세하고 까다로운 증세를 장기적이고 심층적으로 진찰하고 치유할 수 있으리라는 판단 때문이었다.

일과 관련된 사건으로 말한다면, 지금도 광주에서 조성삼 · 김성종 · 천용식 · 정지산 등이 10년이 훨씬 넘도록 지속하고 있는 '시민생활환경회의'라는 시민환경운동단체를 그때 그곳 친구들과 함께 만든 일이 크게 떠오른다. 한국에서는 처음으로 생활환경 오염 문제를 다루기 시작한 것이다. 합성세제를 보이콧하면서 새로운 비누를 만들어 쓰도록 했던 이 비누운동은 당시로서는 유명한 사건이다.

또 있다. 나치스를 피해 미국으로 망명한 마르쿠제, 아도르노, 호르크하이머 등 프랑크푸르트 학파의 대학원 대학인 뉴욕의 사회과학대학원 대학에서 나에게 박사학위를 주기로 결정했으니 도미해달라는 전갈이 왔던 일인데 이것을 고사했던 일과 그 뒤의 한살림 문화운동은 이미 쓴 바와 같다.

한살림 문화운동의 중지는 나의 이른바 '운동'의 정지였으니, 그 밖의 나의 일은 담배, 침묵, 독서, 산책, 그리고 이렇게 말해도 된다면 '탑'이었다.

'탑'!

시인 횔덜린은 정신질환으로 9년간 밀폐된 탑에 갇혀 있었다.

솔직히 말한다. 탑에서 몇 년이 걸렸는지 나는 지금 기억하고 있지 못하다. 다행한 일은 그 기간 동안 시 쓰기를 잊지는 않았으니, 《별밭을 우러르며》《중심의 괴로움》 그리고 《화개》 속의 시 대부분이 이 시절에 쓰인 것들이다.

그렇다. '지옥'이니 '짐승의 시간' 같은 동물적 표현보다는 '탑'이 훨씬 더 문화적이다.

그렇다. 그렇게 궁금해하는 그 몇 년간을 꼭 이름 붙이라 한다면 '탑' 밖엔 없다. 최근의 시집 《화개》에도 나오는 〈횔덜린〉이란 시에 횔덜린 이 '탑' 시절에 쓴 시가 두 구절 나온다.

나는 이제 아무것도 아니다
즐거워서 사는 것도 아니다.

그 중에도 첫 구절은 독일어의 강력한 악센트 때문에 더욱 지독하게 폭력적이어서 소름마저 끼친다.

    Ich bin nichts mehr!

나의 '탑'은 두 구절뿐이다.
그 밖에 더 말해달라고 해봐야 할말이 없다. 저녁노을, 새벽 먼동, 공원의 꽃나무들, 아파트 숲 먼 곳에서 움직이는 구름 모양들, 햇빛. 그런 것들뿐이다. 그렇게 몇 년이 흘러갔다. 아마 그 이상은 듣고 싶지도 않을 것이다. 민감한 사람들은 더 이상 나를 보거나 생각하거나 듣거나 하고 싶지도 않을 것이다. 권태 그 자체이니까.
두 아이들과의 사이도 이미 표현한 바 있다. '소 닭 보듯, 닭 소 보듯.' 그러나 그래도 횔덜린은 시인답게 '탑' 속에서 희랍의 신들을 만났다. 저 지독한 유물론자, 공산주의자인 루이 알튀세르의 경우 아내를 교살해 죽인 뒤 공민권을 박탈당한 그 10년 동안의 '산송장(Lebenstodt)' 시절은 사실 그 스스로에 의해 이름 붙여진(철학이란 이런 것이다!) '환상이라는 이름의 사실'이었으니, '탑' 같은 문화현상에는 아예 접근조차 못하는 냉랭한 사실들의 '지옥'인 것이다. 그 무렵의 굶주림은 순전히 장모님의 배려에만 의지해서 넘어섰다는 사실까지 함께 생각해보라.
내가 이 회고록에서 제시하는 환상들을 알튀세르의 사실로 받아들이거나 횔덜린의 신성神性으로 인정할 때에만 '히페리온'의 저 심오함과 함께

'유명론적 유물론'이라는 유럽 사상사 최고의 그 논리적 치열함이 비로소 인류의 이름으로 그 근본적 명제가 시인될 것이다. 더욱이 고야와 고흐를 심층적으로는 어찌 봐야 하는가?

더 이상은 말하지 말자.

니체에서 비트겐슈타인까지, 그리고 '탑'과 똑같은 요새 감옥에서 서서히 서서히 샅샅이 샅샅이 삶을 파괴당한 로자 룩셈부르크에게까지 더 이상 이야기가 지속된다는 것은 이 일에 관여하는 모든 사람들의 근원적 잔인성을 증명하는 것 이외엔 아무것도 아니게 된다.

탑!

내 독일어 기억이 정확하다면 아마도 'Turm'일 것이다. 그 '탑'에서 그때 나는 죽었다.

죽은 것이다.

그뿐이다.

323_ 일산

새로 이사한 일산의 이층 아파트는 눈부신 흰빛이었다. 목동, 그 침침하고 컴컴한 넋, '쉼'의 어둑어둑한 그늘과 날카롭게 대비되는 흰빛이었다.
정신신경 치유방법에 '조명치료'란 것도 있거니와 조명이 인간의 내적 삶을 어떻게 바꾸는가 알게 된 것은 참으로 놀라운 일이었다.

一山詩帖 1

일산 새 집 들어
빈 방에
흰빛 난다

진종일 눈부시고
매미 소리 뼈만 남고

어둠 속 붉었던
살
자취없다

먼 강물
핏속에 흐르나
나 이제 벌판에서 죽으리

흩어져
한 줌
흙으로 붉은 빛.

― 山詩帖 2

흰빛 속에
홀로 있다

여름 구름 흐르고
아득한 곳
강물 흐르는 것 보인다

보인다
죽음이 곁에 있다

깊은 곳
마음 밑바닥
한 점 바람 일어

걷기 시작한다
만나러.

《장자(莊子)》에 "빈방에 흰빛 난다"라는 구절이 있다. 써놓고 보니 그리 되었다. 이 구절은 설명보다도 느껴야 한다. 아마도 '앉은 채 모든 것을 잊는(坐忘)' 수련의 결과 같은 것 아닐까?

일산은 그때 아직 채 개발이 본격화하지 않았을 때여서 여기저기 공터 투성이에 양파 밭, 콩 밭, 해바라기 밭이요, 눈부신 갈대 밭이 정발산 자락 이곳저곳에 펼쳐져 있었다. 이사하던 해 가을, 많이도 돌아다녔고 많이도 썼다. 그러나 대부분을 폐기했다.

왜 그랬을까?

내가 그 무렵 주장하던 '틈'이 너무나 크게 확대되어 허연 빛만 허공에 남고 말과 이미지가 거의 자취를 감추는 상태였으니, 그

일산집에서 온 가족이 함께.(1995)

러니 그것을 엉성하다는 말로도 정확히는 표현할 수 없었다. 점차 '없음'에 가까워져 나중엔 한 줄이나 두 줄만 남더니 그것도 너무 많은지 명사도 아니고 형용사나 부사, 동사나 조사만 한두 마디 남은 채 백골이 돼버렸다.

　새 시집 《화개》의 시편들은 그러기 훨씬 이전의 것들이고, 이 무렵의 것들은 《중심의 괴로움》에 실린 것들 이외엔 거의 다 폐기했다. 이것을 무슨 현상이라고 불러야 할까? 이미 앞에 인용한 시 가운데에,

　　보인다
　　죽음이 곁에 있다.

라고 했다. 과연 죽음이 곁에 있는 텅 빈 흰빛이었다. 목동에서의 침침하고 컴컴한 그늘, 넋의 어둑어둑함과는 정반대로 눈부신 허무요 흰 죽음이었으니 이것을 무엇이라 불러야 할까?

324_서거

해남 전후하여 천관우 선생과 김재준 목사님이 서거하시고, 윤배 형님이 서거하였고, 또 함석헌 선생님께서 서거하시었다. 일산으로 이사한 뒤에 지학순 주교님과 장일순 선생님께서 서거하시었다.

내 언제나 사랑하는
내 고향 다시 갈까?
아아 내 고향 그리워라.

지주교님은 당뇨에 합병증으로, 장선생님은 위암으로 서거하시었다.
나는 비로소 내 마음에 들어온 허망한 죽음의 흰빛을 깨달았다. 영결미사도 장송도 흰빛, 산에서 터덜터덜 돌아오는 길도 흰빛이었다. 온통 흰빛뿐.
나는 감성적인 사람이다. 동학과 서학의 오랜 융합의 감각이 마침내 내 안에서 허물어졌다. 얼마 안 있어 내 아버지 김맹모 님도 서거하시었다. 나의 근거가 무너졌다. 그러나 나는 비석 뒷면에 다음과 같이 썼다.

무궁무궁한 우주의 저 흰 길에서 다시 뵙겠습니다.

이 비문을 이제 세 분 아버지 앞에 함께 바친다. 달리 더 할말은 없다.

325_ 변산의 밤

변산의 밤. 캄캄했다. 물결도 없고, 달도 별도 없었다. 왕포 앞바다는 캄캄하게 잠들어 있었다. 담배, 또 담배, 그리고 담배!

내가 앉은 짝띠 저 뒤편 술집에서 아우들이 떠들고 있었다. 생각하고 생각하고 또 생각했다. 검은 어둠 속에서 피어오르는 흰 담배연기 속으로 한 가지 분명한 사실이 떠올랐다. 내가 시인이라는 사실이었다. 그것을 새삼 깨달은 것이다.

시인이 무얼하는 사람인가? 아! 나는 짧게 외쳤다. 내가 찾고 있는 해답이 나의 직업 안에 들어 있었다.

내 의문은 바로 이것이었다. 아무리 풀뿌리 지역운동, 생명운동을 하고 변혁운동을 해서 사회를 바꾸어놓는다 하더라도 '마음보'가, 정신이, 넋이 바뀌지 않으면 소용없다는 것이었다. 그럼 어떻게 하느냐?

생명운동, 풀뿌리 지역운동, 사회변혁운동을 안 할 수는 없다. 그러나 시인인 내가 한 걸음 먼저 좀더 힘주어 노력해야 할 것은 '마음보'를 바꾸는 운동인 것이다. 그쪽이 허약하니 나는 그쪽에 힘을 더 주어야 하는 거였다. 왈, 문화운동이다.

시인은 문화운동을 먼저 해야 하는 것이다. '요가-싸르'의 길은 먼저 문화부터다. 어떤 문화? 물론 생명문화운동일 것이다. 생명문화운동은 곧 영성운동이다. 영성적인 문화운동이 강화될 때 생명운동, 생태운동, 풀뿌리

아파트가 들어서기 시작하는 스산한 들판에서.

운동은 따라서 강화된다. 문화운동은 문학과 예술, 역사, 철학 세 방면의 통합된 큰 틀의 문화를 바꾸고 새로이 창조하는 운동이다.

　이십대 젊은 시절에 시작했고 삼십대에 대오를 갖췄으며 사십대에 한살림에서 다시 시도하다가 멈춘, 이미 새 틀은 시작했으나 세계적 규모의 문화혁명·미학혁명·명상혁명으로까지는 그 내용과 생각을 넓히지 못했던 그것. 명상과 변혁의 통합에 있어서의 생명과 영성의 선취성先取性! 그것이 현대에는 이루어져야 하는 것이다.

이튿날이던가 서울로 올라오는 기차에서 신문을 한 장 샀다. 신문 문화면부터 펼치니 마침 '새로운 문화에의 요구'라는 제목의 기사가 보였다. 정보화와 전 지구의 정보 하이웨이 건설에 따라 세계는 새로운 콘텐츠, 새로운 문화를 요구하기 시작했으며, 이제는 그 새 문화 안에서 새 정치, 새 경제, 새 사회의 씨앗을 키우고 그 문화를 통해 신인류를 배출해야 한다는 주장이 여기저기서 나타나기 시작했다는 내용이었다.

그렇다. 내 나머지 삶은 여기에 있다. 그리고 우리 민족의 사명도 여기에 있다.

돌아온 뒤 나는 대개의 일들을 아우들에게 넘기고 칩거하여 실러의 《인간의 미적 교육에 관한 서한》이나 호이징가의 《호모 루덴스(유희인간)》 등 문화 관련 서적들과 미학 서적들을, 이미 읽은 적이 있더라도 닥치는 대로 다시 읽기 시작했다. 그러나 이처럼 감성적이고 영성적인 것에 대한 탐색에 깊이 접하면서 다시금 기이한 환영들이 고개를 들었다. 푸른 별수련이 환영을 부른 것일까? 환영들은 내게 무엇을 의미했을까?

326_ 슬픈 사랑

노을 무렵 한강변의 자유로에서 일산을 바라다볼 때의 첫 느낌! 노을에 타는 흰 아파트 숲들!

어느 날 노을녘 한 환상이 찾아왔다. 무서운 환상이었다. 아, 아파트 숲 저기에 나를 배신한 불륜의 여자가 숨어 있다. 예언자 미가처럼, 호세아처럼, 혹은 어쩌면 예레미야처럼 저주받은 숙명을 짊어지고 간다. 검은 수캣구멍같이 더러운 저 한 여자를 찾기 위해 남한 전역을, 낯선 도시들을 헤매다 헤매다 마침내 여기에 왔다.

나를 버리고 떠나간 창녀! 오로지 돈과 쾌락밖에 모르는 갈보!

그 창녀가, 그 갈보가 웬 남자를 끼고 누워 킬킬거리며 저 아파트 어딘가에 숨어 있다. 숨어 있다. 숨어 있다.

차에서 내려 붉게 타는 노을을 지고 천천히 걸어서 다가간다. 품에 품은 비수를 손가락으로 만지며 마음에서 무수히, 무수히, 아! 그러나 도저히 찌를 수는 없다.

그녀는 나의 여인! 한때나마 정을 주었던 여자! 죽일 수는 없다. 그러나 죽여야 한다. 죽여야 한다. 그러나 죽일 수는 없다.

나의 예언은 여기! 죽여야 하지만 죽일 수 없는 창녀와의 슬픈 사랑! 그 사랑을, 침을 뱉으며 저주하면서도 받아들여야 하는 그 슬픈 사랑을!

아아, 타는 노을을 받아 도리어 더욱더 새하얗게 빛나는 그녀의 벌거벗은 몸이 무한, 무한대로 허공에 확대되는 아파트, 아파트, 아파트의 숲들! 더러운, 어두운, 시커먼 수챗구멍! 창녀의 자궁! 갈보의 자궁!

아아! 나의 예언은 여기! 여기서 용서하고 돌아서는 것! 비수로는 거꾸로 나를 찌르고, 도리어 나의 분노를 찌르고, 오히려 나의 두 눈을 찌르고.

나의 예언은 여기, 여기, 여기!

사람들이 헤어지고 떠나고 떠나오는 고속버스 터미널! 귀퉁이 한 매점 앞에 쭈그리고 앉아 빵 세 개를 사서 아귀아귀 먹고 있는 나!

나는 떠나야 한다. 그리하여 먼동 터오는 호남, 저 뽀오얀 학명산천鶴鳴山川이며 새벽이 다가오는 영남, 저 푸르른 계명산천鷄鳴山川을 홀로 헤매며 이제 막 솟아오르는 신성한 저 태양 앞에서 그녀를 사랑한다고 외치리라! 그리하여 머언 먼 여로에서 고향에 돌아온 바로 그 고개 위에 만신창이 몸을 눕혀 죽어간 황진이처럼 그렇게 내 삶을 마치리라! 그리고 하늘이 아닌, 하늘이 아닌, 지옥에 가, 지옥에 가 분명히 거기로 올 그 창녀를, 내 아내를 기다리리라! 기다리리라! 지옥의 버스 터미널에서 지옥의 그녀에게로 떠나리라! 떠나리라! 떠나리라!

327_ 안데스

일산에서 연대 가는 길목인 증산동 큰길에서 조금 벗어난 한 골목 어귀에 있는 신식 전통찻집 '안데스'에 들어간다.

저물녘이다. 탁자마다 촛불을 켜놓고 남녀가 머리를 맞대고 차를 마시며 수군거린다. 이 집에서는 절대로 목소리를 높여서는 안 된다. 높이면 쫓겨난다.

한 구석 자리에 앉는다. 종업원이 차와 함께 백지와 볼펜을 갖다 놓는다. '안데스'라고 적기만 하면 된다. 그러면 '안데스'에 갈 수 있다. 물론 여비 일체를 선불해야 한다. 밤 10시다. '안데스'행 여객들만 남고 모두 빠져나간다. 10시 5분에 비행기가 출발한다.

10시 5분이다. 비행기가 출발한다.

밤의 한반도와 일본 열도를 거쳐 캄캄한 한밤의 태평양 상공을 난다. 주위에 구름들이 몰리고 귀신들이 이마와 젖꼭지와 배꼽에서 푸른 인광을 내뿜으며 이리저리 이동한다. 기이한 음악에 따라 기이한 춤을 추는 것이다. 그것이 빙하기 무렵의 몽골리안 샤먼의 음악과 춤이라고 기내 방송이 소개한다. 여객들은 자기 희망에 따라 그것을 흉내내기도 하고 잠을 자기도 하고 명상에 잠기기도 한다.

새벽녘 먼동이 터올 무렵 비행기는 남아메리카의 긴 태평양 해변 쪽 칠레를 가로질러 안데스 고원 쪽으로 난다. 여객들은 코냑이나 보드카나 한국산 소주를 조금씩 마시고 멜론 조각과 쑥떡 한 입과 마늘장아찌 두 개를 각각 받아 먹고는 모두 입을 다물고 일제히 눈을 감는다.

인디언의 옛 음악이 피리 소리로 흘러나온다. 눈썹과 털이 모두 새하얀, 거대한 시베리아 호랑이가 나타나 울부짖는다. 흰옷을 입은 신선들이 날아 오르기도 하고 내리기도 한다. 커다란 궁전 마당에 모여 격식이 제법 까다로운 팔일무八佾舞나 무척 우람한 태평무太平舞를 추기도 하고, 칼 열두 개를 휘두르며 검무劍舞를 추기도 한다. 발 밑에서는 걸음걸음마다 여러 가지 꽃이 폭폭폭 피어난다.

안데스 산맥이다. 마추픽추를 낮게 날며 기내 방송이 "드디어 고향에 왔습니다. 드디어 고향에 왔습니다. 웰컴 홈! 웰컴 홈!"을 되풀이한다. 비행기는 고도를 아주 많이 낮추어 산정 너머 한 사막에 내릴 차비를 한다. 비행기 창으로 이미 공항에 나와 마중하고 있는 벌거벗은 인디언들과 팬티만 입은 신선들과 블라우스를 입은 방울뱀들과 투피스를 입은 늑대들과 턱시도를 입은 당나귀들이 보인다. 모두들 환영의 인사로 만세를 부른다. '무슨 만세'가 아니라 그냥 '만세'다.

비행기가 착륙한다. 공항에서 여객들은 모두 다 발가벗어야 한다. 몽땅 벗어버리고 맨발로 출구 쪽으로 걸어간다. 버스가 기다리고 있다. 버스에 탄다. 버스가 움직인다. 버스의 차내 방송이 말한다.

"여기는 행복의 땅, 지라르탈입니다. 지라르탈에서는 음식과 잠과 놀이와 섹스와 양귀비꽃잎과 술과 담배가 모두 프리! 프리! 프리입니다. 다 왔습니다."

여객들이 좋아서 어쩔 줄을 모른다.

"지라르탈! 지라르탈! 오오, 영원한 양귀비꽃, 지라르탈!"

노래노래 부르며 질서정연하게 일렬 종대로 사막을 향해 걸어간다. 방울뱀들이 꽃을 물고 좇아오고 신선과 인디언들과 늑대와 당나귀가 모두들 노래 〈영원한 지라르탈〉을 부르며 쫓아온다. 피할 수가 없다. 길은 하나뿐. 모두들 한 우물에 당도한다. 그 우물에는 팻말이 꽂혀 있다.

'물, 바람, 우물.'

우물 속 깊은 곳에 있는 푸른 물빛이 손짓해 부른다. 하나씩 그 손짓에 이끌려 우물 속으로 뛰어든다. 마지막 한 사람까지 뛰어든다. 그리고 고요한 우물 주변에서 인디언들과 신선들과 방울뱀들과 늑대들과 당나귀들이 노래노래 부른다. "행복의 땅, 지라르탈! 영원한 양귀비꽃, 지라르탈, 지라르탈!"

그곳이 바로 안데스다. 지라르탈이 바로 그곳이다.

촛불이 켜진다. 11시 5분이다. 꼭 한 시간이다.

이튿날 새벽 목이 말라 물을 찾아먹고 거실에 나와 조간신문을 펼쳐든다.

"김지하 시인 안데스 산맥에서 의문사!"

빙그레 웃는다.

누가?

328_치우

어느 날 《중앙일보》 문화면 톱. 초호初號 활자다.

"전쟁 터지다!"

그보다 조금 작은 활자다.

"한국과 중국의 필사적 세계관 전쟁, 탁록涿鹿대전 발발하다."

그보다 조금 더 작은 활자다.

"유목과 농경의 문명 통합을 지향하는 한국의 고조선족 치우蚩尤와 유목을 청산하고 농경 일변도로 혁신하려는 중국의 화하족華夏族 황제黃帝 사이의 74회에 걸친 대전쟁이 드디어 개막되다."

동북 아시아 상고대의 신화와 역사에서 현대적 의미를 탐구하려는 우리의 《중앙일보》 문화운동 '신시神市' 기획은 이렇게 첫 활자를 뽑기로 작정하고 있었다.

'신시' 연구가 김영래, 상고대 사학자 박희준, 이대박물관 학예실장인 고고학자 나선화, 현대철학자 이정우 씨와 동서양 철학을 통합하려는 김상일 선생과 나, 그리고 중앙일보측에서는 당시 문화부장이던 이근성 씨와 지금의 문화 전문기자 이경철 씨 등이 참가하여 십수 회의 연구모임을 가졌다.

고조선의 신화를 역사로 실증하는 과정은 다만 실재성 여부에 대한 고증에 한정된 일이 아니라, 그 역사적 존재가치, 그 세계관과 문화의 핵심을 살핌으로써 하나의 새롭고 탁월한 해석학을 탄생시켜야 한다는 것이 우리의 희망이고 주장이었다.

예컨대 '신시'를 상식선에서 '신성 공동체' 따위로 종교적 해석만을 내려가지고는 한 발자국도 전진하지 못하는 것이니, 가령 '신神'의 우주적·생태적·인간학적 관점과 '시市'의

국립국악원에서 열린 다례회에서.(1998)

사회적·경제적·시장적 접근을 연결시키는 포틀래치와 비슷한 '계꾼'들의 호혜시장으로 볼 수는 없는가? 또 화백和白의 경우 전 인류가 꿈꾸어 마지않는 전원 일치제적인 복합적 직접민주주의 정치의 원형으로 그 가설을 세울 수는 없는가? 그리고 풍류를 우주생명의 생태학적 사이버 문화로, 솟대를 그 문화의 디지털적 교육장이요 파급처요 유목민들의 생명문화적 거점으로 인식하고 증명할 수는 없는가? 요컨대 풍류는 새 시대가 요구하는 '몸 속에서의 디지털과 에코의 결합'이 아닐까?

한국과 중국의 상고문화가 만나는 하나의 모태 문명은 무엇이며, 어디에서부터 동이족 문화와 화하족 문화가 서로 갈라지는가? 서로 갈등하는가? 또 연속하고 공존하는가? 장기간 대립하고 유통하는가?

이 분기점과 그 표출점이 바로 4500년 전의 치우와 황제의 탁록대전이 아닌가? 그것이 만약 고조선 동이족의 유목-농경 통합문명 지향 대 중국

화하족의 반유목적 농경 일변도 문명 지향의 싸움이라면, 바로 그 세계관·가치관에서 고조선과 한민족의 기층문화를 찾을 수도 있겠고, 바로 그 지점에서 서구인들이 목하 지금 찾고 있는 유목 일변도의 도시문명 지향이나 환경운동가들과 반세계화주의자들과 기타 지식인들의 농경 일변도의 생태적 농업문명 지향을 공존·동거·교호 결합시키는 유목 사이버적인 농업 에콜로지의 새로운 통합문명 지향, 새로운 세계사적 비전을 읽어낼 수 있지 않겠는가?

또 북방계 대륙문화와 남방계 해양문화의 교류와 융합, 하늘과 땅, 영성과 지성 대 감성과 욕망 사이의 결합을 기초로 한 여러 부족의 가치관을 연합하는 역사가 가진 오늘날의 의미, 동북아 및 세계 물류와 문화교류의 허브로서의 위치를 찾아낼 수 있지 않겠는가?

그리고 바로 그와 같은 기초 관점에서 모든 문화와 사상과 철학과 역사를 다시 보는 동북 아시아의 일대 문예부흥을 일으키고, 그것을 터전 삼아 새로운 세계적 문화혁명을 탄생시킬 수 있지 않겠는가?

그러한 문화혁명을 통해서라야 비로소 프랑스 혁명의 그 정치경제적 조잡성을 넘어선 예술유희적 인간존엄의 생명과 영성의 혁명이 가능하고, 그때에라야 비로소 동서양의 사상적 통합도 가능하지 않겠는가?

우리의 관점은 여기에 세워져 있었다. 그러나 우리나라의 지식인들과 사학계가 이병도 씨 이래의 식민사관, 반도사관, 초보적 실증사관을 채 벗어버리지 못한 중에, 중국은 이미 여러 해 전 인민문화회의를 열면서까지 자기들의 삼대 조상으로 황제는 물론이고 동이족의 조상으로 알려진 신농神農을 끌어들였으며, 나아가 자기들의 신화적 공포의 대상인 치우까지도 끌어들여 베이징 인근의 삼조당三祖堂이란 건물에 모셔놓는 이변까지 돌발한 것이다.

　이것은 시간의 강탈이요 역사의 병탄이며 정신의 착취다. 하긴 고구려까지도 저희 조상이라고 우겨대는 중국인들이고 보면 무슨 짓은 못하랴! 그러나 조상과 역사를 빼앗긴 것은 우리의 잘못이고 우리가 못난 탓이지 남을 욕할 일이 못 된다.

　그러나 애석하게도 이 일은 더 이상 진행되지를 못했다. 우리 기획을 승낙하고 지원해준 《중앙일보》 홍석현 회장의 구속과 우리 팀 내부의 부질없는 논쟁이 원인이었으니, 아깝다! 다만 훗날 다른 기회에 더욱 훌륭한 기획으로 다시 살려볼 꿈만은 버리지 않고 있었으니, 그것은 나의 동이적 상상력의 여러 원천 중의 하나였으니, 아아! 붉은 악마들이 한국 축구대표팀과 그 응원단의 월드컵 로고로 새빨간 치우를 그려넣은 것을 텔레비전으로 보고 들었을 때 나의 놀라움, 나의 기쁨, 나의 감동과 나의 새로운 기획 의지의 용솟음이 어떠했겠는가! 이것이 어디 나만의 일이던가?

329_ 율려

서기 1902년쯤이던가 1903년쯤이던가, 전북 전주시 모악산 자락 구릿골(銅谷)에 있는 김형렬金亨烈 가의 귀퉁이방에서 증산甑山 강일순姜一淳 선생이 다음과 같이 말씀하셨다.

"앞으로 오는 후천 시대에는 율려律呂가 세상을 다스릴 것이다."

율려가 무엇인가? 율려가 무엇이관데 세상을 다스린다는 것인가? 세상을 다스린다는 것은 바로 정치인데 그 정치를 주재하는 것이 율려라니, 도대체 율려란 무엇을 말하는가?

율려란 쉽게 말하면 음악이다. 다만 《주역》이나 《정역》 등 태극음양의 우주질서에 맞추어 만들어진 우주만물의 음악을 '율려'라고 특정해 부르는 것이다. 그러니 강증산 선생의 말씀은 곧 음악이 세상을 다스린다는 말이다. 다만 그 음악이 우주의 새로운 질서에 알맞을 때의 일이다.

율려가 우주의 질서라면 그것은 곧 생명의 질서이기도 한 것이니, 가다듬어 말하자면 율려는 우주만물의 생명질서에 알맞은 음악을 말한다. 그 질서를 수리화數理化하고 철학화한 것이 역易이요, 그 질서의 음악적 원리를 서술한 것이 지금은 없어져버린 《악경樂經》이며 지금에 남아 있는 《예기禮記》 중의 〈악기樂記〉이다.

〈악기〉에는 다음과 같은 말이 있다.

"나라가 망하려면 음악부터 썩는다."

그러니 음악이 간사하고 음탕하다는 것은 곧 사회와 국가가 망할 첫 조짐이다.

공자는 왜 악기를 들고 강변에서 어슬렁거렸을까? 새로운 세상을 열려면 새로운 인간의 행동, 즉 새로운 예절[禮]을 창조해야 하고 새로운 예절을 창조해내는 것은 새로운 음악[樂]이기 때문이다. 그래서 사람의 삶과 사회를 변혁하려면 새로운 예악을 일으켜야 하는데, 그것을 일으키려면 자기 마음의 질서와 우주만물의 생명질서가 함께 움직이는 그 새로움을 인식하기 위해 자기를 관찰하고 세계를 관찰해야 하는 것이다.

그래서 동양의 성왕聖王들은 모두 자기의 독특한 음악이 있었으니, 그 대표적인 것이 순舜임금의 소악韶樂이다. 우주의 새 질서와 일치하는 경륜이자 포부요, 자기 나름의 정치철학인 셈이다. 이것이 바로 율려다.

새로운 왕조에도 새 율려가 있었으니, 5만 년 만에 크게 바뀐다는 지금의 이 후천 세상에 새 율려가 없겠는가?

율려의 여섯 가지 율은 역에서 양이요 하늘이요 남성이요 군자이며 제왕이고, 여섯 가지 여는 음이요 땅이요 여성이요 소인이요 민중이다. 그러하매 율려는 아무래도 남성과 군자와 제왕 중심인 봉건제 시대의 우주음악이다. 즉 선천先天이다. 2800년이나 내려오고 있는 중국의 《주역》은 바로 이 선천의 율려를 가르치고 있다. 그래서 《주역》과 율려는 음을 억제하고 양을 높이는 윤리[抑陰尊陽] 위에 서 있다.

그러면 후천의 여성과 소인과 민중과 중생 중심인 민주제 시대의 우주음악, 생명음악은 무엇일까? 1883년에 충남 연산에서 공표된 김일부 선

생명론 강연회에서.

생의 한국 역학인 《정역》은 그것을 감히 '여율呂律'이라고 공공연히 뒤집어놓고 있다. 그래서 정역과 여율은 양을 조절하고 음을 움직이는 철리〔調陽律陰〕위에 서 있다.

1905년, 1906년쯤 강증산 선생이 자기의 부인인 수부 고판례에게 천지대권을 넘긴 뒤에 세상을 바꾸는 '천지굿'을 열었는데, 이때에 중국에서 건너온 당악이나 송악 같은 궁정음악, 즉 아악이 아니라 무지렁이 농사꾼들의 농악인 '풍물'과 거렁뱅이나 사당패 같은 천민들의 '걸뱅이굿'을 울렸으니, 그것이 바로 '여율'이다. 여율은 민속악, 즉 민중음악이요, 궁정에서 사용했다 하더라도 중국에서 건너온 것이 아니라 신라 시대부터 내려온 〈수제천〉 같은 민족음악인 정악이다. '여율'은 한마디로 후천 민중민족시대의 민중민족음악이니, 이것이 바로 오늘 여기 우리의 율려이다.

후천은 선천을 다 때려부수고 서는 새로움이 아니라, 후천이 중심에 있되 동시에 후천의 새로움과 선천의 오래됨이 함께 있는 것이다. 그러므로 '여율'은 민중적 민속악과 민족적 우주음악인 정악이 함께 동거하는 것, '여율로서의 율려'라 하겠다.

나는 동양의 사상과 문화 전통 위에서 생명문화운동을 추진하기 위해 율려운동을 제안하고 《율려란 무엇인가》라는 책까지 출판했으며 무수히 무수히 설명해왔다. 그러나 거의 모든 반응, 계속된 반응은 '어렵다' '모르겠다'였다.

나는 이것이 우선 내 탓이라고 생각한다. 내가 공부를 철저히 해야 해결될 문제라고 생각한다. 그래서 나는 재작년 신사년辛巳年 하반기부터 율려의 수리와 철학서인 《주역》을 두 가지 강의를 통해 공부하고 있다. 율려는 《주역》과 《정역》을 알아야 쉽게 이해하고 설명할 수 있겠기 때문이다.

그러나 여기 세 가지 얘기를 꼭 덧붙이고 싶다. 그 하나는 나의 역공부가 사실은 율려보다 '시 쓰기'에 큰 목표가 있다는 것이니 문학을 통해서 율려로 직행하자는 것이고, 둘째는 구한말에 나라와 문명이 기우는 위기에 대응하여 민간에서 동학혁명 등이 유행한 데 반해 지식층에서는 율려와 율려 서적이 대유행이었다는 것이며, 셋째는 동학사상의 핵심인 열세 자 주문의 맨 마지막 완결태인 '만사를 깨우침(萬事知)'에서 그 '만사'가 바로 여러 가지 신구新舊의 '역수易數'이니 곧 '율려'라는 것이다. 동학혁명의 주제가 다름 아닌 〈칼노래(劍歌)〉였음을 상기할 필요가 있다는 것이다.

얼마나 호방하고 웅장한 우주만물과 인간세상의 새로운 생명질서인가? 오늘 우리에게는 이 '칼노래'보다 도리어 더 크고 우람하고, 더 깊고 높은 '칼노래', 즉 '여율적 율려'가 나와야 하지 않겠는가! 혹은 새로운 역학 또는 '칼노래'의 문화적·과학적 확장과 전개가 있어야 하지 않겠는가!

時乎時乎 이내 時乎
不再來之 時乎로다

萬世一之 丈夫로서
五萬年之 時乎로다
龍泉劍 날랜 칼은
日月을 희롱하고
게으른 無袖長衫
우주에 덮여 있네
……
丈夫當前 無壯士라
좋을씨고 좋을씨고
이내 신명 좋을씨고

중국 학자 위 샤오췬俞曉群은 그의 《술수탐비術數探秘》에서 '율려'를 '바람'이라고 했다. 바람은 하늘의 뜻을 나타내는 동서남북의 변화이기 때문이라고 했다. 그렇다. 율려는 바로 풍류인 것이다. 좀더 수리적으로, 역리적으로 종합된 풍류란 말이다.

330_ 흰 그늘

달이 천심天心에 이르렀나 보다. 나의 회상은 어쩌면 '흰 그늘'을 천심으로 하는 달의 한 주기週期였는지도 모르겠다.

시인에겐 그 시학의 유일화두가 바로 천심이다. 예컨대 고독이라든가, 그리움이라든가, 민중이라든가, 님이라든가…… 내겐 '흰 그늘'이 분명 유일화두다.

범박하게 말해 '흰빛'은 신성한 초월이요 평화이며 광명이다. 그것은 또 우리 민족의 빛이니 '밝'이요 '훈'이요 '불함不咸'이다. 그것은 깊숙한 빈 방에서 일어서는 것임에 다름 아닌 '무늬(文, 紋)'다. 안에 안에, 속에 속에 숨어 있다는 그 무늬, '흰빛'이 배어나오지 않는 그늘은 감동을, 새 차원을 만들어내지 못한다.

그늘은 물론 신산고초요 고통이고 어둑어둑함이며 피를 쏟고 뼈를 깎는 극한적인 독공篤工의 결과이다. 그리고 그것은 이미 그 스스로 슬픔과 기쁨, 골계滑稽와 비장悲壯, 이승과 저승, 남성과 여성, 주체와 타자를 아우르고 있는, 움직이는 '모순동거'요 혼돈한 '모순어법'이다.

아무리 소리 좋고 너름새 훌륭한 소리꾼이라 하더라도 그 소리에 그늘이 없으면 이미 끝이다. 우리 민족은 전통예술의 큰 미학적 원리를 '신명'이나 '활동하는 무無'나 '한恨'이나 '시김새(삭임)'나 '멋'과 '엇'과 '울림' 등과 함께 이 '그늘'에서 발견하고 있다. 그늘은 삶의 태도이자 아름다움의 조

국민대 초청으로 열린 강연회에서.

건이다. 예술의 윤리적이면서 미학적인 새로운 패러다임이 바로 '그늘'이다.

그러나 이처럼 중요한 그늘도 흰 그늘이 되지 못하면 창조적인 새 차원을 열지 못한다. 그것은 기존 차원의 이중성, 양면성, 모순과 일치할 뿐이다. 기존 차원 밑에 숨어서 그것들을 추동·비판·제약하고 마침내는 때가 차서 그 스스로 눈에 보이도록 현현하는 새 차원과 양면적인 기존 차원 사이의 창조적 얽힘, 엇섞임, 그것이 '흰 그늘'이다. 중력의 밑으로부터 배어나오는 은총이자 초월이다. 이것이 바로 우리가 잃어버린 '아우라'요 '무늬'인 것이다.

그러나 나의 천심월天心月은 이런 역리나 모순어법이나 생명논리에 의한 설명 따위로는 밝혀지지 않는다. 그것은 내 삶의 시간 속에서 오랜 동안 고통스럽게 생성하고 분열하고 얽히고 설키면서 통합되었다. 그것은 나의 환상이요 정신병이요 정신현상인 동시에, 그 정신병의 치유요 극복이었다.

4·19 직후 서울농대에서 겪은 스무 살 때의 아득한 흰 밤길의 한 환상, 민청학련 무렵인 서른세 살 때의 우주에의 흰 길의 한 환상, 재구속되어 옥중에서 백일참선에 돌입했던 서른여덟 살 때의 흰빛과 검은 그늘의 교차

투시, 해남에서 두 계열의 연작시 '검은 산, 하얀 방'의 분열 구술, 목동 시절의 컴컴하고 침침한 '쉴'의 그늘과 일산 이사 직후의 그 눈이 멀 듯한 '일산 시첩'의 흰빛들의 서로 넘나들 수 없는 날카로운 모순 대립.

그리하여 단기 4332년, 서기 1999년 가을의 한창 율려운동을 제창하던 무렵 어느 한 날, 낮잠에서 막 깨어날 때 눈앞에 문자계시와 형상계시가 나타났다.

한글로 '흰 그늘', 한자로 '백암白闇' 영어로는 'white shadow'였다. 형상은 거뭇거뭇한 한 돌문 안에서 흰빛이 처음으로 배어나오는, 마치 '쉬르' 계열의 그림 같았다. 이것이 이른바 '여율적 율려'라는 것이다.

나의 책 《율려란 무엇인가》와 《예감에 가득 찬 숲 그늘》은 모두 이 '흰 그늘'을 테마로 한 것들이다.

나의 분열은 통합되었는가? 나의 정신병은 치유되었는가?

모른다. 그 뒤에도 환상과 환청, 환영 들이 있었으니 지금의 평정을 어찌 항구적이라 믿겠는가? 그렇지만 '흰 그늘'의 묵시는 내 정신의 분열, 내 상상력의 균열에 하나의 통합적 근거와 창조적 방향을 주었다.

'흰 그늘'은 나의 미학과 시학의 총괄 테마가 되었다. '흰 그늘'을 통해서 '님'과 '틈'과 '무'와 '신명'과 '한'과 '이중성' 및 '생성' 등을 이해하고 정지용 시인을, 그리고 신세대를 이해하며, 시커먼 검은 옛 등걸에 새하얀 눈부신 꽃이 피는 이 모순된 '매화梅花의 이념'까지 모두 그렇다.

그 스스로 '흰 그늘'이셨던 연담蓮潭 이운규李雲圭 선생이 김일부 선생에게 내린 수수께끼 화두인 '그늘이 우주핵을 바꾼다(影動天心月)'의 바로 그 '그늘'은 '흰 그늘'이 아니었을까?

흰 그늘은 후천개벽의 상징이다. 그것은 궁궁이자 태극이다. 그것은 여율이자 율려다. 그러하매 그것은 협종夾鍾이면서 황종黃鍾인 '새로운 차원의 본청本淸'이다.

'흰 그늘'은 생명문화운동의 새 구호다.

그리고 내 삶이요 죽음, 즉 나의 시다.

331_ 삼남민족 네트워크

나의 관심은 또한 그 무렵 1만 4000년 전의 마고麻姑로부터 1700여 년 전의 고구려와 고려에 이르기까지 동이의 예술적 상상력과 역사의식과 종교철학적 사상이 어떻게 현대에 되살아나 미래의 아름다움과 세계사와 철학을 바꾸느냐에 집중되어 있었다. 그러기에 바로 넓게 잡아 5만 년 전부터의 동이의 모든 문화사상이 근대의 동학역사에 어떻게 부활하느냐는 큰 문젯거리였다. 이것은 다름 아닌 풍류선도의 역사, 곧 선사仙史 공부인 것이니 동학을 포함한 동이 나름의 물질생명영성의 진화사일 것이다.

동학사는 동이사상의 부활사이다. 최수운은 "5만 년 다시 개벽"이니 "개벽시국초일"이니 "한번 간 것이 다시 돌아오지 않음이 없다(無往不復)"라고 했고, 김일부는 〈일부사적一夫事蹟〉에서 자기의 법통이 태고대법太古大法인 하느님의 선도仙道임을 밝혔으며, 강증산은 "원시가 그 근본을 되돌린다(原始返本)"라고 강조했다.

그런 뜻에서 나는 그 해 개천절을 남원 교룡산성 선국사 은적암 터에서 지내고 그곳에서 벗, 아우 들과 동학사 속의 동이사상 문화사를 공부하는 삼남민족 네트워크를 구성하기로 했다.

은적암은 최수운이 경주에서 피신해 숨어 있던 곳으로, 수운은 그곳에서 전라·충청의 혁명적인 남접을 최초로 조직하기 시작하고 〈안심가〉라는 최고의 혁명적 개벽의 내용과 페미니즘이 연결된 가사 및 혁명율려인 〈칼

노래〉를 지은 곳이다.

그의 혁명과 페미니즘과 〈칼노래〉 안에 어떻게 동이의 풍류와 동이의 마고와 동이의 율려가 새 시대에 맞게 창조적으로 부활했는가를 공부하는 것이 남원 교룡산성에서 2박 3일 동안 삼남민족 네트워크가 가졌던 개천절 행사였다.

서울보다는 삼남 전 지역에서 2, 300명의 젊은이들이 모여들어 은적암 터 아래 보제루 마당은 발 디딜 틈 없는 초만원이었다.

동학사에서 은적암이 지닌 의미와 동이사에서 동학이 지닌 의미, 그리고 현대 세계사에서 동이와 동학사상이 지닌 의미가 토론·강의·풍물·탈굿 등을 통해 계속 탐색되었고, 한국의 민중으로부터 국내외에 보내는 성명서와 메시지들이 발표되었다.

젊은이들은 밤을 새워 술을 마시며 동일한 주제를 가지고 씨름하였다. 그런데 개천절 바로 전날 밤까지 가을비가 추적추적 멈추질 않아 행사가 매우 걱정되었다.

나는 은적암에 오기 전에 대전의 한 한의대에서 '치유와 율려'에 대해 강연하고, 전주 모악산 아래 구릿골의 강증산 선생의 옛 광제국廣濟局에 들렀다. 거기서부터 내 왼쪽 눈가에서 날개에 피가 묻은 웬 흰나비 한 마리의 환영이 날기 시작하더니 개천절 바로 전날 밤, 그 기인 긴 불면의 밤에도 내내 계속해서 날아 삼남 전역에 깊이 내린 근대 100여 년의 피투성이 민중의 원한이 내 골수에 사무쳤다.

어이하리오?

어이하리오?

원한으로는 큰일을 못 이루는 법. 전 세계와 지구와 우주의 역사를 되돌리는 개벽의 일은 원한에 사무친 중독된 정신으로는 어림없는 법.

어이하리오?

남원 교룡산성 은적암 입구에서.(1999)

걱정, 걱정 끝에 잠시 눈을 붙였다가 전북대의 김익두 교수가 나를 흔들어 깨우며,

"성님! 성님! 날이 개었소! 날이 개었소! 하늘이 새파랗단 말이오!"

하고 외치는 통에 눈을 떠서 창밖을 내다보았다. 과연! 하늘가에 먹구름이 몰려 있고 하늘 복판은 그야말로 개천開天이었다.

아! 내 눈가에서 날던 피 묻은 흰나비도 씻은 듯 자취없었다.

"아!"

이것은 모든 이의 입에서 한가지로 튀어나온 외침이었으니, 하나같이 심신 탈락脫落이었다.

화창한 햇살 속의 보제루에서 우리는 박창암朴蒼巖 선생의 선창으로 '대한민국 만세'를 삼창했고, 동학과 동이의 기본사상으로서 영성적인 '모심'과 생명의 '살림'으로 일관한 '님의 문화'를 강조하는 나의 마지막 기념강연이 끝난 후 산성을 내려왔다.

아! 그날을 어찌 잊겠는가! 그날에 푸르른 하늘이 그토록 활짝 열렸으며, 그 후로 오늘날까지 삼남민족 네트워크는 해남 김휘중의 핸드폰이 곧 사무실인 그 가난한 상태에서도 10여 회에 달하는 '동학동이역사 공부 모임'을 유지해오고 있다.

그 중에도 기억에 날카롭게 남는 것은 그 자리에 박창암 선생 같은 우익 민족주의자와 수많은 좌익 사회주의자 내 아우들, 동학꾼과 동이꾼, 크리스천과 불교 신자 들이 서로 격의없이 어울려 동일한 주제와 동일한 지향을 기꺼이 맑은 마음으로 공유했다는 사실이다.

천도교측에서 발표한 〈한민족의 전통사상과 그 현대적 의의〉라는 장문의 글은 바로 이날의 사상적 기억을 그 얼마 뒤에 집필한 것이었다.

332_ 일본

작년 초까지 세 번을 다녀왔다. 일본엔. 4331년(1998년) 겨울 가와사키 시의 초청으로. 4332년(1999년) 봄 교토 '장래 세대를 위한 재단' 초청으로 '공공성 세미나'에. 그리고 4334년(2001년) 봄, 교포 잡지 《새누리》가 초청한 '한일 세미나'를 위해 이즈 반도에.

4331년 겨울. 나리타 공항에 내리자 맨 먼저 만난 《마이니치 신문》 기자가 대뜸 물었다.

"왜 이제 왔는가?"

왜 이제 왔는가? 묘한 질문이었다. 가슴 아리고 정다운 질문, 그러나 한편으로는 나의 무성의를 탓하는 뉘앙스도 들어 있는 참으로 묘한……. 대답을 못 했다.

다음 질문이 날아왔다.

"일본에 도착한 첫 소감은?"

"민족적으로는 원수의 나라, 개인적으로는 은인의 나라에 왔다. 두 느낌은 과연 어떤 관계일는지?"

"좋은 관계이길 바란다."

재미있는 기자다.

아! 공항에 연극 연출가 가라 주로 형이 나와 있었다. 내가 연금돼 있던 마산결핵병원으로 달러 한 보따리를 갖고 와 배를 사서 나를 중국으로 탈출시키겠다던 그를 도쿄에서 만난 것이다. 세월이란 무엇인가? 장소란 또 무엇인가?

반갑게 대화하며 가와사키까지 함께 갔는데, 그 대화는 회정回程할 때 도쿄의 한 호텔에서 텔레비전 대담으로까지 이어졌다. 그 대담에서 동양의 현대 예술과 율려의 관계를 말했으나 그 끄트머리조차도 이해되지 않았다.

가와사키의 환영회 자리나 강연회에서도 역시 동북 아시아의 세계사적 책임과 새로운 문화원리로서의 율려의 발견을 강조했으나, 청중과 언론 모두 어렵다는 반응이었고 주최측인 이인하 목사님, 배중도 선생, 이타바시板橋 씨 등이 모두 다 고개를 외로 꼬았다.

하하하, 실패다.

한국에서도 역시 어렵다고 한다. 아마 현대화된 중국 역시 마찬가지일 것이니, 유럽이나 미국이나 이슬람권은 더 말할 것도 없다. 생각 좀 해야 할 일이다. 그러나 나는 내내 밀어붙였다. 사상도 어떤 점에서는 예술과 마찬가지로 일종의 추억일 수 있는 것이니, 훗날의 추억을 위해 지금 씨뿌린다는 배짱으로.

도미야마富山 선생과 홍성담 아우의 2인전, '광주'가 열렸다. 성담 아우의 역사화 속에는 나의 초상화도 있었다. 나는 이미 역사가 돼버렸나? 아직도 생성중에 있는 미확인 인생일 텐데……. 몇 년 뒤 개인전에서 내가 깜짝 놀라 격찬한 성담 아우의 '고문과 명상'이라는 주제의식이 예감처럼 떠돌고 있었고, 도미야마 선생의 "초현실적이면서도 현실적이며, 풍자적이면서도 애수에 가득 찬" 선구적인 동아시아 예술 앞에서 나는 자주 자주 발을 멈

일본을 방문했을 때 교포들과 가진 모임에서.(1999)

추어야 했다.

　임진택 아우가 각색하고 연출한 〈밥〉이 공연되었고, 거기에 현지 출연한 배중도 선생의 따님이 재미있었다.

　우리는 이삼 일 뒤 가와사키 곁에 있는 한 도시, 그곳이 가나가와神奈川던가? 하여튼 그곳 여성들의 생명운동 모임에 초대받았다. 젊은 주부들이 몇십 명이고 줄을 이어서 자기 활동의 내용과 의미와 방향 및 자기평가를 계속하고 있었다. 하나같이 생활적이고 구체적이면서도 열정적이었다. 순가락이 다섯 개, 젓가락이 일곱 개, 콩이 세 사발, 팥이 두 사발 반 하고도 일곱

알 식이었다. 나는 그만 깜박 하고 반해버렸다.

일이란 이렇게 하는 것이다. 그러나 너무나 작지 않은가? 역사와 사회의 삶은 조각나 버린 것인가? 어디서, 언제 포괄적 담론과 연결될 것인가?

이 순간 한 여성 간부가 마이크를 잡고 다음과 같은 말을 하는데, 꼭 귀신한테 들킨 느낌이었다.

"이 모든 우리의 활동은 여기 모신 김지하 선생의 '동북 아시아 생명 공동체운동'의 일환으로 기획되고 추진되고 평가됩니다. 우리가 성공한 것은 바로 김지하 선생의 올바른 지도노선 때문입니다. 선생님께 한 말씀 듣기로 하겠습니다. 박수합시다."

등에서 식은땀이 흘렀다.

박수 속에서 일어난 내가 뭐라고 답사를 했는지 기억나지 않는다. 다만 말할 때나 그 뒤 돌아올 때나 떠나지 않고 나를 붙잡은 것은 역시 쓰루미 슌스케 선생의 《일본 제국주의 정신사》의 마지막 "일본의 미래의 해방은 여성들과 피차별 소수 민중에게 맡겨질 것이다"란 구절이었다.

우리 일행은 나, 아내, 김민기 아우와 김영동 아우 네 사람이었다. 우리는 교포 음악인 전월선 부부에게 톡톡히 신세를 지고 있었다. 전월선 부부의 인도로 우리는 도쿄로 와 히비야 공원의 한 극장에서 교포 연출가 김수진 아우가 연출한 뮤지컬 〈김지하〉를 보았고 박수 속에서 방일 인사를 마쳤다. 나는 인사에 덧붙여 말했다.

"나는 오늘 드라마에서 일본 말과 한국 말이 번갈아 혼성적으로 발음되는 현상을 중요하게 봤습니다. 앞으로 한국과 일본은 교포들을 통하거나 직접적으로 문화에서 새로운 창조에 협력하게 될 것입니다. 그것이 바로 동북 아시아발發 세계문화혁명의 시작이 될 것입니다."

이튿날 가부키를 보았다. 배울 점이 많았다. 그러나 우리의 탈춤과 탈굿에 비해 근원적인 영적 에너지가 약함을 금방 느낄 수 있었다.

우리는 교토에서 쓰루미 선생과 간사이 지방 문화계 인사들의 정다운 환영을 받았고 전통 일본 가옥인 아카데미 호텔의 다다미 방에서 참으로 오랜만에, 마산 방문 이후 처음으로 쓰루미 선생과 대좌하였다.

"이 집 숲속의 신사도 백제인 황후가 만들었습니다. 교토의 모든 전통 건축물에 백제인의 창의력과 문화력이 배어 있습니다. 교토는 백제의 공주나 부여 같은 곳입니다.

지금 일본 문학은 힘을 잃어버렸습니다. 재일 한국인 시인과 작가 들에게 활력을 얻고 있습니다. 일본은 경제적으로 망해야 정신적으로 부활할 것입니다. 아마도 앞으로 십 년 후엔 완전히 망해서 한반도에서 들려오는 새로운 문화의 소리에 귀를 기울이게 될 것입니다.

지금도 음악과 음식을 지배하는 것은 한국풍입니다. 음악과 음식은 인간의 정신과 육체 생활의 두 기초올시다. 두고보십시오. 일본이 어떻게 한국의 정신적 창조력에서 자기의 삶의 길을 발견하게 될 것인지……. 현명한 자들은 과거에도 그것을 보았습니다. 야나기 무네요시柳宗悅가 그런 사람이었습니다. 이제 앞으로의 야나기는 청년들 속에서 나올 것입니다. 특히 젊은 여성들! 젊은 여성들!"

작년 붉은 악마들의 월드컵 바람이 일본의 신세대에게 가한 충격은 엄청난 것이다. 지금은 겉만 한국에서 배우려 할 것이다. 그러나 앞으로는 속까지도 배우려 할 것이다.

나는 생각한다. 쓰루미 선생은 훌륭한 일본 사람이다. 일본인의 길을 밝게 알고 있다. 문제는 한국인이다. 우리는 우리의 길을 알고 있는가?

붉은 악마들에 대해서도 여러 지식인들이 나치즘이니 파시즘이니 헛소리를 하고 있다. 그들은 혹시 일본인 아닌가? 아니면 그들은 과연 세계 차원의 삶을 사는, 관용과 인류 차원의 우정을 가진 사람들임이 틀림없는가?

한국 팀이 독일에 패전했을 때 붉은 응원단 속에서 터져나온 두 가지 연호를 깊이 생각해보라.

패전한 한국 대표선수들에겐

"괜찮아! 괜찮아! 괜찮아!"

승전한 독일 선수들에겐

"도이칠란트! 도이칠란트! 도이칠란트!"

이 두 가지 연호도 나치즘이고 파시즘인가?

우리는 우리의 길을 모른다. 그것이 바로 우리 문제다. 칠백만, 팔백만이 모르는가? 자칭 세계주의자 지식인이 모르는가?

역시 쓰루미 선생의 인사말로 시작한 오사카 강연회가 끝나고 우리는 간사이 공항을 거쳐 귀국했다.

4332년 봄.

벚꽃이 한창일 때 나는 교토에 있었다. 공공성 세미나였다. 나는 세미나에서 지금 전 세계적으로 유행하는 엔지오NGO, 시민운동의 배후에 있는 하버마스나 한나 아렌트의 공공성은 사회적 공공성으로 한정된 계몽주의적인 개념이라고 전제했다.

"공공성은 사회적 공공영역 안으로 우주적·생태적 사회성을 끌어들여야 한다. 시민생

두번째로 일본을 방문했을 때 일본의 여러 벗들과 함께.(1999)

활에서 자연생명은 환경이 아니다. 환경이라는 개념 자체가 얼마나 무식하고 낡은 인간 중심주의의 산물이냐!

우주생명과 하나의 생명인 인간의 공공성은 그 자체로서 이미 우주사회적 공공성인 것이다. 한자로는 천하공심天下公心이 아니라 천지공심天地公心이다. '천지공심'에 터를 두어야 자연생명을 제 목숨같이 아끼는 마음이 생길 것이다. 따라서 엔지오, 시민운동은 천지공심, 즉 우주사회적 공공성에 토대를 두는 운동으로 변해야 한다. 그때 시민 개개인의 삶 안에 우주사회적 공공성이 실현된다. 그리고 정부와 시장의 아젠다를 일상적으로 우주화·생태화할 수 있다."

주로 역사학·사회학·정치학·경제학 교수들인 그날 참가자들은 한결같이 환영했다. 그때 내가 한 가지 제안을 했다. '천지공심을 중심으로 한 한·중·일 아시아 르네상스 운동'을 해보자는 것이었다. 젊은 학자들은 모

두 찬성하는데 유독 한 사람, 동양학의 대가인 도쿄대학교 명예교수 미조구치溝口 교수만이 유보적 태도를 취했다. 그는 다음과 같이 말했다.

"젊은이들은 김지하 씨와 함께 속도 빠른 신칸센을 타라. 그러나 나는 달과 별을 보고 한참 생각한 뒤 마차를 타고 천천히 뒤쫓아가겠다."

왜냐고 내가 물었다.

"일본은 아시아에 너무 많은 죄를 지었다. 누군가 나이 든 세대에서는 그 책임을 져야 한다. 염치가 없다."

나는 미래의 역사는 미래로 나아가기 위해 과거를 담대하게 해석하는 자의 것이며 일본의 죄는 이 담대성 앞에서 모두 용서될 것이니 용기를 가지라고 말했다.

미조구치 교수가 울면서 울면서 고마워하면서 한마디,

"한국이 그런 아량을 갖고 있다면 우리도 중국과 함께 한국을 좇아갈 것이다. 아무래도 아시아 르네상스는 서울발일 것 같다. 일본은 죄 많은 과거라는 시간 때문에, 중국은 거대한 인구와 공간 때문에 운신의 폭이 좁다. 고맙게 김시인을 좇겠거니와 사실은 세계사적 상황을 볼 때 이 길밖엔 없다. 그래, 나도 신칸센을 타겠다."

미조구치 교수는 그러고 나서도 내내 울었다. 아아, 제국주의 일본의 눈이여!

벚꽃이 만발한 료안지龍安寺 뜨락에 놓인 돌이 열 개인지 열한 개인지 세어보다가 갑자기 판소리 얘기가 나왔다. 나와 김이박金理博이라는 교토의 교포 시인 사이에서다. 내가 한마디했다.

"한국의 전통미학에서는 소리가 아무리 좋아도 삶의 신산고초가 남긴 흔적이며 피투성이로 수련한 장인적 삭임의 자취인 그늘이 없으면 끝입니다. 일본에서는 이 '그늘'을 무엇이라 합니까?"

김이박 형이 곧 대답했다.

"그 경우엔 '하나가 나이', 즉 '꽃이 없다'라고 합니다. 꽃이 바로 그늘과 같은 것은 아니지만 어떤 미美의 비밀이지요."

꽃과 그늘! 이것은 일본과 한국의 미학의 차이다. 꽃의 뛰어난 고립과 그늘의 드넓고 고통스러운 민중적 삶의 아픔의 차이. 한쪽은 어여쁘고 다른 쪽은 서글서글하고 구성지고 기우뚱하다. 이 차이는 좀처럼 뛰어넘을 수 없을 것 같다. 일본인 감식가들이 한국의 전통예술에 빠지는 가장 중요한 이유이다.

긴카쿠지金閣寺의 눈부심과 벚꽃의 외로움과 흰눈 쌓인 후지 산의 뾰족한 아름다움! 그것들과 '기자에몬 오이도'라는 이름의 한국산 막사발의 차이는?

나는 도쿄에서 미야다 마리에 여사를 만났다. 얼마 전 한국에서 만난 이래 두번째였다. 호텔 커피숍에서 여사는 내 앞에 내가 서른 살 때 썼다는 짧은 시 한 편을 내놓았다. 아무리 애를 써도 기억나지 않는 작품이었다. 지금도 기억할 수 없는데 매우 풋풋한 시였다. 스무 살의 나에겐 벼이삭과 풀포기가 있었으나 서른 살의 나에겐 고통스러운 방황만이 있다고 했던가?

마리에 여사는 나로 인하여, 특히 나의 시 때문에 가정 파탄에까지 이르렀던 자기의 과거를 이야기했다. 그 자리엔 와다 하루키 선생과 잡지《삼천리》의 창간자이신 교포 이철 선생도 계셨다. 그때 내가 나의 앞길은 '흰 그늘의 길'이라고 말했다. 헤어질 때 마리에 여사는 내게 "현해탄을 넘어 우리 흰 그늘의 길을 함께 갑시다"라고 말했다.

마리에 여사가 그 얼마 전 서울에 왔을 때였다. 스위스 그랜드, 지금의 힐튼 호텔 엘리베이터에서 그녀가 나에게 말했다.

"세월이 많이 흘렀군요. 당신과 나 사이에."

그때, 그리고 인사동의 전통한복 가게에서 그녀의 아들과 그녀에게 맞춤한복을 선물할 때 그녀의 두 눈 흰자위에 내리는 그것. 비원의 한 숲에서 눈길이 마주쳤을 때, 마지막으로 회식하던 날 함께 찍은 색채 사진 속 그녀의 이마에 어룽거리던 것. 그리고 공항에서 작별할 때, 그때 그것이 '흰 그늘'인 것이다. 여사는 그것을 느꼈을까?

"현해탄 너머 흰 그늘의 길을 함께 갑시다?"

일본에 세번째로 간 것은 4334년 봄, 이즈 반도였다. 아름다웠다. 역시 일본의 아름다움은 외롭고 완결적이다. 도무지 틈이 없다. 하천의 둔치를 없애고 수초들을 식생시키는 것부터 산과 언덕에 나무를 빽빽이 심어 빈틈이 보이지 않게 한 것 등에서까지 나는 왠지 갑갑함과 답답함을 느꼈다. 아름답지만 멋이 없는 것. 너무 작거나 너무 오밀조밀한 것.

이즈에서 내가 들은 여러 얘기 가운데 기억에 남는 것은 일본인 몇 사람의 '파시즘의 재평가'라는 어사였다. 지금 진행중에 있는 시민운동들, '개구리밥의 소박함을 옹호하는 시민들의 모임'이라든가 '물방울의 투명함을 지키기 위한 시민들의 모임' 따위 작은 담론들은 거의 우스꽝스러울 정도로 반역사적이라는 비판을 들었다.

나는 물었다.

"당신들은 파시스트지요?"

대답은 한결같았다.

"파시즘도 여러 가지입니다."

"파시즘을 재평가할 때가 왔습니다."

나는 또 물었다.

"당신들의 철학은 어디에 근거를 둡니까?"

누군가의 이름을 들었다.

"그분의 철학은 무엇에 기초가 있습니까?"

"《주역》입니다."

《주역》이라! 위험했다. 나는 속으로 그들의 대답을 대신 발음했다.

'우리의 철학은 갑갑함과 답답함에 근거를 둡니다. 《주역》은 껍데기올시다.'

그 이튿날 발제 시간에 나는 또박또박 강조하여 다음과 같은 주장을 여러번 되풀이했다.

"지금 유행하는 시민운동의 작은 담론은 훌륭합니다. 그것을 옹호하지 않으면 큰일납니다. 다만 그 작은 담론이 답답하고 갑갑하게 느껴지는 것은 작은 담론 안에 큰 담론이 살고 있지 않기 때문입니다. 카오스 이론이나 퍼지 이론의 예를 들 필요조차 없습니다. 이미 동양에서는 먼지 한 톨 안에도 세계가 살아 있다고 가르쳐왔습니다. 작은 담론과 시민적 개인생활이라는 구체적인 그릇에 담지 않은 큰 담론이야말로 파시즘으로 직행할 가능성이 있습니다. 그러나 큰 담론이 작은 담론들을 가득 담고 있으면 그것은 파시즘으로 갈 여지가 없지요.

중요한 것은 너무 작기만 하든가 너무 크기만 하든가 한 극단만 추구하는 것은 위험함을 깨닫는 일입니다. 큰 것은 반드시 작은 것 안에 담기고, 중심은 탈중심과 해체 속에서 새로운 촉매로 자기 기능을 배치·계열화·재조정하며, 서로 모순·대립되는 것은 반드시 상호 보완하고 일치·조화한다는 것을 철저히 익히고 생활화해야 합니다. 그것이 바로 《주역》입니다. 《주역》에서는 하늘만 강조하거나 땅만 강조하는 건 없습니다. 그런 것은 다 죽은 것입니다.

파시즘도 재평가하고 좋은 것은 따라야 한다고 주장한다면 일본은 자기만 망하는 것이 아니라 남까지 망하게 할 것입니다. 지금과 같은 세계화·지구화, 그리고 지금과 같은 개별화·개체화의 추세 속에서 일본의 파시즘을 각 민족이, 일본의 모든 민중이 방관만 할까요? 깊이 생각해야 합니다."

이즈 반도, 이즈 고원은 아름다웠다. 그러나 함께 간 김병진 아우의 말처럼 그곳은 유형지였다. 잠들 수가 없었다. 까마귀가 까악까악 불길하게 울고 있었다.

예정보다 일찍 신칸센을 타고 오사카로 돌아왔다. 거기서 다시 도망치듯 비행기를 탔다. 인천공항에 내렸을 때 나무들이 없어서 시뻘건 흙이 튀어나온, 빈틈이 많은 산천이 보이자 안도의 한숨을 크게 내쉬었다.

이것이 내 조국이다. 얼마나 서글서글하냐!

나는 한국의 미래가 밝다고 밝다고 싱글벙글 웃으며 일산으로 돌아오는 택시 속에서 이상한 안도감과 함께 되풀이하여 되풀이하여 일본에 다시 가기는 힘들 것 같은 예감을 느꼈다.

그러나 누가 그것을 장담하리요? 그 열도에 미야다 마리에 여사의 그 그늘진 두 눈의 흰빛이 타고 있는 한, 누가 그것을 장담하리요?

"일본의 미래의 해방은 여성과 피차별 소수 민중에게 맡겨질 것이다."
"십 년 후에는 한반도에서 들려오는 새로운 문화의 소리에 귀 기울일 것이다."

쓰루미 선생의 이 같은 예언이 있는 한 누가 그것을 장담하리요!

333_ 산에서

산에서 산이 내려온다고 한다. 그 말을 전한 사람은 죽었다. 죽은 그 사람의 말을 타고 산에서 산이 내려왔다. 창이 뚫리고 벽이 무너지고 지붕이 내려앉았다. 눈과 혀와 성기가 뽑히고 콧구멍과 귓구멍과 똥구멍에는 말뚝이 박혔다.

물에서 물이 올라온다고 한다. 그 말을 전한 사람은 병들었다. 병든 그 사람의 말을 타고 물에서 물이 올라왔다. 방구들이 뜨고 책상이 뜨고 지붕이 떴다.

바람이 바람으로부터 불어온다고 한다. 그리 되었다. 불이 불에서, 나무가 나무에서, 엉덩이가 엉덩이에서 나온다고 했고 또 그리 되었으니 이 모든 일은 현실이다.

나는 한 마리 짐승. 그것도 잡아먹는 가축이다. 나를 각떠 죽일 백정들이 백정들 속에서 온다고 한다. 올 것이다. 틀림없이 올 것이다. 나를 보호하기 위해 표창을 잘 던지는 사람과 북을 잘 치는 사람과 목소리가 큰 사람이 배를 타고 왔다. 어디서 상엿소리가 천천히 느리게 들려온다.

우리는 한밤중에 배를 타고 퇴계원으로 갔다. 거기서 퇴계여관에 들었다. 흰 벽 위에는 붉은 〈성학십도聖學十圖〉가 그려져 있다. 이 모든 일은 한 암거위의 자궁 속의 작은 혹에서 시작되었다. 그 혹을 떼어내기 위해 한 숫거위와 교미를 시작했다. 길고 긴 밤 내내.

밤이 지나갔다.

날이 밝았다.

나는 어느 숲속에 있다.

호숫가다.

희다.

나는 살았다.

아주 편하다.

안개가 연기처럼 피어오른다.

모든 것이 모든 것에 의해서 꽃이다.

아무 일도 없다.

없다.

결국 그것은 사이비에 불과했으니까.

334_ 부용

저 산속에, 저 숲속에 내가 지나온 길이 나 있을 것이다. 그 길 위에 나를 싣고 온 자동차 바퀴 자국도 있을 것이다. 그 자국 위에 누군가 알코올로 새겨놓았을 것이다.

"나는 부용芙蓉으로 간다"라고.

그렇다. 그렇게 해서 나는 내가 온 길을 알려놓고서 부용에 머물렀다.

사실 나는 매일 누군가를 기다렸다. 자취를 감추면서 흔적을 남겼고 흔적을 없애면서 자취를 드러냈다. 나는 뱀처럼 꼬불꼬불 기어왔다. 내 자취는 꼬불꼬불할 것이다. 누군가 그 자취를 보고 뱀을 연상할 것이다. 그러면 성공이다. 내 사건의 이름은 '뱀 사건'이니까. 뱀을 방에다 집어넣은 사건이다. 그것도 독사, 살모사만 오천 마리를. 오천 마리가 매일매일 새끼를 쳐서 며칠 만에 오억 마리가 되었다.

뱀들은 그 독으로 방을 해체시켰다. 방은 사라졌다. 그때부터 확 터진 흰빛 속에서 환상이 시작되었다. 뱀의 환상.

나는 처음에 그 뱀을 여자라고 불렀다. 그리고 이어 그 여자를 역사라고 불렀다. 그리고 며칠 뒤 부용산 아래 기도 드리던 날, 그 귀퉁이 흙방 안에 최수운·김일부·강증산의 축전이 꽃다발처럼 답지하던 날, 나는 마침내 그 여자를 '이사夷史'라고 불렀다. 그리고 '내 마지막 삶의 밑둥'이라고 불렀다.

'이사'는, 그러나 결국엔 하얀 환영이었다. 부용산 아래서였다.

산 아래
물가에
우두커니 앉아
하늘이 왜 푸른가를
생각한다

아무도
곁에 없다

올 것 같지도 않다

왔다 간
흔적조차 없는
빈자리

너는
환영처럼 거기
서 있다

희다

너의 이름은

夷史,

잃어버린 東夷族의

아득한 넋

내

마지막 삶의

밑둥이여!

〈이사〉라는 시다.

그러나 그렇게 부르고 받드는 순간, 그 여자는 '이사'가 될 수 없었다. 그저 평범한 남자를 유혹하는 한 꽃뱀이었다.

'이사'를 그 여자에게서 떼어냈다. 그날 밤, 새카만 원피스를 입은 독한 미모의 중년 여인이 내게 왔다.

나를 내내 노려보더니,

"너……"

하다가 입을 다물었다. 그러고는 한참 동안 나를 뚫어지게 바라보았다.

"됐어!"

그랬다.

"나는 창녀야! 너는 창녀를 사랑하고 있어! 그럼 된 거야! 이사는 창녀야! 함석헌이 뭐랬어? 조선 민족의 역사는 늙은 창녀의 역사랬지? 소름

끼치는 상징이야! 사랑을 직업으로 한 자는 저주받은 자야! 그것이 '이사'야! 너는 이사를 사랑하고 있어! 그럼 된 거야! 왜냐하면 조금 후엔 이사가 천문과 역사와 음악의 덩어리임을 알게 되니까."

나는 시무룩해 있었다.

그 여자는 조금 멀리 떨어져서 내게 말했다.

"나는 할미야, 마고 할미! 나는 돌아간다. 너에겐 이전의 뱀과는 다른, 아리따운 새로운 젊은 이사가 올 거야! 그 이사와 함께 너는 남쪽으로, 가야의 옛 땅으로, 솟대로 가야 해! 이사의 흰 모습이 너와 함께 갈 거야! 그러나 아직 멀었어! 앞으로 네가 할 일이 남아 있어!"

사라졌다. 그리고 부용 아래에서 흰 안개가 연기처럼 피어오르고 있었다. 나는 무릎을 꿇고 깊이깊이 한 님께 기도했다.

그러고 나서 어느 날 새벽 남쪽으로 길을 떠났다. 새로운 '이사의 길'을 열기 위하여!

      한 님 앞에
      뜬눈으로 긴 밤을 새우고
      신새벽에
      남쪽으로 간다

      해는
      저기 있고

달은
여기 있다

아직 별들도 남아 있다

내 마음과
몸 안에
모두 있다

네 눈빛도

사랑아

옛날 그 불꽃이었던 사랑
그도 와 있다

이제껏
울며 지나온 땅들 그리고
헤어진 벗들

이제부터

가야 할 머나먼 길의
가로수 이파리들
그 위의
바람들

모두 있다

살아 있다

신새벽 푸른 공기
그 속에, 내 마음과
몸 안에

숨어 계신
한 님과 함께

빙긋이
저기서
미소짓고 있다.

새로운 '이사의 길'을 열기 위하여 나는 어느 날 새벽 문득 '부용'을 떠났다. 그러나 내가 남쪽으로, 가야로, 부산으로, 솟대로 가는 작전의 이름을 '부용'이라 지었다. 부용 아래서 처음으로 이사의 길이 열렸다는 뜻이다.

나는 먼저 경기도 이천군에 있는 해월 선생의 유고지 앵산鶯山으로 갔다. 앵봉 위에 소주를 붓고 이배 반을 올린 뒤 양백간兩白間으로 갔다. 태백산과 소백산 사이에 있는 물 맑고 바위 좋은 선유동으로 가서 그곳에서 김상덕·박재일·조희부·이병철·김윤칠·김휘중이 모여 술 마시며 춤추고 노래 불렀다. 모두 이사의 길을 예비하는 일이었다.

박재일 형이 취해서 한마디 했다.

"이제부터 우리 서로 얼굴 보는 운동을 하자!"

내가 제안한 것은 '계禊'였으나 아직도 그것은 논의중이다.

그곳에서 우리는 고인이 된 제정구 형의 가장 가까운 벗인 예수회의 존 데일리, 정일우 신부가 사는 마을을 거쳐 옛 통일당 운동으로 투옥됐다가 나온, 이름이 기억 안 나는, 어떤 사람의 농장으로 갔다.

담화중에 그는 다음과 같은 말을 했다.

"이제부터 올 시대에는 모든 사람이 자기가 먹을 식량을 직접 생산해야 합니다. 아마 그런 시대에는 해월 최시형 같은 사람이 우리의 모범이 되겠지요."

답답한 얘기였다. 파시즘을 재평가하자던 일본인들을 또 만난 것 같았다. 중세로 돌아가자는 말과 다름없는 말이었다.

"그런 파시즘이 통할 수 있는 미래는 오지 않습니다. 더구나 해월을 모범으로 하다니 당치않습니다."

이때 그가 혼잣말인 듯 중얼거렸다.

"이 사람 정신이 덜 났군!"

그럴지도 모르겠다.

그러나 이 말투, 정보부 애들, 제1군사 대령들과 무엇이 다른가?

하긴 여러 귀농주의자들이 비슷한 생각, 비슷한 말을 한다. 일종의 생태 파시즘인데, 이미 오래 전에 경고한 바 있는 경향으로 전혀 가당치않은 얘기다. '이사'의 부드러움과는 너무도 아득히 먼 얘기다. 세상에 대한 어떤 깊은 원한이 숨겨진, 무서운 담론인 듯했다.

순천에서 YMCA의 이학영 아우와 쪽물 염색으로 유명한 한광석 아우 등 여러 사람을 만나 놀다가 여수 근처의 여자만 해변으로 갔다. 노을이었다. 투명한 물 저 건너 섬들 사이에서 어여쁜 새 이사의 커다란 모습이 흰 소복 바람으로 춤을 추기 시작했다. 우주적인 그 흰 춤을 등뒤에 업고 여관으로, 이튿날 여관에서 해남으로, 해남에서 아우들을 만나 잠시 노닐다가 다시 부산으로 떠났다. 도중에 섬진강 휴게소에서 저 먼 하늘로 떠나는 이사를 배웅했다.

아주 가는가? 아주 가는가? 순천에서도, 해남에서도 '이사의 길'은 환영받지 못했는데, 아직도 이사는 부활의 날이 까마득한데, 여기서 지금 떠나는가? 아니면 보이지 않는, 숨겨진 차원으로 내면화하는가?

문득 내 몸과 마음이 죽은 거북등, 꼭 점치는 갑골 같았으니, 어둑어둑한 땅거미에 부산 시내로 들어가는 길에서 글자 셋이 거북등 위에 나란히 하얀 불빛을 켜고 빛나기 시작했다. '등탑암燈塔庵'.

335_ 등탑암

맑은 날은 대마도까지 환히 보이는 해운대 언덕 위에 불 켜진 등탑이 하나 서 있다. 등대가 길 잃은 뱃사람들에게 북극성 노릇을 하듯 등탑은 참 삶의 길로 나그네를 인도하는 난야蘭若인 셈이니 곧 절집이나 다름없었다. 그래서 '암庵'이다.

숙일 스님의 등탑암에 내가 묵기 시작한 것은 눈이 시작되는 철. 새빨간 동백처럼 남쪽이 비로소 남쪽다워지는 초겨울 어느 날이었다.

등탑암에 머무르는 동안, 나는 단 하루도, 짧은 잠시도 게으름을 부리지 않았다. 묵상과 글쓰기와 아침저녁 수련에 몰두했다. 아침저녁 수련은 우주만물 만상의 종시를 모두 내 안에 모시고 그대로 살리는 별수련과 율려춤이었고, 글쓰기는 이사의 역사운동과 신시의 세계 계운동의 핵심을《천부경》과 동학적인 생명문화로 꿰뚫는 글, '부용'에 관한 것이었는데 제목은 '옛 가야에서 보내는 겨울 편지'였다. 그때나 지금이나 역시 이 책은 재미가 없다. 내 스타일에 안 맞는 것이다.

묵상은 역易에 관한 것으로, 등탑에서 어느 날 낮에 불쑥 나타나 오래도록 심안心眼에 머물던 새로운 팔괘였다. 그것은 복희 팔괘도, 문왕 팔괘도,《정역》팔괘도 아닌 제4괘도였다. 남과 북이 리離와 감坎 괘인 것은《주역》과 같고, 정동과 정서가 간艮과 태兌 괘인 것은《정역》과 똑같았다. 그러나 서남과 동북에 건乾과 곤坤 괘가 있고 동남과 서북에 진震과 손巽 괘가 있는 것이 복희나 문왕이나 《정역》과는 전혀 다른 것이었다.

이것을 어찌할 것인가? 내가 법광法狂이 됐는가? 미쳤는가? 아니면 계시인가? 어찌 되었거나 팔괘의 내용만은 놀랍고 놀라웠다.

우선 그 괘도의 이름을 '등탑 팔괘'라 짓고 괘도에 시를 붙이되 해월에게 보낸 수운의 옥중시로 하였다.

등불이 물 위에 밝게 비치니   燈明水上
아무러한 혐의의 틈이 없고   無嫌隙
기둥이 마른 나무의 형상과 같으나   柱似枯形
그 힘은 아직도 남음이 있네.   力有餘

왜 이 시를 〈등탑 팔괘시〉로 붙였는지 그 연고를 지금은 알 길이 없다. 다만 그때는 무슨 절실한 이유가 있었는데 지금에는 그 기억이 없을 뿐이다. 그저 짐작할 뿐이다.

해월 선생 왈, "후천이란 선천이 후천 되고 후천이 선천 되는 것이다"라고 했으니, 후천이 새로운 중심임은 분명 새로운 중심이되 오래된 옛 중심인 선천을 폐기하거나 단절하지 않고 도리어 양천이 오묘하게 탈중심으로 동거한다는 뜻이다.

그렇다면 첫 구절이 후천의 《정역》 팔괘를 예언하고 뒷구절이 변함없는 선천의 《주역》 팔괘를 언명한 것일까? 아니 그럴까?

그리고 그 관계는 '없음〔無嫌隙〕'과 '있음〔力有餘〕'이니 '아니다, 그렇다(不然其然)'의 교차 이치, 우주 및 생명의 차원 변화 논리인 것일까? 아니 그럴까?

남북의 리감離坎과 동서의 간태艮兌가 선천《주역》의 태극과 후천《정역》의 궁궁이라고 하자. 수운 계시의 핵심인 새 삶과 새 세계의 원형 '태극궁궁太極弓弓'의 팔괘 및 역학적 반영이라고 하자.

그런데 그럼에도 복희·문왕·일부의 세 역괘는 전혀 다른 위치에 건곤진손 괘가 보이니 이것은 또 무엇을 말함인가? 혹《주역》과도 다르고《정역》과도 꼭 같다고는 할 수 없는 바로 지금 여기 이 시절의 인간과 우주의 기이하고도 괴상한 복합적인 새 변화를 말하는가?

남포동 책방에 가서 아산학회에서 펴낸 포켓북《역경》을 사다가 매일매일 들쳐보며 묵상하고 묵상해봐도 내《역경》실력 따위로는 그 이상 한 발자국도 더 나아갈 수 없었다. 아니, 더 못 나간 것이 도리어 다행일 듯도 싶다. 요사이《역경》을 조금씩 공부하다 보니 절대로 함부로 접근해서는 안 되는 것이 '역'이요, 절대로 쉽사리 끊고 맺어 생각해서는 안 되는 것이 '역'임을 사무치게 알겠다.

아아, 그러나 소위 '등탑팔괘'가 선후천의 교체기인 지금,《주역》과《정역》을 종횡의 뼈대로 하되 혹시라도《주역》이나《정역》과는 또 다른 어떤 역적易的인 현실의 개입이나 인간의 욕구나 행위에 의한 새로운 우주적 삶의 가능성을 개진한 비의秘儀는 아닐는지?

그렇지만 확신이 있을 리 없다. 나는《주역》도《정역》도 전공한 자가 아니다. 그러나《주역》이 이미 공자의 〈십익十翼〉〈계사전繫辭傳〉 안에서 후천개벽의 계시를 예언하는 것이라면, 《정역》과 관계가 있을 것이요, 그렇다면 《주역》과 《정역》의 관계를 밝히는 역학적 원리도 있을 수는 있지 않겠는가? 망상인가?

336_ 민족미학

본디 부산 민족미학연구소의 소장 채희완 아우와 한 약속은 일정 기간 부산에 머물면서 민족미학의 기초에 관련된 일련의 강의를 해주는 것이었다. 우선 강의하고 뒤에 희완 아우와 연구소 팀이 그 강의를 비판적으로 검토하고 정리해 실천문학사에서 책으로 출판하는 것이 처음 계획이었다. 그러나 훗날 원고를 받아보고 나니 너무도 난삽하여 출판을 무기한 보류해 버렸다.

강의는 채희완 아우의 《탈춤》이라는 책을 텍스트로 하여 '환環—탈춤의 민족미학'이라는 제목으로 민족미학을 구성하는 첫 근거로서 시간·공간·육체·시각·진화에 관한 다섯 항목으로 이루어졌다. 언젠가는 출판될 것으로 알고 여기엔 그 다음다음 해인 4334년(2001년) 4월 8일자 〈일산에서〉로 되어 있는 나의 서문을 우선 그대로 소개한다.

환環의 심화·확산을!

재작년 겨울에 나는 부산 해운대에 있었다. 눈을 들어 바라보면 바로 바다요, 바다 너머 맑은 날이면 쓰시마 섬이 보였다.
바다엔 빛의 숲이 선 것 같았다. 진종일 눈부셨고, 바다로부터는 처음 듣는 노랫소리가 내내 들려왔다. 밤에 고깃배들이 밤바다 저쪽에 휘황한 불을 밝힐 때 아름다운 흰 집인 민족 미학연구소에 나가 강의를 했다. 그리고 바닷가에선 영신들이 그 밤에 긴긴 옛 가야 이야기를 들려주었다. 생각해보니 참으로 아름다운 시절이었다.

채희완 아우와 함께 민족미학 강의를 하던 무렵 부산에서.

강의는 '환環'에 관한 것이었고 '환'은 탈춤이 지닌 민족미학의 핵심 주제였다. 《천부경》의 "삼사성환 오칠일三四成環 五七一"이란 구절에 '환'이 나타나고, 채희완 교수의 《탈춤》이란 책에 탈춤의 핵심 주제로서 또다시 '환'이 나타나는데, 이 '환' 또는 '환중環中'은 장자 철학의 주요 테마이며, 일본 학자 사카이에 의하면 또한 현대 원자물리학의 핵운동에 관한 주요 법칙이기도 한 것이다.

이 '환'에 관해 묵상한 결과, 또 강의한 결과가 이번 책이다. 때로 난삽하고 애매하기도 해서 논의의 여지가 있겠지만, 초미의 관심사인 민족미학을 세우는 데에서 쟁론이 없을 수 없고, 더욱이 나에게 이번 강의는 젊은 미학자들이 민족미학을 탐구하는 데 징검다리를 놓는다는 의미가 있으므로 도리어 잘된 것이라 생각한다. 많이 비판하고 토론하는 것이 바람직할 것이다.

바다 위에서 빛나는 햇살을 보며 많은 시간 나는 우리 민족의 옛 터전이었다는 바이칼 호수와 시베리아 설원을 생각했다. 그 허공에서 한 '고독한 변화의 신獨化之神'이 두려운 바람 소리 속에서 오래도록 홀로 외쳤다고 한다. 그 홀로 외침이 '환' 또는 '환중'과 어떤 관계가 있을까?

노자나 장자는, 동이족과 화하족이 문명의 문호를 따로 내기 이전 다원 커우大汶口 문화에서조차 하나의 모태인 선도仙道 개념의 중국적 표현이다. 나는 '환'이 그래서 우리의 《천부경》과 노장학이 공유한 테마라고 생각한다.

'환' '환중'에는 물리학·철학의 개념으로서의 우월함 이외에 기이하게도 커다란 쓸쓸함과 깊은 외로움이 달라붙어 있다. 또 하나 생각나는 게 있는데 서양의 물리학자 뤼크레스가 물리학의 원리들을 시의 운율에 따라 읊었다는 것이다.

그렇다. 풍류에 대한 인문학적 고집만으로는 일면성을 면하기 어렵다. 그리하여 율려를 풍류로, 풍류를 율려로 가져가지 않으면 안 된다. 바이칼 호수의 눈부신 햇살과 시베리아 대설원의 저 푸르른 허공에서 외롭게 외치는, 고독한 변화의 신의 목소리인 천부가 율려와 풍류의 형식으로 현대에 되살아나는 길, 이것이 앞으로 젊은 미학자들이 노력해야 할 방향이며, '빅 카오스Big Chaos'에 대한 대답으로서 동아시아에서 시작되어야 하고 또 마땅히 시작될 대문예부흥, 대문화혁명의 시적이며 수리적인 새 미학의 상징이 될 것이다.

늘 술을 즐기는, 행복한 채희완 교수를 바라보며 가끔 내 삶을 생각한다. 술도, 담배도, 아리따운 사랑도 다 잃어버린 내 여생에 유일한 낙이 있다면 그것은 진리, 특히 민족미학적 진리에 이르는 몇 개의 징검다리를 놓고 가는 일에 겸손되이 몰두하는 것뿐일 게다.

다만 젊은 예술가들, 미학자들, 예술학도들에게 바라는 바가 하나 있다면, 어떤 사람의 사상을 얼핏 보고 쉽게 무엇이다, 무엇이다 하고 규정해버리거나 무슨 파, 무슨 주의자로 단정해버리는, 참으로 오랜 습관이 된, 그 경솔함을 이제 다시는 범하지 말고 그 사상과 함께 나와 민족과 세계인류와 지구, 우주를 걱정하고 새 길을 모색하는 자리에서 토론하며 밤을 새우는 슬기와 용기의 긴 여정에 참가하라고 충고하고 싶다.

사실 이 적막강산에 갈 길이 주어진다면, 그것은 예전처럼 밖으로부터 오는 것이 아니라 이 안에서 태어날 수밖에 없다는 것, 그것은 민족적이니 국수적이니 하는 부질없는 논의와 무관하게 동아시아와 한반도가 지닌 세계사적 소명과 책무라는 사실을 또한 말해주고 싶다.

나는 이번 강의를 하면서 채희완 교수의 《탈춤》에서 자극받은 바가 많다. 채교수와 부산 민족미학연구소 팀의 열정적인 탐구와 그 탐구 결과의 확산에 이 책이 도움이 되기를 바라고, 또 젊은 예술가, 미학자, 예술학도 들의 미학 공부에 조금이나마 도움이 되기를 바라면서 이 글로 서문을 대신할까 한다.

김지하 모심

시간이란 무엇인가?

시간이란 선線적인 것도, 극劇적인 것도 아니고, 알파와 오메가처럼 시작과 끝이 있는 것도 아니며, 지금 여기, 우리의 생명과 영성의 삶으로부터 과거로, 미래로 사방, 팔방, 시방으로 차원을 바꾸면서 단락단락을 지으면서 끊임없이 질적으로 확산되고, 또한 지금 여기의 나와 우리와 우주의 새 삶으로 끊임없이 질적으로 수렴되는 것. 여기 지금의 삶을 중심으로 수없이 많은 역류를 안고 한 방향으로 흐르는 것. 끝이 있으나 또한 끝없이 새로운 시작이 있는, 흘러가는 것만이 아니라 흐르면서 동시에 거꾸로 역류하는, 점진하면서도 폭발하는, 그러한 역易적인 것임을 탈춤과 시나위와 거의 모든 민족 전통예술의 시간 속에서 발견할 수 있다. 이것을 자각적으로 미학화해야 한다.

공간이란 무엇인가? 공간은 무기물과 유기물의 생태적 혼거처도, 물질들의 복합체도 아니다. 공간은 동양의 풍수지리에서처럼 길고 복잡한, 의미가 충만한 맥脈이 있고, 혼란스러울 정도의 신비로운 층層이 있으니, 태극과 음양과 사상과 오행과 함께 역易처럼 64개의 의미 차원과 370여 경락계에, 또는 그 배수 이상인 780여의 복합적인 경표經表가 살아 있는, 의미심장한 생명체이다. 모든 연행예술에 존재하는 공간 원리는 바로 이와 같은 풍수와 경표의 생명논리 위에 토대를 두고 있으니, 민족미학이 그 맥과 층위와 차원과 경표에 따른 생명론적인 미학적 세목을 새로이 탐구해야 할 때다.

육체란 무엇인가? 배우와 예술가의 육체는 영성과 생명과 개성의 체계다. 그것 역시 태극 · 음양 · 사상 · 팔괘 · 64괘와 370여 또는 780여 가지의 기능과 성질과 의미를 가진 복잡한 생명체다. 또한 370여 개의 드러난 표층 경락계와 동시에 370여 개의 숨겨진 심층 경락계가 서로 복합적 교류관계 위에 서 있다. 육체를 매개로 하는 연행예술은 이 육체 형상과 육체 언어, 육체 상징 등을 이 같은 경락계의 태극음양오행론 등에서, 또는 선도풍류와 《참동계參同契》《태을금화太乙金華》 등의 원리로부터 새로운 육체와 육체 언어의 미학을 추출해내야 할 것이다.

　　시각이란 무엇인가? 인간의 시각 자체가 그 근본 심층에서 네 가지 층위의 시각, 즉 네 개의 눈동자로 돼 있고 앞뒤의 동시적 양면 시각체계로 돼 있다. 이러한 개인들의 시각은 마당이나 판의 극과 굿에서 관객이 광대들을 둘러싼 둥근 원을 구성함으로써 협동적 시각, 시각의 협동, 시각의 시너지를 산출하여 육체적·개인적 시각의 한계를 뛰어넘는다. 따라서 굿이나 극이나 시나위나 그림판을 그 계시된 표면과 그것이 계시하는 심층적 연관을 함께 인식하도록 하고 감동과 비판과 영적 묵상을 동시에 수반하게 한다. 이 같은 시각의 조건에 따라 조명과 무대 부속 미술과 극장 등의 기능과 구조가 재구성되어야 할 것이다.

　　희랍 이후 서양의 예술과 연극 등은 '시각의 미학' 일변도였다. 특히 르네상스 이후 그렇다. 시각 일변도의 미학의 한계를 돌파하여 협동적 시각, 전면적 시각, 혹은 온몸에 두뇌 기능이 있다는 시너지적인, 새로운 시각의 미학이 창조되어야 할 것이다.

　　진화란 무엇인가? 내면적·영적 인식과 외면적·생명생태적 복잡화 및 감각의 복잡성 등이 상호 연관된 유기적 진화관계에서 예술적 진화사상을 다시 검토해야 될 것이다. 자유의 진화, 자기 조직화의 진화, 개체 발생을 통한 개체 나름의 내면적 전체를 실현하는 개체 종種의 진화, 그리고 '위로부터의 기제'를 중심으로 한 '아래로부터의 기제'의 진화도 마찬가지다. 이것들은 또한《역경》의 미학을 탐색하고 신비적 미의식과 사이버적이고 디지털인 수리체계 사이의, 살아 생동하는 영적 관계를 창작과 향수에 활용함으로써 총괄적 현실의식과 초의식·무의식의 통합을 근거로 한 '감각 통합을 통한 깨달음'이나 대중문화의 삼차원적 중력장 속에서 이루어지는 4차원 이상의 초월적 아우라의 표현, 제7식의 현실총괄의식과 제8식·제9식의 초의식·무의식의 한마음(一心)으로 통합적 진화 표현을 가능하게 할 수 있을 것이다.

또한 몸 안에서 일어나는 리비도와 아우라, 디지털과 에코라는 두 측면들의 교호관계에 의한 복잡한 변화를 미학화해야 한다.

강의 원고에서는 대체로 이상과 같은 다섯 가지 측면에 대한 미학적 접근을 복합시키거나 교차시켜 마치 역리에서와 같이 안과 밖, 위와 아래, 겉과 속, 제대로와 거꾸로 등의 방법으로 다양한 해석을 시도하였다.

물론 원고가 난삽하고 제대로 정리되거나 교정된 것도 아니다. 그러니 비판인들 제대로 되었겠는가? 출간하려면 다음 기회를 기다릴 수밖에 없다. 그러나 그 출간이 그리 어렵거나 더디지는 않을 것이다. 아마 가까운 시일 안에 이 책을 보게 될 것이라 믿는다.

337_ 동대문병원

나는 다리를 부러뜨렸다. 캄캄한 밤에.

별도 없는 캄캄한 한겨울 밤, 해남 근교의 한 논바닥에 굴러떨어져 왼쪽 무릎 아래 다리를 부러뜨렸다. 지독한 통증 속에서 별도 없는 캄캄한 겨울 하늘을 쳐다보았다. 나는 북극성과 북두칠성을 찾아야 한다. 그것은 확신과 고요일 것이다. 내 삶에 머지않아 어떤 예언이 있을 것이다. 내 몸, 부러진 다리가 신체의 통증이 그것을 알려주었다. 나는 깊이 감사했다. 박순태 아우 부부가 나를 차에 태우고 마산의 한 종합병원으로 데리고 갔고, 곧 연락을 받고 마산에 내려온 아내가 다시 나를 데리고 구급차로 서울에 올라와 동대문 이대병원에 입원시켰다.

다리도 다리였지만 오랜 편력으로 인해 나의 정신 상태는 그리 정상이 아니었다. 다리는 외과수술을 받았고 정신은 신경정신과에서 입원치료를 하였다.

물리치료까지 받는 동안 몇 달의 세월이 흘렀다. 벗 이부영 의원과 정성헌 형, 그리고 최정명, 문국주 아우가 고맙게도 문병을 와주었다.

길고 긴 시간, 병원 뒤쪽의 낙산 자락 창신동 일대를 창밖으로 멍하니 바라보며 그곳 출신인 옛 시인 임화의 한 시행을 읊조렸다.

바다야!

너는 몸부림치는

肉體의 곡조를

伴奏하라.

육체의 곡조! 육체의 곡조!

육체는 그 나름의 율려를 갖고 있다. 그 율려의 입이 가끔씩 말한다.

"네 곡조는 이제 달라질 것이다!"

이미 달라지고 있었다.

도원道原 유승국柳承國 선생의 명저인 《동양철학연구》를 꼬박꼬박 꼼꼼히 샅샅이 두번째 읽었다. 그리고 나머지 시간은 토막토막 난 필름들의 속절 없는 유전流轉이었다.

몸!

몸 속의 별!

머지않아 내 몸을 통한 예언이 올 것이다!

임화는 그것을 어떻게 알았을까?

338_ 아내에게

지난 달 펴낸 나의 여덟번째 시집 《화개花開》 속에 〈아내에게〉라는 시가 있다.

내가 뒤늦게
나무를 사랑하는 건

깨달아서가 아니다
외로워서다

외로움은 병

병은
병균을 보는 현미경

오해였다

내가 뒤늦게
당신을 사랑하는 건

외로워서가 아니다

깨달아서다.

외로워서가 아니다

깨달아서다.

무엇을?

아내만이 아내라는 것.

아내는 하늘이 정한다는 것.

아내 이외에는 외로움이라는 것.

그리고 또 하나.

내가 그를 사랑한다는 것.

또 있다. 그러나…….

아내는 장모님이 이사장으로 있는 원주의 토지문화관에 관장으로 일하기로 결정되었다. 잘된 일이다.

아내는 일주일에 거의 반은 원주에 가 있다. 잘된 일이다.

아내는 사회에 봉사한다는 공적인 마음 하나로 그 일에 임하고 있다. 더욱 좋은 일이다.

아내는 나의 외조外助가 필요하다고 했다. 마땅한 일이다.

왜 이렇게 모두 다 '잘되었다' '좋다' '마땅하다' 뿐인가? 수상하지 않은가?

환상 속에서지만 잠에서 문득 깨어보니 내가 찾던 이사夷史가 바로 내 곁에 있는 아내라는 것을 깨달았기 때문이다. 그가 곧 마고麻姑를 부활시키는〔復本〕 '동이다물(東夷多勿, 한민족의 뿌리 찾기)'의 주인공인 '이사'인 것을 내가 뒤늦게 깨달았기 때문에 뒤늦게 그를 사랑하게 된 것이다.

죄송하다.

공부가 늦어서다.

그가 관장으로 가게 되면서 나는 마침내 내 마음에서 칼을 내렸다.

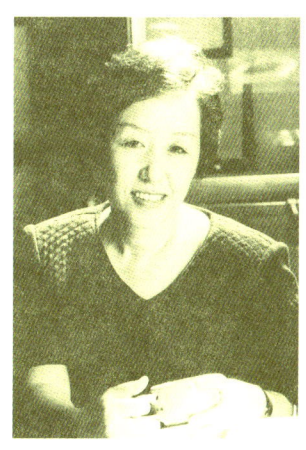

나의 아내 김영주.

세상에 공헌하자는 욕심을 버리기로 한 것이다. 관장으로서 그가 맡은 일을 뒤에서, 곁에서 해당사항이 있을 때마다 극진히 도움으로써 도리어 세상에 대한, 사람에 대한, 공로에 대한 욕심을 극복하고자 칼을 내린 것이다. 그는 철저한 공심公心이다. 그러하매 문화관의 방향이기도 한 생명문화운동의 모든 기획과 모든 공과 모든 성과와 모든 사람을 그에게 돌리는 것이다.

반드시 문화관만이 아닐 것이다. 다른 여러 일, 여러 사건들, 여러 사람들이 그를 기다리고 있다. 곧 다가올 것이다. 그를 도우며, 아니 마고복본麻姑復本의 다물多勿을 조금씩 돕는 일, 문예부흥, 문화혁명, 추와 괴의 미학 등 후천개벽을 내가 내 나름으로 도움으로써 조용한 가운데 그를 돕는 일, 그것이 나의 일이다.

그리고 또 내가 할 일.

나만이 할 일은 따로 있다.

시 쓰고 글 짓고 그림 그리는 일이다.

아아, 이렇게 칼을 내리기까지 얼마나 많은 시행착오를, 오류와 하자를 범해왔던가?

페미니즘이라는 유행어를 쓰고 싶지는 않다. 또 거기에, 그 반열에 끼일 사람도 못 된다. 아내의 일은 바로 이제껏 내가 하고저 했던 일이어서일 뿐이다. 후천개벽 말이다. 후천개벽만이 아내의 일일 수 있다. 왜냐하면 '이사'는 그이기 때문이다. 그의 일, 그의 길이 곧 '이사의 길'인 것이다. 거꾸로 '이사의 길'도 바로 그의 길인 것이다.

아내가 원주에 갈 때 즐거운 마음으로 밥 짓고 설거지하는 이 모든 날의 변화, 그리 큰 변화도 아니지만, 여하튼 변화라면 변화인데, 이것이 아내에 대한 사랑 때문이고, 그가 이사이기 때문이고, 그것을 내가 이제야 깨달았기 때문이라는 얘기다. 단순히 외로워서만은 결코 아니다. 그러나 그렇게 단언하고 보니, 외로워서인 것도 같다. 시인하마.

외로움은 병이고,

병은 병균을 보는 현미경.

오해였다고 하지 않았는가!

시인하마.

이 지점에서 또 한 번 칼을 내린다.

기억이란 재구성 행위다.

그러하매 회상이란 그저 까발리는 게 아니다.

일산집에서 아내와 함께.

알튀세르의 자서전을 읽으며 환상이나 기억 재구성의 의미, 그 근본적 의미를 깨닫는다.

기억과 회상의 주체는 의미를 추구하는 마음, 즉 진화의 '자기 조직자'다. 자기 조직은 어떤 의미에서 자기 선택이다. 거기에는 선악이 없다. 일부러 까발리는 것이 회상은 아니다. 거기에서 선택하는 자가 숨은 자기 조직자다. 그가 누굴까? 그가 신일까? 그럴지도 모른다. 그가 아무런 얘기나 마구 하도록 놔두지 않고 때로는 기억하고 말하는 나를 제약하는 걸 느낀다.

역시 오해였다.

이제 새삼스레 새로운 각오로 회상에 임한다.

기억이 회상을 주도하는 것만도 아니다.

회상을 주도하는 것은 다른 이다.

또한 오해였다.

339_ 역 易

아내는 토지문화관에 한 달에 두 번씩 도원 유승국 선생의 주역강의를 연세대 매지리분교 철학과의 특강형식으로 개설하였다. 나는 그 강의에서 꼬박꼬박《주역》의 기초를 배우고《주역》속에 숨겨져 있는《정역》의 예감을 읽는다. 놀라운 것은 유선생님이시다. 팔순의 연세에 세 시간씩 꼬박 서서 열정적으로 강의하시는 그 에너지는 어디서부터 오는가?

대답은 하나다.

진리에 대한 사랑에서일 것이다.

나는 강의를 들을 때마다 무척 피곤함에도 불구하고 커다란 행복을 느낀다.

'등탑팔괘' 때문이 아니다.

'신결승新結繩' 때문도 아니다.

'별수련' 때문도 진정 아니다.

그것은 이미 잊은 지 오래다.

다만《주역》의 진리 자체에 감동해서다.

《주역》과《정역》은 이제부터 밝아오기 시작하는 세계 정신의 새로운 미래다. 이것을 공부하고 있기에 나는 확신에 차서 민족과 동양과 신세대와 신문명, 신문화를 생각하고 말할 수 있는 것이다.

유선생님은 동양 중에 노른자인 한민족의 전통사상, 그 전통철학을 세 가지로 요약하시었다.

생명과 평화.

그리고 극과 극 사이의 모순대립과 동시에 일치조화하는 태극. 즉 음양이다.

전 세계, 전 지구가 부딪치고 있는 이른바 '대혼돈(Big Chaos)'에 대한 대답은 이 세 가지뿐이다. 강의는 이 셋을 양파 껍질 까듯이 되풀이하여 파들어가며 또한 질적으로 확산수렴한다.

이미 작년인 신사년辛巳年부터 기이한 후천개벽이 시작되었으니, 우리 민족의 사명인 성배聖杯, 곧 새로운 삶과 새로운 세계의 원형을 보여주는 개진이 시작되었다는 것이다.

공자는 말했다. 아침에 진리를 들었으면 저녁에 죽는다 해도 좋으리라고. 나도 마찬가지 심경이니 이 길에서 쓰러지더라도 나는 행복하다. 그리고 이 행복은 그저 덧없이 왔다 덧없이 가는 쾌락이 아니니 더욱 행복하다.

또 한 가지.

《주역》의 기초를 더 단단히 배우기 위해 나, 아내, 김영동金永東 아우 셋만이 서울에서 또 한 달에 두 번씩 임채우林采佑 선생의 역강의를 듣는다.

공부할수록 무서워지고 공부할수록 겸허해지는 이 공부를 무어라 부르는가?

'공부功夫' 즉 '쿵후' 이외에 무엇이 있겠는가?

'쿵후!'

그래!

나는 이소룡李小龍이다.

'잠룡물용潛龍勿用'이란 뜻이니 아직 나설 때가 아니요, 아는 체할 때도 아니어서 그저 이런저런 저간의 소식만 전한다는 뜻이다.

소식. 이것이 회상이다.

기억이 소식인 것은 아니다.

340_ 순례

작년 초부터 아내와 나는 한 달에 한 번씩 전국의 명산대찰名山大刹을 순례하고 하루이틀 정도 거기 묵고 돌아오기로 했다. 명산과 대찰의 크고 맑고 좋은 기운을 받기 위함이다.

그 중에도 큰 사찰이면 대웅전 뒤켠 어디쯤에 반드시 모셔놓은 자그마한 삼신각三神閣이나 칠성각七星閣, 북극전北極殿 등에서 겨우겨우 숨이나 쉬고 있는 환인桓因·환웅桓雄·단군檀君과 일곱 별의 풍류선도에 그 큰 다물(多勿, 고토회복, 마고복본)을 기원하기도 한다. 불교의 보편진리 속에서 새로이 꽃피는 풍류의 예감은 얼마나 아리따운가!

이것이 나의 시심을 자극하고 나의 시업을 다시 열었다. 하룻밤의 그 텅빈 허공! 아름다운 단청 속의 맞배팔작집들! 그 공포들! 알매와 부연의 섬세함들! 그 모든 장엄 속에서 솟아나는, 텅빈 허공 속에 핀 한 송이 흰 매화! 몸과 마음이 다 개운해져서 돌아온 날은 숱한 메모를 뒤적이며

전주 인근에서 원불교 관계자들과 함께.(2000)

시를 쓰기 바쁘고, 쓰면 또 투고하기 바쁜 세월이 지나가고 있었다.

아아, 그 동안 나도 모르게 역 공부를 통한 한국 유학과 불교 속의 선도를 두루 공부하고 있었고 또 앞으로도 공부할 것이며, 포함삼교包含三敎하고 접화군생接化群生이라 했으니 그 이상의 행복은 없을 것이다.

우리가 이미 다녀온 곳만도 가야산伽倻山 해인사海印寺, 영축산靈鷲山 통도사通度寺, 속리산俗離山 법주사法住寺, 백양사白羊寺, 구룡사龜龍寺, 금산사金山寺, 선암사仙巖寺와 화엄사華嚴寺, 그리고 부안 내소사來蘇寺와 동래 범어사梵魚寺, 쌍계사雙磎寺, 실상사實相寺 등이었다.

작년 초 영축산 통도사의 후미진 비로암毘盧庵 뒤뜰에 있는 자그마한 북극전 앞에 섰을 때다. 스님들은 간곳없고 노을 무렵에 풍경만이 뎅그렁 뎅뎅 울리고 있었다. 문득 6, 7년간 적막했던 시업이 다시 활기를 찾은 듯 시상들이 돌아오고 또 돌아왔으니, 그것이 나의 사찰순례 연작시의 첫 문이 열리던 때다. 〈북극전〉 세 편을 여기에 이어 쓴다.

北極殿 1

이제
내 곁엔
아무도 없고

하늘에도 한 자취 없고

대낮에 칠성별 깔려 있을
북쪽 끝의 어딘가

누군가
그 뒤에
숨어 있을까

버림 받은 한 한국인
내 곁에
단 하나 풍경소리
저 외로운 임재 곁에.

北極殿 2

도망쳐 왔구나
알겠구나

슬픈 사랑 때문에
멀리멀리 도망쳐 왔구나

대웅전 너머 언덕 또 언덕
저 쓸쓸한 독수리 두 발톱 아래 깊이
숨어 있구나

드러날 그날까지
홀로 수천 년을
호랑이 등 위에서
방울 칼 거울
거울 칼 방울
칼 방울 거울

그 사이 성좌는 팔방에 율려를 뿌리고
대륙은 끝없이 말씀을 흩었네라

영축산 비로암 뒤
숨죽인 북극전

내 이제야
문득 알겠구나

어찌해

당신이

서자인지를.

北極殿 3

문득

일어서리라

겨울 산다화 뚝뚝 지는 날

三笑窟 스님들

鏡虛 鏡峰 明正 스님

무릎 밑 들고 나는

잔 바람결에도 드디어는 일어서리라

아아

극락암에서 서리라

남조선에서 서리라

북극전 속 감추인

소소리 바람소리
풍경 흔드는 저 흰 그늘
내 붉은 눈동자에 비치는
三南의 푸른 술
술잔의 神託이여
일어서리라

神佛山 아래
언양 밤 골목에서
언뜻 스쳐간
處容의 뒷모습 따라

아득한 옛날의
神市여
和白이여
은혜로운 새 쇳소리
風流여 風流여

겨울 산다화
뚝뚝 지는 날
남조선 거리거리에 서리라

문득 일어서리라

일어서
제 스스로
뚜벅뚜벅
北極 가리라.

* 통도사 비로암 뒤편 호젓한 북극전에는 환웅천황, 삼신과 북두칠성이 남몰래 모셔져 있다.

"남조선 거리거리에 일어서, 문득 일어서 제 스스로 뚜벅뚜벅 북극 가리라" 했다.

누가 아니라 하겠는가? 저 수수백만의 붉은 치우의 물결들, 저 '대~한민국'의 함성들이 누구의 지시도 강제도 없이 문득 일어서, 남조선 거리거리에 일어서 제 스스로 뚜벅뚜벅 환인 · 환웅 · 단군과 치우와 그리고 칠성의 저 북극으로 걸어가고 있다는 것을 그 누구가 아니라고 하겠는가!

절 순례는 계속되고 있다. 불교의 보편진리와 개벽사상에 터잡은 한국의 자생풍수지리 속에서 새로이 꽃봉오리가 터져오르는 새 세대의 풍류선도 연작시는 계속되고 있다. 나는 이 길을 나의 길로 알고 있다.

341_회갑

나는 몰랐다.

내가 어느새 환갑이 되었는가?

나는 내 생일조차 기억 못 하고 있었다. 그런데 아우들이 어느새 내 생일까지 기억하고 그날 오전에 '개벽'이라는 불고기집에서 밥상을 차려놓고 나를 불렀다.

김민기, 채희완, 김영동, 임진택, 임정희, 유재찬, 이광모, 김영복, 홍성담, 김석만, 이상우, 윤형근 아우들과 두껍 스님, 문단의 강형철, 현준만, 김영현 아우들이 모여 있었다.

무슨 말을 하랴! 헛살아온 것은 아니지만 무척이나 뒤뚱거리며 허겁지겁 살아온 것 같다. 아우들아, 미안하다. 인사말도 뭐라 했는지 지금은 기억에 없다. 다만 밥자리가 끝나고 풍동의 '숲속의 섬'에 가서 술들을 마셨던 것만 기억난다.

술도 못 하는 내가 할 수 있는 일은 그저 웃는 일과 돌아온 갑자에 부쳐 내 스스로에게 잘 살자고 맹세하는 것뿐.

시와 그림이라는 내 일을 열심히 하고 공적인 일로는 아내를 도와 개벽적 페미니즘의 길, 즉 '마고복본'을 실천할 것.

정심봉사正心奉仕할 것.

텅 빈 마음으로 명상과 변혁을 통일하는 '요기-싸르'의 길을 걸을 것.

내 나이 예순, 모질게 살겠다는 모진 각오와 모진 생각들을 넘어서려 한다.

'흰 그늘'의 길에 끝끝내 설 것.
그뿐!
회갑 기사가 너무 싱겁다.
작년 초에 쓴〈서쪽〉이라는 시와〈설날 1〉을 기념으로 짚고 넘어간다.

　　　서쪽

　　　저녁이면
　　　해가
　　　머리맡에 탄다

　　　서쪽으로 눕는다
　　　매일 저녁
　　　죽음을 연습한다

　　　늙어
　　　한강 건너 염하 너머
　　　강화 숲속 어딘가 외딴 흙집에
　　　깊이 묻히고자
　　　묻혀 잊히고자
　　　이리 누워 버릇한다

해 타는 서쪽
저기 저 김포 허공에
비행기들 자꾸만 뜨고
내 오랜 꿈들도 함께 자꾸만 뜨고

아름다운 삶,
어여쁜 죽음,

또
혹시는
산 채로 늙은 채로
다시 태어나는 안쓰러운
한 짧은 律呂聲.

설날 1

이십 년 전
삼십 년 전

옛 몸뚱이

그리도 태우더니

모진 그 생각 한 자락

새하얀
환갑 나이
이 설날 아침에

치렁치렁 귀신이 되어
차례상 앞에 와
문득 선다

선 채
나를 꼬눈다

흰눈 위에 잠시 이는
바람처럼 살다 가나 했더니

헛꿈이었나

어젯밤 전화에

울먹이던 노모 때문인가

바람 접고
쌩고롬한 하늘 속 든다

하늘가에 오똑 선
돌하르방

뚝
떨구는
피 한 방울

검은 돌소금이 어느덧
피를 지우고

심오한 설 햇빛이여 설 햇빛을 모심이여

이 모진 한 생각은.

    모질게 살겠다는 모진 각오와 모진 생각들을 넘어서려 한다. 무엇으로? '모심'으로!

342_ 묵란전

김민기, 김영복, 김영동 등 여러 아우들이 서로 의논이라도 한 듯 차례차례로, 혹은 한꺼번에 계속 조르기 시작했다.

회갑기념으로 난초전시회를 열자는 것이었다. 봄부터 치기 시작해서 작품을 만들면 초겨울에는 충분히 열 수 있지 않겠느냐는 것이었다.

아내가 더 걸작이었다. 지금 타고 있는 '소나타'가 10년이 넘었으니 원주 가는 고속도로에서 사고라도 나면 어떻게 하느냐? 차는 '그랜저'가 좋은데 '그랜저' 살 돈을 벌어줄 수는 없느냐? 묵란전을 열면 그만한 돈쯤은 들어오지 않겠느냐?

나는 안다. 아내가 돈 때문에 그러는 것이 아님을.

내 경우에는 그보다 매일 몇 시간씩 난초를 치게 되면 겨울까지는 그것을 낙으로 삼을 수 있겠고 오히려 기수련이 되지 않겠는가 하는 생각이 들었다.

종이를 듬뿍 사다놓고 매일 난초로 해가 뜨고 난초로 해가 지는 세월이 시작되었다. 한 해가 번쩍 지나갔다. 어느새 겨울이 되었고 마침내 묵란전을 열었다. 인사동 학고재화랑에서다.

무위당 선생 탓에 난초에 손을 댄 지 꼭 20년 만의 일이다.

누구에겐가 내가 이런 말을 했다.

"내 난초를 진정으로 보려면 나의 지나간 한 해를 '피드백'해야 한다.

김지하, 〈란이 바람을 타는가 바람이 란을 타는가〉, 1986, 30×60cm.

진짜 난초는 거기 어디쯤 피었을 게다. 어느 날 어느 시 내 마음에 잠깐 들어왔다 간 어떤 생각, 어떤 느낌, 어떤 빛깔, 어떤 리듬, 바로 거기 있다."

매스컴이 모두 움직였고 전시회는 성황이었다. 매일 인터뷰하고 사인하느라 정신이 없었다. 그간 못 만났던 사람들을 많이 만났고 아득히 멀리 있는 사람들까지 달려와 나의 기쁨은 말할 수 없이 컸다. 전시 작품이 세 차례나 교체되었으니 총 80점이 나간 셈이다. 아내가 말하던 '그랜저' 값을 벌었고 또 얼마쯤 빚도 갚았다. 아내는 단 한마디 '고맙다'로 그쳤으나 나는 안다. 아내가 마음속으로 무수한 '고맙다'를 발음하고 있고, 그것이 그랜저 때문이 아니라 내가 난초를 치느라 도리어 심신이 건강해진 때문이라는 것.

그러나 그런 기쁨으로만 끝나는 것일까?

나의 난초, 소위 '바람의 항구'라고 부르는 표연란은 참으로 괜찮은 것인가?

손님이 뜸한 사이사이 몇 차례인지 작품들을 둘러보면서 내 마음에 짚이는 문제점들이 몇 가지 있었다. 그리고 그 문제점들에 대한 해답을 다행히 전시회 직후 유홍준의 《완당 평전》에서 발견할 수 있었다. 《창작과비평》에 실린 《완당 평전》에 대한 나의 서평에 이렇게 그 해답들에 관해 썼다.

'산은 높고 바다는 깊다(山崇海深)'로 상징되는 이 '괴怪의 길' 안에 민족미학의 허허한 옛 '홀로 변화하는 신의 선도(獨化之神仙道)'가 따로 있음이 아니던가!

나는 여기에 이르러서야 완당의 '괴'가 원효의 무애나 일심의 도, 또는 율곡의 이기학理氣學, 남명의 경敬, 수운과 혜강의 신기神氣의 철학에 맥맥이 관통하고 드디어는 다석多夕과 함석헌, 그리고 그 위로 심지어는 진경산수와 송석원松石園 시풍에까지 이어지는 동이선도東夷仙道의 미학적 핵심인 것을 알아차리며, 지난 전시에서 드러난 나의 험들이 종내는 완당의 이 같은 선에 仙藝의 맥을 놓친 데에 있었음을 알아차리게 된다.

나는 묵란으로 문인화가임을 자처하고 내 나름의 달마도達摩圖로 머리 검은 사문沙門임을 뻐기어왔다. 그러나 유·불·도, 기독과 진취적 과학의 알심을 가로지르는 선취仙趣를, 청산에서 백학白鶴 놓치듯, 깜박 잃었으니, 무슨 할말이 남아 있겠는가? 완당에 대한 이십 년의 공부 끝에 유교수가 발견한 바로 이 '괴의 미학'에서 나의 지난 '험'과 '문제'를 극복할 새 단계의 핵심 해답을 얻었으니 더 이상 무슨 할말이 남아 있겠는가? 소위 태극과 같은 모순과 일치의 동시어법, 생극론과 중도中道, 그리고 '아니다〔不然〕, 그렇다〔其然〕'의 생명논리, '모심〔侍〕'의 미학이 그것 아니던가?

그리고 며칠 지나 인사동 '이화문고'에서 매입한 난보 두 권 중에 단 한 점, 명나라 때의 승려 백정白丁이란 이의 난초 한 점에서 그 일탈한 듯한 일획一劃 표연란의 한 원형을 찾아내었으니, 그야말로 '흰빛〔白〕 나는 검검한 고무래〔丁〕' 혹은 그저 '백정의 난초'일 것이니, 이것이 곧 '흰 그늘'로서의 나의 새 난초요 왈 선란仙蘭일 터이다.

나는 경인지역을 중심으로 한 생명문화운동 5개년 계획을 아내를 위해 착상했는데, 이 계획을 뒤에서 돕다가 5, 6년 후엔 시골로 가서 자그만 흙집을 짓고 들어앉아 시와 난초로 여생을 마칠 것이다. 그 이전에 우선 4336년 가을에 한매전寒梅展을, 그 이태 뒤인 4338년에는 달마전達摩展을, 그리고 그 이태 뒤인 4340년에는 다시금 묵란전을 열어 다 마친 뒤에 낙향할 작정이다.

이렇게 한가롭고 개운하게 한 채 자그마한 흙집 같은 노후를 작정하고 난 뒤의 청명한 마음, 이것이 백정의 난이요 달마요 한매가 아닐는지!

그리고 그것이 곧 선예의 길은 아닐는지! 생명과 무의식의 숭고와 심오! '산은 높고 바다는 깊다'가 아닐는지!

343_지용

나의 시 〈백학봉白鶴峰〉에 지용상芝溶賞이 결정되었다.

지용이 누구던가?

근대 백 년에 가장 뛰어난 시인이다.

나에게 열여섯부터 이른바 문학이라는 것을 가르쳐준 이가 중동학교의 국어교사였던 이인순 선생님이신데, 그이의 이대 국문과 스승이 바로 지용이시었다.

나는 이선생님에게 해방 직후의 누우런 말똥종이로 인쇄된 지용의 전 작품들을 물려받아 읽고 또 읽었다. 그 중에도 나에게 가장 익숙한 것이 〈고향〉이었고 〈고향〉 중에도 가장 아픈 부분이 "마음은 언제나 제 고향 지니지 않고 머언 항구로 떠도는 구름", 그리고 "메마른 입술이 쓰디쓰다"였다.

열네 살에 고향에서 뿌리뽑혀 먼 객지로 흘러갔으니, 객지를 떠돌며 끝없이 하염없이 언젠가는 돌아가리라 마음을 먹고 또 먹었으니…….

그런 나에게 지용문학상이 주어지다니!

그러나 문득 감동에서 깨어나 냉정을 되찾은 나는 서서히 부끄러움에 빠져들었다. 다른 이라면 몰라도 내 시가 지용상 자격이 있는 것일까?

이를 악물고 흥분을 떨어낸 뒤 두 편의 시를 비교해보았다. 한 편은 지용의 《백록담白鹿潭》 가운데서도 백미白眉인 〈구성동九城洞〉, 다른 한 편은 이번에 지용상을 수상한 나의 〈백학봉〉이다.

먼저 〈구성동〉,

골짝에는 흔히
流星이 묻힌다.

黃昏에
누뤼가 소란히 싸히기도 하고,

꽃도
귀향 사는 곳,

절터ㅅ드랬는데
바람도 모히지 않고

山 그림자 설핏하면
사슴이 일어나 등을 넘어간다.

다음은 〈백학봉〉이다.

멀리서 보는
白鶴峰

슬프고
두렵구나

가까이서 보면 영락없는
한 마리 흰 학,

봉우리 아래 치솟은
저 팔층 사리탑

고통과
고통의 결정체인
저 검은 돌탑이
왜 이토록 아리따운가
왜 이토록 소롯소롯한가

투쟁으로 병들고
병으로 여윈 知訥 스님 얼굴이
오늘
웬일로
이리 아담한가
이리 소담한가

산문 밖 개울가에서
합장하고 헤어질 때
검은 물 위에 언뜻 비친
흰 장삼 한 자락이 펄럭,

아
이제야 알겠구나
흰빛의
서로 다른
두 얼굴을.

결과는 분명하다. 족탈불급足脫不及인 것이다. 다만 한 가지, 내가 지용을 계승하고 있는 점이 있으니 아마도 '흰 그늘'이겠다. 《백록담》 전체가 그렇거니와 특히 지용은 〈장수산長壽山 1〉에서

깊은 산 고요가 차라리 뼈를 저리우는데 눈과 밤이 조히보담 희고녀! 달도 보름을 기달려 흰 뜻은 한밤 이 골을 걸음이란다?

〈장수산 2〉에서는

흰 시울 알에 흰 시울이 눌리워 숨쉬는다.

그리고 〈백록담 1〉에서

      제자리에서 별이 옮긴다. 나는 여기서 기진했다.

〈백록담 3〉에서는

      白樺 옆에서 白樺가 髑髏가 되기까지 산다. 내가 죽어 白樺처럼 흴 것이 숭없지 않다.

이렇다.
이러매 지용이 나의 선인先人이 아니랴?
나에게 웅숭깊은 창조의 고인古人이 아니랴?
나는 수상소감에서 다음과 같은 뜻을 밝혔다.

      이번에 정지용문학상 수상소식을 전해 들으며 '나 같은 대중시인에게 지용 선생 같은 아주 까마득한 높은 봉우리에 계신 분의 감성, 혹은 영성과 이성이 연속될 수 있겠는가' 해서 놀랐습니다. 그러나 가만히 생각해보니 저의 시학적 명제인 '흰 그늘'에서 지용 선생과의 연속성이 발견되었습니다. 다행이라고 생각합니다.
      흰빛과 그늘은 상호 모순됩니다. 그늘이란 삶의 신산고초를 말하고 흰빛은 신성한 초월성을 뜻합니다. 이 두 개의 모순된 명제가 서로 만날 수 있을까? 지용 선생의 〈백록담〉에서 '흰 그늘'이 나타난다고 생각합니다.

그늘이란 판소리나 시나위, 춤에서까지도 통용되는 미학적 원리입니다. 판소리에서는 아무리 소리를 잘해도 귀명창들이 '저 사람 소리엔 그늘이 없어!' 그러면 그 사람은 끝납니다. 그늘이란 두 가지, 즉 삶의 윤리적 측면에선 신산고초가 무한히 심한데도 그것을 넘어서려고 애쓴 성실한 인생의 흔적이고 미학적으로는 목에서 몇 사발의 피가 터져나오는 지독한 독공수련의 결과입니다.

윤리적 삶과 미학적 삶이 일치해야 한다고 우리의 선조들은 가르쳤습니다. 컴컴한 고통의 흔적이 없는 초월성은 공허하며, 우리 민족의 빛이기도 한 신성한 흰빛과 결합하지 않는 어두운 고통만의 예술은 맹목입니다.

10여 년 전 저는 컴컴한 어둠과 눈부신 흰빛의 분열을 포함한 환상이라는 이름의 정신적 질환을 앓았습니다. 그런데 3년 전인가 율려학회 세미나 직전의 어느 날 대낮에 한 영적인 현상을 경험했습니다. 그것은 바로 문자계시였는데, 한글로는 '흰 그늘', 한자로는 '白闇', 영어로는 'white shadow'라는 세 가지 문자가 차례로 보였습니다.

그 뒤로 이것이 율려의 핵심문제이고 우리 풍류의 가장 중요한 미학적 특징이며 정신적으로 나의 분열이 통합되기 시작하는 조짐이 아닌가 생각했습니다. 즉 고통 속에서 성실하게 삶을 밀고 나아갈 때 넋의 내부에서 움직이는 '무늬'가 살아나는 것 아닌가! 정신분열의 통합이 가능한 것 아닌가! 이것은 내게 미학적 통합이자 윤리적 통합이며, 동시에 환상이라는 이름의 정신병을 극복하는 사건이었습니다.

나에게 지용 선생은 우뚝한 분이셨습니다. 그분의 시 세계는 세 가지로 분열되어 있었습니다. 하나는 가톨리시즘, 하나는 모더니즘, 하나는 향토색 짙은 사실적인 민족주의입니다. 이 세 가지가 분열되고 혼거하고 있었습니다.

그런데 어떻게 이 세 가지가 서로 부딪쳐 혼란과 갈등, 대립하지 않고 편안하게 공존하고 동거할 수 있는지 의문이었습니다. 세월이 가면서 그것이 온전한 인간, 특히 훌륭한 시인에게는 반드시 있어야 할 세 가지 측면이기도 함을 알게 되었습니다. 감성과 이성과 영성의 동거공존. 가톨리시즘은 영성을, 모더니즘은 이성을, 향토색 짙은 사실적 민족주의는 감성을 뜻하는 것이었습니다. 이 셋은 다름 아닌 풍류선도의 핵심, 정기신精氣神과 천지인天地人의 사상이기도 합니다.

이 세 가지의 분열이 작위적 노력 없이도 한 차원으로 승화되고 통합될 수 있는 것이냐? 과연 이런 점에서 근대 이래의 어떤 시인도 지용 선생을 뒤쫓을 수 없습니다. 아무리 죽었다 깨어나도 〈백록담〉을 쓸 수 있는 시인은 아직 없습니다. 그 셋이 자연스럽게 공존하고 동거하며 '흰 그늘'의 새 차원으로 자연스럽게 승화하고 있기 때문입니다.

저는 그저 한낱 대중시인입니다.

그러나 생각해볼 때 이 나라의 시인이란 좀 특이한 존재입니다. 시인이 이렇게 많고 가난하면서도 시를 쓰며 시집이 몇천 부씩 팔리는 나라는 우리나라밖에 없다고 합니다. 앞으로 이 나라의 문화창조를 이끌어나길 사명과 직결될 것입니다. 그 점에 대중시인인 저의 시학적 명제인 '흰 그늘'의 미학적 중요성도 있다고 믿습니다.

부디 이 '흰 그늘'이 저만 아니라 앞으로 나올 숱한 젊은 시인과 많은 기성 시인들께도 하나의 준거기준이 되었으면 합니다. 지용 시인의 흰 그늘과 흰빛과 컴컴한 고통의 그늘, 이 미묘한 삼자 결합의 세계를 연구하셨으면 합니다.

나는 수상식 얼마 전 수상을 기념하는 대담 자리에서 나의 민족문학의 사형師兄인 국문학자 조동일 교수를 만났다. 그의 말 가운데 다른 어떤 말보다도 더 깊이 내 마음에 아로새겨진 것은 두 마디였다.

"못난 시 좀 부지런히 쓰고 좀더 어수룩해지도록!"

"삶에서 어수룩해지고 시에서 못나도록!"

이 가르침을 그대로 관철하려고 명심한 내 마음에 주는 선물이었을까? 수년 전에 써두고 완전히 잊어버렸던 미발표 시고 백여 편이 어느 날 우연히 한꺼번에 쏟아져나왔다. 곰곰이 살펴보니 그리 잘난 시도 아니지만 그리 막되먹은 낙서시도 아니어서, 이른바 '어수룩한 삶, 못난 시' 축에 들 듯싶어 감히 한 권의 시집으로 묶어내었다. 8년 만의 시집 《화개》다.

그러나 분명히 말하고 싶은 것이 있으니, 이 여러 편의 시들이 하나같이 일관하는 것이 있다면 다름 아닌 '흰 그늘'이라는 점이다. 조금은 그늘 쪽에 또 어쩌면 흰빛 쪽에 이리저리 너무 기울고 있긴 하나, 그리고 아직은 흰 그늘의 시학이 자각되지 못하고 있긴 하나.

그렇지만 여전히 분명한 것은 이 모든 시편들이 지용 시의 미학적 수

준에는 족탈불급이라는 점이다. 해설픈 산등성이를 천천히 넘어가는 사슴의 표현을 감히 누가 어찌 흉내내랴!

344_ 붉은 악마

처음엔 뜨악했다. 왜 하필이면 붉은색이며 또 왜 하필이면 악마란 말인가? 깊이 알아보려고도 하지 않았다. 기발한 것, 자극적인 것, 모난 것을 좋아하는 젊은 세대 나름의 해프닝쯤으로 여겼다.

들자하니 기독교 쪽에서는 악마라는 용어에 대해 항의했다 한다. 또 늙은 축에선 '붉은 빛'과 '빨갱이가 되자(Be the Reds)!'라는 붉은 티셔츠의 슬로건을 못마땅해했다 한다.

내가 비로소 관심을 갖게 된 것은 월드컵에서 선수들의 선전善戰을 독려하는 붉은 악마들의 응원이 아연 돋보이기 시작하면서부터다. 더 나아가 내가 적이 놀란 것은 그 많은 숫자, 그 높은 열기에도 불구하고 사고 한 번 사건 하나 터지는 일 없이 장내의 질서를 차분하게 유지한 점과 경기 후엔 거리의 쓰레기를 깨끗이 치우는 붉은 셔츠 젊은이들의 극과 극 사이의 조화로운 행동을 보고 나서다.

그러나 참으로 놀란 것은 그 다음부터다. 그들의 '대~한민국'의 연호와 뒤를 이은 '짝짝짝 짝짝'의 박수가 모두 우리 민족음악의 기본박자인 '3분박 플러스 2분박' 즉 '엇박'이라는 점을 깨닫고 나서, 또 그들의 시뻘건 도깨비 로고가 사실은 배달국倍達國 고조선의 천황 '치우'의 형상이라는 것을 알고 나서, 그리고 그들이 국기인 태극기를 망토로, 모자로, 스커트나 바지로까지 만들어 입고 얼굴의 스티커까지, 흔들어대는 상징으로까지 드높이는 것을 보고 나서다.

선수들 또한 놀라웠다. 정신과 육체의 통일이 돋보이고 투철한 정신력이 도리어 몸을 앞서는 한판 '기氣싸움'이었으니, 수비수가 공격을, 공격수가 수비를 융통성 있게 자유자재로 원활하게 해치우면서도 처음부터 끝까지 뛰고, 외국 선수의 반칙에는 오히려 아량을 베푸는 그 탁월한 유격전 못지않은 팀워크와 경기운영의 묘수妙手는 놀라움 이외의 그 어느 것도 될 수 없었다.

더욱이 독일과의 경기에 패배한 직후 붉은 악마들 속에서 튀어나온 두 가지 연호는 눈물 나는 것이었다. 패배한 한국 선수들에게는 "괜찮아! 괜찮아! 괜찮아!"였고, 승리한 독일 선수들에게는 "도이칠란트! 도이칠란트! 도이칠란트!"였다.

이것은 또 무엇일까?

'관용'과 '우정'이다. 이른바 '톨레랑스'라는 것이 프랑스인들만의 전유물도 아니었고, '우정'이라는 것이 유럽인들만의 독점 품목도 아니었던 것이다.

그러나 그 중에도 내가 가장 놀라고 신기해한 것은 이런 일이 어떻게 한 지도자나 한 집단의 지시·조직·강요 하나 없이 간단한 틀 몇 개만 가지고 자발적으로 자연스럽게, 물결치듯 수백만 인파 속에서 창조적으로 이루어질 수 있는가였다.

한마디로 말하자.

'아름다웠다.'

다시 말하자.

'자랑스러웠다.'

몇몇 교수 나부랭이들이 '나치즘'이니 '쇼비니즘'이니 '파시즘'이니 하고 떠들었으나, 그건 모두 헛소리요 우스갯소리였다. 왜냐하면 월드컵 전체를 통해서 나타난 것은 붉은 악마와 시민들 그리고 선수들이 모두 다 복잡성·다양성·개성·혼돈을 사랑하는 세계시민이었으며, 월드컵 주최국으로서 예절·균형·질서를 옹호하는 대한민국 국민이었다는 사실이기 때문이다. 붉은색이 기조로되(통일성, 질서), 온갖 패션과 갖은 치장(다양성, 혼돈)이 혼란스럽게 나타남(혼돈으로부터의 질서, 역동적 균형)이었기 때문이다.

대구에서 터키와 3, 4위전이 열리던 날, 나는 스스로 제안해서 한국관광공사 지하강당에서 '붉은 악마들을 위한 김지하의 태극기 이야기'라는 한 시간짜리 강의를 했다. 그 요지가 《주간한국》과 《동아일보》 출판국에 의해 활자화되었다. 또 정신세계사의 송순현 사장과 춘천의 정성헌 형은 정기적으로 붉은 악마들의 공부모임을 추진하고 있다. 이 공부의 결과가 정신세계사에서 단행본으로 곧 나올 계획이다.

2, 3일 전에 나는 《월간중앙》의 부탁으로 〈유월개벽六月開闢─붉은 악마들의 새 문화에 관한 몇 가지 생각〉이라는 65매짜리 긴 글을 써주었다. 나의 회상은 '흰 그늘의 길'이라는 나 자신에 대한 결론을 향하고 있다. 실패한 내 삶과 시에 관한 것이다. 그러나 그 삶 속의 어떤 새로운 창조에 대한 지향만은 실패도 망실忘失도 아닌 명백한 사안이다. 붉은 악마들의 새 문화에 대한 나의 긴 글로 그것을 대신한다. 그것, 그리고 그들이 나의 회상의 민중

적·민족적 결론이다. 그러니 제목을 차라리 '흰 그늘'이라 부름이 옳을 듯하다.

유월개벽―붉은 악마들의 새 문화에 관한 몇 가지 생각

지난 6월, 한 달 내내 하늘을 놀라게 하고 땅을 흔들어대며 사람들이 뛰쳐나와 야단법석하던 그 문화적 태풍을 도대체 무엇이라 이름지어 부를 것인가?

그냥 '월드컵'은 결코 아니다.

나는 이제 그것을 감히 '유월개벽'이라 부르고자 한다. 개벽이 아니라면 그 사태를 지시할 수 있는 마땅한 말이 우리에겐 없다. 길거리에 쏟아져나와 열광한 붉은 셔츠만도 칠백만, 텔레비전을 싸고돌며 흥분한 붉은 가슴까지 합친다면 삼천만이 훨씬 넘는다.

문제는 이 엄청난 숫자의 사람들이 한 달이라는 긴 기간 내내 보여준 그 어마어마한 열광과 역동에도 불구하고 단 한 건의 폭력사건이나 불미스러운 사고 없이 질서를 지켜주었고, 단 한 오리의 국수주의적 오만함이나 민족적 편견의 노출 따위 없이 돈독한 국제주의적 예절과 주최국으로서의 세계인다운 반듯함과 의젓함을 애써 지켰다는 그 기적적인 기록이다.

이것이 과연 현실인지를 생각할 때마다 스스로 깜짝깜짝 놀라는 것이 요즈음의 나의 버릇이다.

그러나 유월개벽은 꿈이 아니라 엄연한 현실이다. 그것이 꿈이 아닌 바로 현실이었다는 점에 문제의 심각성이 있다. 이 심각성을 정면으로 직시하지 않고 회피하려는 비겁한 태도들이 지식인들 속에서 슬며시 나타났다는 점, 이 점이 아마도 유월개벽에서 유일한 사건이요 사고일 것이다.

누군가 '나치즘의 예감'이라는 표현을 썼다. 한국이 독일에 패배했을 때 붉은 악마들 속에서 터져나온 '도이칠란트! 도이칠란트! 도이칠란트!'라는 국제적 우정의 연호가 나치즘의 예감일까?

누군가 '파시즘의 가능성'이라는 표현을 썼다. 역시 독일에 패배했을 때 한국 대표선수들에 대한 '괜찮아! 괜찮아! 괜찮아!'라는 관용의 연호가 붉은 악마들 속에서 튀어나온 것이 파시즘의 가능성일까?

어젯밤 라디오는 지난 번 터키전에서 패배한 한국인들이 도리어 승리한 터키인에게 보여준 그 깊은 우정에 감사하여 터키를 관광하는 모든 한국인에겐 무료로 숙식을 제공하기로 결정했다는 앙카라발 터키 뉴스를 보도했다. 그럼에도 대구의 터키전에서 '대~한민국'이 외쳐지고 '태극기'가 물결쳤다는 이유만으로 '쇼비니즘'이라고 한다면, 하나의 조국을 지향하는 일체의 민족통일 대업大業 따위가 역시 갈데없는 쇼비니즘이겠다.

그래도 되는가?

지식인들 중에는 유월개벽이 그저 '일회적一回的' 사건에 그칠 것이라고 얕보는 사람들이 뜻밖에도 많다. 직무 유기다. 왜냐하면 설령 그것이 일회적이라 하더라도 지식인이란 그것을 역사의 '악센트'로 파악하여 그 근거와 사유와 맥락과 방향을 샅샅이 궁구窮究해야 마땅한 존재들이기 때문이다.

지적해야 할 것은 이런 명백한 부정적 태도만이 아니다. 긍정적인 쪽으로 분류되는 태도들 안에마저 문제는 있다. 문화, 그것도 시민문화, 민중문화의 개혁을 전업으로 하는 문화전문가들조차 유월개벽의 그 '민족적이면서 세계적인' 독특한 메시지에는 한 오리의 관심도 없이, 그저 '광장문화의 회복'이니 '문화민주주의의 갈망' 같은 문화적·정치적 구호로만 유월개벽을 한꺼번에 정리해버리려는 태도를 보이는데 이 역시 심각성의 회피이다.

광장문화도 문화요, 문화민주의도 문화다. 그것을 깎아내리거나 부정하려는 게 아니다. 광장이나 민주주의라는 외면으로 세 발짝 나갔으면 문화라는 내면으로 최소한 한 발짝 정도는 들어가 주어야 하지 않겠는가!

문화가 무엇인가? 동양적 개념으로 문화는 우선 내면적 사태다. 그렇게 본 뒤에야 비로소 그 외면화를 논의할 수 있는 것이 동양의 문화 개념이다. '무늬가 안에 있다(文在內也)'라거나 '무늬가 그 가운데 있다(文在其中)'라는 역리易理가 그것을 뜻한다.

유월개벽의 경우에 무늬나 문채文彩, 즉 문화는 바로 저 끝없이 되풀이된 연호와 박수와 로고와 태극상징 '안에', '그 가운데'에 들어 있다. 이것을 끄집어내어 자각화하고 명제화命題化하는 이제부터의 노력마저 게을리한다면 앞으로의 문화개혁은 쉽지 않을 것이다.

아예 없는 것도 창조라는 이름 아래서 쥐어짜내야 할 그런 문화사적인 대전환점이 바로 지금이다. 더욱이 저 숱한 유럽과 아메리카의 리버럴들이 그처럼 깊이 심취해 있는 동북아 전통문화의 원형 계승과 그처럼 깊이 갈망해 마지않는 동북아 전통문화의 창조적 해석에 단 한 발짝이라도 접근해야만 이제는 동서양을 막론하고 참다운 세계적 지성이라 할 수 있게 되었다.

세상이 그렇게 변했다. 하물며 바로 그와 같은 내용들, 관점들이 젊은 군중의 끝없는 함성 속에 되풀이되고 되풀이되어 마치 상식처럼 관통하고 있음에랴!

그것들을 자각화·명제화하는 곳에 지식인과 문화전문가들의 사명이 있음을 다시 한 번 강조해두고 싶다. 그러나 그렇다고 해서 동북아의 모든 것이 다 선善인 것은 아니다. 우리의 유월개벽에 대한 중국의 속내 깊은 시샘이 무엇과 어디에 뿌리를 두고 있는지 깊이 생각해보아야 할 것이며, 우리의 유월개벽에 대한 일본의 겉치레뿐인 칭송이 어디와 무엇을 겨냥하고 있는지 날카롭게 짐작해내야 할 것이다.

남은 때가 그리 많지 않다.

세계에 있어서의 동북아!

동북아에 있어서의 허브!

전 세계적 물류物流와 동서남북 문화교류의 허브!

그것이 결판나는 때가 그리 멀지 않았다. 그러하매 유월개벽의 그 빛나는 나날에 나타난 붉은 악마들의 새 문화, 새로운 문화적 코드에 관한 몇 가지 생각을 여기에 펼쳐보이는 것 또한 시절에 대해 그리 무의미한 것은 아닐 것이다.

민족철학인 역리에서 일종의 운수運數로 치는 하나, 셋, 다섯, 일곱 그리고 아홉의 순서대로 말해나가겠다.

하나.

유월개벽의 외면적 경과는 매스컴에 의해 정확히 보도되어 이미 드러났다. 그것은 간단히 말해 '음양陰陽'이다. 그렇다면 그 숨겨진 하나의 내면적 규정이란 무엇인가?

그것은 한마디로 '태극太極'일 것이다.

음陰과 양陽이 서로 물고 돌아가는 근본적인 하나의 차원, 즉 '중도中道'가 바로 태극이다. 그것은 현대과학의 개념으로는 '혼돈으로부터의 질서'요 문명사의 용어로는 '역동적 균형'이며 문화적 패러다임으로는 '카오스'와 '코스모스'의 합성어인 '카오스모스'다.

셋이 다 한 뜻, 한 태극이다.

그 어마어마한 열광과 역동과 혼돈에 가까운 활력에도 불구하고 고요하게 안정된 질서와 균형과 예절을 잃지 않았고, 모두 다 붉은 색 일색이요 일사불란한 그 통일성에도 불구하고 그야말로 혼란할 정도의 다양한 패션과 재치 넘치는 개성적 표현들로 인해 도리어 해체적이었다.

양극단의 모순에도 오히려 조화를 이룸으로써 지나친 통일성 일변도의 중심 중심주나 지나친 다양성 일변도의 탈중심적 해체주의 양쪽의 위험을 군중 자신의 의지와 감성으로 이미 일찌감치 넘어섰다는 말이다. 많은 내외의 평자評者들이 한결같이 바로 이 점을 두고 기적이라 부른다. 그러나 이것이야말로 애당초부터 우리가 지닌 독특한 민족성이 아닐까?

민족의 조상인 단군이 북방 대륙계의 유목이동민인 환웅의 영성靈性과 남방해양계의 농경정착민인 웅녀熊女의 감성感性 사이의 사랑과 결혼에 의해 탄생한다는 신화 자체가 우리 민족성의 상징적 근거가 아닐까?

민족성은 있다.

인간성·민족성이란 본디 없다는 속류 유물론이야말로 오류다. 착오를 범하기 십상인 무상無常한 감각 체험에 근거를 둔 판단체계로서의 유물론이 오류를 범하지 않는다는 생각 자체가 이미 착오요 오류인 것이다.

성리학性理學으로 돌아가지 않는다 하더라도 총괄적 현실의식과 초의식, 무의식을 통합하는 인간의 우주적 무의식이라는 이름의 근본성품(性)이 반드시 존재하는 것이고, 민족 또한 그렇다.

이렇게 보는 것이 도리어 외면과 내면, '아래로부터의 기제'와 '위로부터의 기제'를 하나로 융합한 가장 영적이면서도 과학적인 첨단적 인식론이자 믿음직한 존재론일 것이다.

이른바 태극이 이것 아닐까?

셋.

혼돈과 질서, 역동과 균형, 카오스와 코스모스, 통일과 해체, 그리고 아래로부터와 위로부터 그리고 안으로부터와 밖으로부터 사이의 분열·대립의 이중성, 즉 음양 및 '아니다, 그렇다'의 양가적兩價的 생명교차라는 현재 차원과 동시에 그 음양을 뒤에서, 밑에서, 숨어서 추동하고 견제하고 비판하고 쇄신하다가 때가 되면 마침내는 태극 스스로가 새로운 생명의 차원으로 개벽하는 이 '셋'의 이치가, 바로 유월개벽에서 우리가 뚜렷이 본 것이고 앞으로 민족통일의 대사변에서 우리가 다시금 보게 될 진정한 대개벽의 예감이요 그 내용이다.

우리 민족은 일찍부터 이 '셋'의 이치와 신화를 세 발 달린 까마귀, 즉 '삼족오三足烏'로 상징하였으며 《삼일신고》와 《천부경》으로 논리화하였다.

우리 민족의 '셋'의 이치는 우선 '천天·지地·인人'의 삼대 원리이다. 한민족이 바야흐로 국운상승國運上昇의 때를 맞았다는 것은 부질없는 헛소리가 아니다. 천시天時란 반드시 있는 것이어서 모처럼 월드컵의 주최국이 되었다는 것 자체가 하나의 시간의 신비인 것이다. 그리고 현재 진행중인 세계사의 여러 대립국면들의 교차와 교류일치의 지점으로 부상하면서 그 창조적 합일의 비전을 보여줄 수 있는 곳으로 기대되는 동북아, 그 중에서도 또한 물류와 문류文流의 허브라는 한반도의 지리학적 요건 자체가 지리地利인 것이다.

그리고 마침내는 남북민족의 유례 없는 상호 접근 상황 아래서 대한민국 전 인구의 70퍼센트라는 십대, 이십대, 삼십대 신인간 세대의 단합된 민족문화 역량으로서의 놀라운 성장 자체가 그대로 인화人和인 것이다. 그리고 이 '천·지·인'의 '셋'의 이치는 '사람 속에서 하늘과 땅이 하나가 된다(人中天地一)'는 주체적 융합점으로 나타나, 오늘의 유월개벽이 우리 사회의 새로운 주체로 기대되는 청소년과 젊은 여성층의 주도력에 의해 폭발한 것이다.

앞으로 '셋과 하나의 이치(삼일신고와 인중천지일의 이치)'는 계속해서 우리 사상과 문화의 모터가 되어줄 것이며, 이 '셋'의 차원 변화와 '아니다, 그렇다'의 생명논리는 동서양을 넘어선 생명·생태·생성 과학의 기본이론으로 크게 확산될 것이 분명하다. 이 같은 깊은 생명학의 이치가 한국의 절대다수 청소년과 여성에 의해 일개 축구 응원의 외침으로까지 현실화·구호화했다는 것 자체가 그야말로 기적인 것이다. 그리고 이 기적은 자각적으로 되풀이되면서 문화화하고 그 문화화에 의해 민족통일이라는 새로운 창조적 통일원리의 차원으로 상승하면서 개벽할 것이 틀림없다.

다섯.

유월개벽에서 나타난 붉은 악마 세대의 새 문화의 핵심에 대한 이야기를 할 차례다. 그것은 대한민국의 젊은 새 세대만의 독특한 문화요, 민족 전체의 고유한 문화이며, 세계인류의 새로운 문화의 새 알맹이와 새 틀에 관한 이야기다.

이 글의 핵심인 '3분박 플러스 2분박'이 그것이다. 3분박이 새로운 알맹이고 2분박이 새로운 틀이라고 해도 된다. 그러나 실제로 그 의미는 더 깊고 그 파급 범위는 더 크고 넓다.

유월개벽의 특징 중의 특징은 응원단과 선수들이 이룬 혼연일체의 호흡呼吸에 있다. '호'와 '흡'의 멋진 플러스 말이다. 만약 응원단의 열광을 3분박이라고 한다면 선수들의 균형을 2분박이라 할 수 있고, 만약 응원단의 질서를 2분박이라 한다면 선수들의 에너지를 3분박이라 할 수 있다. 그러나 크게 분류해서 '응원단의 3분박 플러스 선수들의 2분박'이라고 우선 가름해보자.

'3분박 플러스 2분박'은 민족음악의 기본박자요, 민족문학의 기본음보音步이며 민족문화의 핵심 철학 원리다. 그것은 민족역사로 본다면 북방계 환웅족과 남방계 웅녀족의 플러스이며, 유목이동문명과 농경정착문명의 모순과 일치의 플러스이면서, 백두대간 동쪽과 서쪽의 삼수분화三數分化와 이수분화二數分化의 세계관·가치관 및 문명과 정치의 역동적 통합인 것이다. 그리고 철학으로 본다면 음과 양이요 하늘과 땅, 신과 인간, 영성과 감성 및 이성, 주체와 타자, 남성과 여성, 왕권과 부족공동체적 화백和白의 정치철학인 통일과 자유의 결합, 그리고 경제원리인 우주생태적 인간주의와 사회경제적 호혜주의의 결합인 신시神市의 경제철학 등이다.

만약 응원단의 3분박이 이와 같은 '문文·사史·철哲'의 문화원리, 즉 문학·문화·예술적 표현원리와 민족역사의 현재적 원형과 민족적이고 동양적이면서 인류적·우주적인 오래고 새로운 철학법칙의 3자 결합을 함축한다면, 선수들, 태극전사들의 2분박은 개인개인의 육체와 정신의 통일, 기氣 중심의 수련과 신인간적 삶의 수양, 즉 '싸움의 예절', 그리고 단체·사회·세계적으로는 모든 대립항의 모순과 일치를 조화시켜 탁월한 유격전쟁과도 같은 놀이와 싸움의 '기우뚱한 균형'의 결합을 목표로 하고, 결국에는 호모 크레아티부스와 호모 루덴스의 결합, 일과 놀이를 균정하는 데에 그 중심이 놓여 있다.

3분박이 역동·변화·혼란·혼돈·움직임, 즉 양이요 붉은 빛이요 남성이며 하늘이고 불이라면, 2분박은 안정·균형·평형·평화·고요·질서, 즉 음이요 푸른 빛이며 여성이요 땅이고 물이다.

그러므로 '3분박 플러스 2분박'이란 다름 아닌 '엇박'으로 길었다 짧았다, 빨랐다 느렸다, 이리 치다 저리 치다, 어울렸다 흩어졌다, 대립했다 통일됐다, 잉어걸이·완자걸이처럼 끝과 처음이 서로 늦게 빠르게 교호교차하며 전체적으로 움직이다 고요했다 하는 '혼란스러운 균형'으로서 민족문화의 핵심이자 민족음악의 기본이다.

이 '엇박'이 곧 '혼돈으로부터의 질서'요 '역동적 균형'이요, '카오스'와 '코스모스'의 합성어인 '카오스모스'이고, 이것이 곧 혼돈과 복잡성, 애매성과 해체, 탈중심 일변도로 기울어지는 서구문명 속의 21세기 인류에게 그 나름의 혼돈의 질서, 그 나름의 역동하는 균형, 그 나름의 카오스모스의 새 차원, 새 나침반을 제공할 것이 틀림없다.

무엇으로 그것이 나타났는가? 본디 2분박 또는 4분박인 '대한민국'을 '민국'의 2분박은 그대로 두되 '대'를 '한'까지 길게 끌어 '대~한'의 3분박을 만들고 거기에 급하게 '민국'의 2분박을 붙여버렸다. '짝짝짝 짝짝'의 '3분박 플러스 2분박'의 박수 또한 마찬가지다.

이것은 또한 '불림'과 '장단'으로 나타났다. 탈춤에서는 '낙양동천 이화정'이라는 '불림'이 '덩덕기 덩덕'의 '장단'을 부르듯이, '대~한민국'이 불림이라면 '짝짝짝 짝짝'은 장단이 된다. 우리 민요에서 후렴을 먼저 하고 가사가 있는 노래를 하듯이 '대~한민국'이 양이라면 '짝짝짝 짝짝'은 음이요, 부분적으로 보아도 '대~한'이 양이면 '민국'은 음이다. 또한 '짝짝짝'이 양이라면 '짝짝'은 음이 된다. 결국은 태극과 음양의 관계인 것이다.

그러나 그 혼돈성·역동성을 더 복잡화시키는 점에 착상한다면 '태극'보다도 오히려 '궁궁'에 가까운 것이 사실이다.

바로 이와 같은 '3분박 플러스 2분박'이 '엇박' 또는 '혼돈박'을 기본으로 하여 민요풍으로 복잡화된 것이 곧 '아리랑'이고, 록으로 복잡화된 것이 '오 필승 코리아'인 것으로 보아야 할 것이다. 여기에서 '궁궁'은 더 확장되어 '궁궁을을ㅋㅋ乙乙'로 복잡화·다양화·혼돈화한다. 그러하매 '태극이면서 궁궁'이라고 말할 수 있겠다.

서양인들은 바로 이 모순된 통일형식 때문에 마음과 몸이 못 따라오고, 발 박자가 안 맞아 혼란에 빠진 것 같다는 평론이 나왔을 정도다. 이런 문화, 즉 혼돈과 질서, 역동과 균형, 카오스와 코스모스가 동시에 함께 붙어 있는 문화는 전 세계에 한국 민족밖엔 없다. 혼돈이면 혼돈이고 질서면 질서인 것이다. 사실은 질 들뢰즈와 펠릭스 가타리의 문화 패러다임인 '카오스모스' 또는 '카오스모시스' 역시 프리고지네류의 '혼돈으로부터의 질서'인 것이니 평형 상태의 물에 일정한 높은 열을 가했을 때 비로소 새롭게 일어나는 대류, 즉 '기화氣化 현상'이지 그 자체로서 '애당초부터 혼돈이면서 질서인 태극 현상' 또는 '궁궁'인 지기至氣 현상은 아닌 것이다.

이 문화가 우리 민족의 독특하고도 보편적이며 신화적이면서 역사적이고 영적이면서도 과학적인 '다섯'의 원리이다. 이 '다섯'이라는 엇박의 문화가 바로 역리의 기본으로서 태극, 음양과 나아가 오행인데 마치 서양식 모순어법 옥시모론과 비슷하면서도 동시에 얼핏 보아 변증법과도 비슷하다. 그러나 엇박이나 역리와는 달리 모순어법은 형이상학적 · 정태적 · 연금술적이며 변증법은 모순성 · 투쟁성 · 대립성 · 정복성만을 중심으로 다루어, 공생과 상생 또는 조화 · 일치와 함께 드러난 현 차원과 숨은 새 차원 사이의 '아니다, 그렇다'의 교차적 생명 차원 논리를 전혀 결핍하고 있다.

서로 모순되고 반대되면서 동시에 통일되고 조화되는 것, 드러난 차원과 숨겨진 차원 사이의 끝없는 차원 변화라는 음양 태극적 생성인 이 '엇박'과 '역리'는 모순어법의 한계와 변증법의 한계를 동시에 극복한다.

민족문화의 바로 이런 특징은 앞으로 다가오는 신세대 · 신인류 문화의 특징이 될 것이 틀림없으며, 생명생성의 에콜로지와 영성소통의 디지털 사이버네틱스의 교호작용과 결합으로 보이는 차세대 문화와 문명의 핵심에 우뚝 서게 될 것이다.

'엇박' 다음으로 놀라운 것은 붉은 악마들의 그 시뻘건 '로고'다. 이 로고는 도대체 어디에서부터 나온 것일까? 우리 민족의 시원인 배달국과 고조선 역사에 뿌리를 둔 현재적 역사 원형이 바로 이 로고다. 그것은 배달국의 제14대 천황 '자오지慈烏支', 지금으로부터 4500년 전에 살았다는 신화 속의 천황, 싸움과 전쟁의 신 치우 천황의 얼굴 모습이다.

당시 중국 화하족의 리더인 황제와 한민족인 배달국 동이의 리더인 치우는 74회나 전쟁을 치렀으며, 저 유명한 탁록전쟁에서 피비린내 나는 결정적인 전투를 치른다.

그 후 치우는 중국 민족에게 두고두고 두렵고 무서운 공포의 대상이 되어 지금과 같이 두 뿔이 돋친 붉은 악마의 모습으로 전해 내려왔다.

동이족의 치우와 중국 화하족의 황제는 무엇 때문에 74회에 걸친 피비린내 나는 전쟁을 하였을까? 바로 여기에 중국과 한민족 사이의 문명관과 가치관, 세계관의 차이와 대립 그리고 그와는 또 다른 어떤 일치점이 있고, 그러기에 그 역사는 새롭게 변화하고 있는 세계사의 미래에 하나의 의미심장한 현재적 원형이 되는 것이다.

4500년 전 동북아에는 지구 기온의 대대적 상승과 함께 남쪽으로부터 북상한 남방계 농경정착문명이 전파되었다. 중국의 황제는 바로 이 농경문명 일변도로 중국을 쇄신하며 이전의 북방계 유목이동문명을 청산하고 모든 연관 부분을 숙청하려고 했다. 그것이 바로 이후 중화문명의 농업적 전통, 봉건제, 가부장제와 장자세습제, 천원지방天圓地方의 정태적 우주관과 중국 중심주의, 제후국과 왕권의 전통이 되는 것이다. 여기에 반해 동이족의 치우는 북방계 유목이동문명과 남방계 농경정착문명을 병행 조화 또는 공존 통합하려고 했고, 유목적 영성의 가치관·세계관과 농경적 생명의 감성-이성적 가치관·세계관을 혼융하려고 했다. 환웅과 웅녀의 결혼의 신화 안에, 그리고 천제단天祭檀과 고인돌 안에 바로 이와 같은 유목과 농경, 대륙과 해양의 결합의 이미지가 새겨져 있는 것을 우리는 잘 살펴보아야 한다.

이 필사적인 문명전쟁에서 치우가 거둔 승리는 인류사적으로 현재와 미래에 대해 무엇을 의미하는 것일까?

전 세계는 환경과 지구생태계의 오염·파괴로 신음하고 있다. 그리하여 부자나라 중심의 WTO 체제에 반대하여 많은 환경운동가와 생태주의자들, 제3세계 및 반反세계화주의자들은 일단 생명론적 차원의 새로운 유기농업과 생태학으로 세계와 민족을 구하고자 한다.

그러나 유기농업과 생태학으로 모든 문제가 해결되는 것은 결코 아니다. 반대로 유럽과 아메리카 중심의 지배적인 세계문명은 핸드폰과 노트북, 사이버와 디지털, 그리고 도시와 비행기·공항·주유소·승용차·호텔·모텔·항만을 일상화시켰다. 즉 유목문명의 부활이다. 유럽의 선진적 철학자들인 자크 아탈리와 질 들뢰즈까지도 미래에 도래할 세계문명은 유일하게 유목사회라고 일방적으로 못박아버린다. 들뢰즈의 경우 역사생성의 이중성·양면성이라는 생명의 본성을 주장해온 자기철학에도 모순되는 태도, 즉 유목사회 일면성 강조라는 파탄된 태도를 보이기까지 한다. 그만큼 유목화의 요구 또한 큰 것이다. 문제는 농업 일변도나 유목 일변도의 외짝 문명으로는 세계의 현재와 미래를 구할 수 없다는 사실이다. 우리는 바로 이 지점에서 배달 동이족의 치우가 세우려고 했던 '유목- 농경적Nomadic-Agral 이중적 통합문명'을 창조하는 비전을 의미 깊게 검토해야 한다. 우리 민족의 역사시원에 있는 이 같은 이중적 문명통합을 위한 줄기찬 투쟁의 원형을 자기들의 축구열을 표현하는 '로고'로까지 밀어붙인 붉은 악마들은, 참으로 인간과 민족과 세계 인류와 지구생명계의 축복을 한아름 받을 것이 틀림없다.

'엇박'과 '치우'에서 놀라는 사람들은 그 현란한 태극기와 태극무늬, 태극상징들의 물결 앞에선 그다지 놀라지 않을 것이다. 그러나 태극기야말로 이 모든 현상의 원리를 안고 있는 하나의 무서운 철학책이다. 그것은 민족과 인류가 미래에 공부하고 실천해야 할 가장 새롭고도 가장 오래된 철학을 간단히 제기하고 구체적으로 설명한다.

태극기로 모자 해 쓰고 태극기로 망토 해 두르고, 태극기로 바지나 스커트를 해 입고 태극기로 스티커까지 만들어 붙이는 젊은 세대는 한마디로 '철학자들의 신세대'인 것이다. 왜냐하면 태극기 자체가 심오한 철학이기 때문이다. 우선 국기에 대한 강제적 존중이 아닌 자발적인 사랑이 나타난 것에 박수하자! 다음에 그 철학적 깊이를 알고 나면 아마도 신세대 스스로 자연스럽게 태극기를 존중할 것이다.

세계 모든 철학의 한계를 극복할 수 있는 것이 태극기의 그 역리적 음양법이겠는데, 그것은 동이족의 문화적 산물인 복희역伏羲易, 중국 문화의 산물인 《주역》, 그리고 다시 한민족의 신령한 문화적 산물인 《정역》을 다 관통하는 원리다.

우선 태극기의 흰색 바탕이 상징하는 의미를 보자!

그것은 단일민족을 뜻하고 순박하고 순결한 인간성과 민족성 그리고 세계 만방의 항구적 평화를 상징한다. 복판의 태극은 《주역》 등 역학과 관련하여 이미 누누이 설명한 바와 같은 천지음양의 대립과 통일이니, 동양과 민족철학의 핵심이요 새 시대 세계철학의 기초 원리로 될 것이다.

음양은 빛과 그늘, 하늘과 땅, 남성과 여성, 역동과 안정, 변화와 질서, 카오스와 코스모스인데, 이 둘 사이의 관계는 세 가지다. 먼저 두 가지 중의 하나는 서로 대립하는 것이고 다른 하나는 서로 통일하는 것이다. 상생과 상극이 그것이다. 이 두 가지를 다 포함하면서 새롭게 나타나는 태극의 새 차원과 음양의 기존 차원 사이에 존재하는 '아니다. 그렇다'의 교차적 생명논리가 바로 세번째 원리로서 '중도中道'이다.

다음엔 네 귀퉁이에 있는 네 괘의 상징이다. 먼저 건(乾·☰)과 곤(坤·☷)이 뜻하는 바는 현실적으로는 천지비(天地否·䷋), 즉 혼돈·분열·쇠퇴이고, 바람직한 것은 거꾸로 지천태(地天泰·䷊), 즉 질서·통일·발전이다. 이것이 바로 《주역》 64괘의 첫 시작이다.

다음 리(離·☲)와 감(坎·☵)이 뜻하는 바는 현실적으로는 화수미제(火水未濟·䷿), 즉 미해결·혼돈·무한·개방이요, 바람직한 것은 수화기제(水火旣濟·䷾), 즉 해결·질서·완성·통일이다. 이것은 사실 《주역》의 첫째 괘인 건괘와 둘째 괘인 곤괘에서부터 《주역》 64괘의 끝인 제63괘 수화기제와 제64괘 화수미제인 것이니, 네 귀퉁이의 네 괘는 곧 《주역》 64괘 전체를 처음에서 끝까지 압축한 총체이다.

우선 네 괘상 자체가 오직 현실적인 민족상황만 표현하거나 아니면 바람직한 민족미래만을 상징하는 세계 각국 국기들의 하나 같은 일면성을 이미 철학적으로 극복하고, 우주생명 · 생성의 이중성과 양면성을 웅변적으로 드러내어 모든 인간과 우리 민족과 세계인류와 심지어 지구, 우주생명의 참된 삶의 이중적 실상과 그 희망의 차원까지도 보여주고 밝혀주는 상징이다. 개별적으로 본다면 '건'은 천도天道로서 정의正義를, '곤'은 지도地道로서 공동체의 물질적 이익[共利]을 뜻하여, 자유롭고 정의로우면서도 풍요하고 평등한 복지세계를 상징한다. '리'는 불이요 빛으로서 광명과 정열을, '감'은 물이요 그늘로서 지혜와 창조적 정서를 의미한다.

분열과 통일, 정의와 공리, 정열과 지혜, 즉 현실과 바람이 음양의 태극처럼 통전 · 공존한다면 어떤 철학원리가 될 것인가? 대답은 이미 주어졌다. 바로 '엇'이요 '태극'이다.

이 모든 것은 참으로 기이하게도 북한의 사회주의와 남한의 자유자본주의, 러시아 · 중국 등의 북방대륙세력과 미국 · 일본 등의 남방해양세력, 동양과 서양 사이의 상관성을 표현하며 그 사이에 우왕좌왕하는 기회주의나 패배주의가 전혀 아니라 그러한 극과 극 사이의 창조적인 새 차원에로의 평화 · 통일 · 화해 · 일치와 두 차원의 창조적 생산력을 의미한다. 태극기는 인간 · 민족, 그리고 현대적 상황 속의 인류 · 지구 · 우주 · 생명의 미래의 출구로서, 신생철학의 모든 것을 다 포함한다. 신세대 · 신인류의 철학적 깃발이 아닐 수 없다. 《역경》〈상경上經〉의 제1, 제2괘가 '건곤'이요 〈하경下經〉의 마지막 제63, 제64괘가 '수화기제' '화수미제'이니, 태극기는 우주의 모든 철리를 다 포함한 것이다.

바로 이 같은 붉은 악마, 즉 응원단의 3분박, 또는 '문·사·철'의 3자 결합의 문화가 선수단, 즉 태극전사들의 균형잡힌 예절과 역동적 투지의 통합, 즉 '기우뚱한 균형', 그리고 공격과 수비, 좌익과 우익, 전진과 후퇴, 집중과 분산이 자유자재한 완벽한 '유격전' 같은 '싸움의 예절'을 성취한 팀워크와 결합하여 참으로 아름다운 유월개벽을 이루었으니, 이것은 바로 태극이자 토박이 우리말의 '엇'이다.

유월개벽의 또 하나의 이름은 '엇'이니 바로 동학의 '궁궁'이다. 그러므로 유월개벽의 깃발은 동학에서 후천개벽의 계시상징인 '태극이면서 궁궁(其形太極 又形弓弓)'인 것이다.

마지막으로 일곱.

'엇'이나 치우의 역사적 원형이나 태극처럼 인간과 세계와 우주 전체에로 차원을 바꾸어가며 거듭거듭 확산하는 새 문화, 새로운 태극문화의 물결이니 그 주체는 일곱이다.

첫째는 청년과 소년, 즉 청소년이다. 이들이 미래의 주인공이고 세계의 신인류다. 유월개벽은 바로 이 주인공들 때문에도 불멸의 세계적 문화혁명·문화개벽이 될 것이다.

둘째는 청소년 못지않은 젊은 여성과 젊은 주부들이다. 유월개벽은 전 세계의 영성적 생명문화에 개벽적 페미니즘을 결합시켰다. 여성들의 음양태극, 여성들의 이중 통합적 문명, 여성들의 '카오스모스'가 민족은 물론 세계와 지구를 구할 것이다.

셋째는 인터넷과 언론과 방송이다. 즉 사이버나 디지털, 미디어가 유월개벽의 큰 공로자다. 가능한 한 그 긍정적 측면이 확대해석될 필요가 있다. 다만 인터넷과 미디어는 이제부터 유월개벽의 자각화·명제화·논리화·문화화에 앞장서야 한다.

넷째는 정부와 기업이다. 아마도 이 부분의 협조와 협력은 유월개벽에서 매우 중요한 방조자의 역할을 했을 것이다. 물론 부정적 영향도 있을 것이다. 앞으로 그 역할이 심각히 검토돼야 하되 결코 폄하되거나 적대시되거나 포기되어서는 안 된다.

다섯째는 북한이다.

이탈리아전에서 붉은 악마의 카드섹션이 '1966, AGAIN'으로 형상화되었을 때 우리 민족의 심장은 눈물로 가득 찼다. 북한 민족의 대이탈리아전의 승리를 남한 민족이 다시 확보한 것이니, 이를 거스른 서해교전은 참으로 큰 오류인 것이다. 그러나 여전히 북한 민족과 유월개벽의 문화를 공유하고 공동으로 철학을 탐색하는 일은 끊임없이 이어져야만 할 것이다.

여섯째는 아시아다.

붉은 악마는 카드섹션으로 '아시아의 자존심'을 그렸다. 중국의 속내 깊은 시샘과 일본의 겉치레뿐인 칭송은 반성에 반성을 거듭해야 한다. 유월개벽은 터키를 들어올리는 아시아적 함성으로서 중국과 일본의 오류와 위선까지 다 용서하고 포용하여 인류개벽의 동행자로 자리매김해주었으니 참으로 위대한 포용력이었다.

일곱째, 한국이 포르투갈에 이기자 16강에 자동적으로 올라가게 된 미국 언론이 '생큐 코리아'라는 제목의 기사를 뽑았다. 미국만이 아니다. 전 세계의 모든 국가에 대해서 '싸우면서도 동시에 한없이 우호적'이었다. 놀라운 신사도紳士道다. 그럼으로써 세계인류가 모두 주최자요 주체가 되었으니 무엇보다 앞선 공로요 성과다.

유월개벽은 문자 그대로 '월드컵'이었고, 그 주최국인 한국과 일본 사이의 역사적 부채를 탕감하는 세계사적 기회였음을 또한 잊지 말아야 할 것이다. 이것은 매우 중요하다.

아마도 '아홉'은 남겨두는 것이 더 좋을 듯하다. 그것은 이제부터의 일이 중요하다는 뜻이다. 붉은 악마는 또다시 올 것이다. 형태와 주제를 달리하면서 또 오고 또 올 것이다. 그것이 곧 '아홉〔九〕'의 비밀이다. '아홉'은 모든 것의 관건關鍵으로서, 우주의 '아홉 궁궐〔九宮〕'이요 세계의 '아홉 범주〔九疇〕'다.

유월개벽에서의 멋진 태극전사의 선수들과 붉은 악마의 응원단을 주인공으로 하는, 민족적이면서도 전 인류적이고 전 세계적인 아시아 고대의 문예부흥. 세계문화혁명이 확산적으로 거듭거듭 발화되어 참으로 유월개벽을 전 지구적 후천개벽으로까지 완성될 날을 기다린다.

민족전통을 지키면서도 오늘의 세계인류와 신세대에 알맞게 창조적 문화로 변형시킨 유월개벽의 문화적 주인공들에게 다함 없는 사랑과 모심의 박수를 보내는 바이다.

단기 4335년(2002년) 양력 7월 23일
일산에서 지하 모심

그렇다면 12월 한 달 내내 벌어진 촛불 시위는 무엇일까? 붉은 악마와 촛불의 관계는 무엇일까? 이 책의 마지막쯤에 〈촛불〉이라는 60매 가량의 글을 덧붙이겠다.

345_ 만해

며칠 전 놀라운 소식이 내게 날아들었다.

창작과비평사가 주관하는 만해卍海문학상을 나의 《화개》에 주기로 결정했다 한다. 지용문학상에 이어 또 만해문학상이라니! 이것을 어찌 받아들여야 하는 건가?

시상식은 11월 하순이라 하니 아직 멀었지만 수상소감은 7월 하순까지 써야 한다.

어떤 마음가짐으로 쓰고 받아야 할 것인가?

《님의 침묵》을 다시 읽으며 오래도록 생각에 잠긴다.

붉은 악마와 월드컵의 대열정 직후다. 이른바 '님'이다.

'모로 누운 돌부처'다. 언필칭 '침묵'이다.

그렇다.

'님의 침묵'이다.

이제 침묵을 열고 님은 바야흐로 말씀을 하기 시작했다.

그렇다면 모로 누운 돌부처도 곧게 일어설 것인가?

돌이 황금빛으로 빛나기 시작할 것인가?

어림없다.

그러나 소망마저도 어림없을까?

눈부신 저 '흰 그늘'은 영영 불가능할 것인가?

자주자주 '중력과 은총'을 생각한다.

그러하매 나는 《님의 침묵》 중에서 유독 〈반비례〉를 눈여겨보기 시작했다.

'흰 그늘'을 생각한다.

그러나 모로 누운 돌부처는 여전히 오래고 깊은 침묵 속에서 굳어 움직일 줄 모른다.

끝이다.

그러나 새로운 시작일까?

나의 수상소감을 여기 싣는다.

이것이 바로 나의 새로운 시작일까?

반비례에 관하여

나는 오늘, 대낮의 영광보다는 한밤의 고통이 더 깊은 한 문학상, 웅변보다는 침묵이 그러나 명백한 고통과 침묵임에도 그로부터 영광과 웅변의 빛이 스스로 배어 나오는 한 문학상, 바로 만해문학상 수상결정에 접하고 그 수락을 결단합니다. 혹 물으실 것입니다. 수락에 무슨 결단까지 필요한가라고. 까닭은 이렇습니다.

이 시집 《화개》는 우선 허름하고 어수룩하며 수월하고 부드럽습니다. 이것은 앞으로도 나의 시적인 삶에서 매우 중요합니다. 그러나 명백히 말씀드려서 완성도가 떨어지는, 함량 미달의 시들이 너무 많습니다. 그리고 너무 지나친 언어적 금욕주의 시학이 지배하고 있습니다. 그럼에도 내가 수락을 결단한 것은 이 시집 안에 나의 새로운 시학적 명제인 '흰 그늘'의 단초가 여기저기 싹트고 있다는 점 때문입니다. 결단은 이 새로운 시학에 대한 각오 위에 터를 둔 것입니다. 그리고 수상사유 또한 이 점에 집중되어 있음을 느낍니다.

나는 오늘, 한 송이 꽃이 피어날 때 온 세계가 다 일어선다는 그 한 소식에 관한 몇 마디 말로써 수상과 수락 결단의 소감을 대신할까 합니다. 그것은 '반비례'와 '흰 그늘'에 대한 말입니다. '흰 그늘'은 그 자체로서 모순어법입니다. 그러나 그것은 동시에 음양법이요 연기법이며, 숨은 차원과 드러난 차원 사이의 '아니다, 그렇다'의 생명논리입니다.

만해 스님의 《님의 침묵》은 '흰 그늘'이면서 '반비례'입니다. 먼저 스님의 〈반비례〉를 앞에 겁니다.

당신의 소리는 '침묵'인가요

당신이 노래를 부르지 아니하는 때에 당신의 노랫가락은 역력히 들립니다그려

당신의 소리는 침묵이어요

당신의 얼굴은 '黑闇'인가요

내가 눈을 감은 때에, 당신의 얼굴은 분명히 보입니다그려

당신의 얼굴은 黑闇이어요

당신의 그림자는 '光明'인가요
당신의 그림자는 달이 넘어간 뒤에, 어두운 창에 비칩니다그려
당신의 그림자는 광명이어요.

흑암의 흰 얼굴, '백암白闇'. 하얀 어둠. 광명인 그림자. '흰 그늘'은 '반비례'입니다.

그러하매 생각해봅시다. 고통의 어둑어둑한 그늘이 결여된 밝은 희망의 흰빛이 공허이듯이, 신성한 생명의 흰빛의 생성과 절연된 죽음과 고통의 현실에 대한 집착은 맹목입니다.

나는 오늘 이 순간, 빛나는 저 유월개벽의 나날들, 거리를 가득 메운 저 젊은 군중의 함성 속에서까지 검은 중력장과 흰 초월성의 '3분박 플러스 2분박'의 엇박, 그 '흰 그늘'을 보고 들으며 또한 그 '반비례'를 듣고 봅니다.

민족은, 민족의 모든 개인들은 지금 그 어느 때보다도 더 님의 침묵의 시대가 아닌, 님의 침묵의 모순어법에 가까이 그리고 '흰 그늘'의 지혜에 가까이 있으며 '반비례'의 역동 속에서 춤을 춥니다. 왜냐하면 민족은 바야흐로 자기의 젊음 속에서 반비례하는 고통의 광명, 침묵의 웅변을 스스로 맞이하고 스스로 발음하고 있기 때문입니다.

거리거리에 가득 찬 이 '혼돈으로부터의 질서', 그리고 저 '역동적 균형'의 '카오스모스'인 '엇박과 치우와 태극'은 이제 민족과 새 세대의 새롭고 웅숭깊은 문화적 코드가 되고 있으며, 장차 그것은 온 인류가 앓고 있는 집단적 정신분열의 치유와 통합에 대한 결정적 처방으로 될 것이기 때문입니다.

나는 지난날 '검은 산'과 '하얀 방'의 깊은 분열로 긴 세월을 고통받았으며, 3년 전 어느 한 날 '흰 그늘'의 묵시默示 속에서 통합과 치유의 가능성의 빛을 보았습니다.

'흰 그늘'은 도무지 무엇일까요? 그것은 모순이면서 통합입니다. 만해 스님의 그 '님'이 아픔이자 기쁨이고 '모심'이자 '살림'이듯이, '흰 그늘'은 '소롯한 예절'이면서 '힘찬 생명력'입니다. 그것은 세계와 우주로 열리는 고요한 삶의 '화개'이면서, 동시에 세계와 우주 자체의 혁명적 '대역사'입니다.

'흰 그늘'은 그 현대적 전개과정에서 동이적 상상력의 알심이기에 나아가 농경정착적인 생명의 에콜로지이며, 또한 유목이동적인 영성의 디지털·사이버네틱스입니다. 그것은 우리가 갈망하는, 세계를 품에 안은 남북한 민족과 동아시아의 새 문명, 대륙과 해양 그리고 세계의 남과 북이 교류·교차하고 동양과 서양의 사상이 서로 교합交合하는 새로운 후천세계後天世界의 구체적 창조일 것입니다. 그것은 아마도 너는 너고 나는 나로되, 너와 내가 서로 얽히듯, 이미 지양止揚이나 해소解消가 아닌, 그러한 공존·동거의 '얽힘' 속에서 통합의 새 차원을 모색하는 자유와 평등, 인권과 복지는 물론, 신비와 과학, 신화와 역사, 환상과 사실, 명상과 변혁, 숨은 차원과 드러난 차원, 상생과 상극, '아니다'와 '그렇다', 그리고 당연히 모더니즘과 리얼리즘을 또한 그 '얽힘 속에서' 통합하려는 '활동하는 무無' 곧 '태극이며 궁궁'일 것입니다.

이 '흰 그늘'은 본디 우리의 풍류, 우리 민족미학의 한 핵심원리로서 윤리적 삶의 패러다임과 미적 창조의 패러다임 사이에 당연한 일치를 요구하며 '천·지·인'의 삼재에 대응하는 영성·이성·감성의 3자 결합을 요청합니다. 그러하기에 '흰 그늘'은 사람 속에서 하늘과 땅을 통일하고 그 체體인 황극皇極 속에서 무극과 태극을 통전하는바 그 용用인 율려의 숨은 '무늬'요 드러난 '아우라'이기도 합니다.

오늘날의 '2분박'인 '아래로부터의 기제'와 '위로부터의 기제'를 오늘날의 '3분박'인 '삶·사람·살림'의 생명운동 속에서 새롭고도 오래된 '엇박'으로 통합하는 문예부흥·문화혁명의 한 메타포가 또한 '흰 그늘'입니다.

'흰 그늘' 아래서 우리는 신비적인 내관內觀과 상수과학적象數科學的인 현상학이 서로 협동하여, 이미 성취된 오감통합五感統合의 매개에 의해 새 차원의 깨달음에 이르는 대중적인 명상의 문화 또는 현실변혁적인 초월의 예술로 가는 길을 열어나갈 수 있을 것입니다. 그리하여 민족문학은 마침내 디지털과 사이버 세계의 도전을 도리어 자기 안에 '반비례'로 흡수하면서 '흰 그늘'과 같은 콘텐츠를 쉼 없이 심화개혁하여 차원을 바꾸어가며 엄존할 것이고 더 깊은 성실성, 더 넓은 실천적 경험과 더 높은 재능으로 동아시아 주도의 문예부흥과 세계적 문화혁명의 중요한 기폭제가 될 것입니다.

민족문학은 이제 자기의 존재를 보존하고 확장하기 위해서도 양과 형식 방면만이 아닌 문학·역사·철학이라는 질과 내용 방면으로부터 그것을 포용하면서 도리어 새로운 우주적 차원으로 비약하는 새 시대의 새로운 정보체계, 새로운 결승, 새로운 역을 창조해야만 할 것입니다.

오늘 민족문학이 겪는 고통은 바로 그 정보체계, 그 결승, 그 역의 흰 빛, 대광명을 창조하기 위한 '기름'으로서의 '그늘'인 것입니다. 그러나 비록 그렇다 하더라도 그것을 또한 '반비례'의 수더분한 역설로, 또는 그 오묘함에도 불구하고 대중적 민중의 저 허름하고 어수룩한 민족문학의 그릇 안에 담지 않는다면 그것을 결코 현실 속에서 실현할 수는 없을 것입니다. 그 역시 통합이자 동시에 모순이기 때문입니다.

그리하여 만해 스님의 시 〈나는 잊고저〉와 나의 시 〈단시短詩 하나〉는 운명적으로 같은 길을 함께 갑니다.

남들은 님을 생각한다지만
나는 님을 잊고저 하여요

잊고저 할수록 생각히기로
행여 잊힐까 하고 생각하여 보았습니다
―〈나는 잊고저〉 부분

끊으려면 잇는 법
아주 잊히기 위해
이리 우뚝 선다
이루지 못하고 가는 것이 사람이라
오늘
진지하게
죽음을 한번 생각한다.
―〈短詩 하나〉

운명적으로 같은 길을 함께 간다는 것. 이것이 나의 만해문학상 수상을 수락하는 또 하나의 사유이기도 합니다.

진지하게 죽음을 한번 생각했던 적이 있습니다. 유신헌법 공포 직후 내설악 백담사 골짜기에 피신했을 때입니다. 그때 만해 스님을 자주 생각했습니다. 〈여울 1〉이란 시올시다.

밤하늘 가득 찬 비구름 바람
산맥 모두 잠든 저기서 소리지르네

촛똥을 모아 가난하게 일군 불
아슴히 여위어가는 곁에 있어 밤새워 소리지르네

옛 만해의 아픔
가슴속 타는 촛불의 아픔

바위에 때려 부서져
갈 곳을 가려 스스로 끝없이 바위에 때려 부서져

저렇게 소리지르네 애태우네
여울이 밤엔 촛불이 나를 못살게 하네

백담사 한 귀퉁이 흙벽 위에 피 칠한
옛 옛 만해의 아픔

내일은 떠나
떠나 끝없이 나도 여울 따라가리라
죽음으로밖에는
기어이 스스로 죽음으로밖에는
살길이 없어 가리라 매골모루로 가리라
아아 타다 타다가
사그러져 없어지는 새빨간 새빨간
저 촛불의 아픔.

이렇게 살아 돌아왔습니다. 그리고 살려고 애씁니다. '반비례'올시다.
감사합니다.

단기 4335년(2002년)

양력 7월 13일

일산에서

김지하 모심

346_ 중심 없는 중심들

오늘이 4336년(2003년) 양력 정월 6일이다. 계미년癸未年이다.

탈고한 지난해 8월 7일 이후 다섯 달이 지났다. 인터넷 신문《프레시안》과《월간중앙》에 이미 발표된 1부, 2부의 오탈자 바로잡기와 약간의 문맥 변경만 남기고, 3부의 교정이 오늘 다 끝났다. 지난 다섯 달 사이에 만해문학상 수상이 있었고, 또 대산大山문학상 수상이 있었으며《사상전집》전3권의 출판기념회가 있었다. 그리고 12월 한 달 내내, 또 지금에까지 주한미군의 무한궤도차량에 압사한 두 여중생의 명복을 빌고 미주둔군 지위에 관한 한미행정협정SOFA의 전면 개정을 요구하는 젊은이들의 촛불 시위가 계속되고 있다.

이것은 범연한 일이 아니다. 작년 6월의 '붉은 악마'가 '촛불'로 다시 모습을 드러낸 것이다. 거대한 역사적 사건이다.

먼저《사상전집》출판기념회에서 발표한 소감 내용과 만해·대산 두 문학상 수상소감 요지, '촛불'이라는 제목의 60매 가량의 글과 그 글이 실릴《김지하의 화두—붉은 악마와 촛불》의 머리글, 군대에 간 막내 세희를 면회 간 일, 그리고 올해 2월 하순에 출간예정인 수묵시화첩《절, 그 언저리》의 서문과〈회상을 마치며〉라는 마지막 몇 줄의 느낌으로 끝을 맺고자 한다.

지난 8월 이후에 나로서는 내 생애에서 퍽 중요한 일들이 있었기 때문이고, 따라서 자연히 여러 가지 감회가 있었기 때문이다. 이 감회들이 다름 아닌 내 생애의 어떤 결구結構 비슷한 것들이기 때문이기도 하다.

《사상전집》 출판기념회 소감 요지
4335년 10월 25일

국가적 비전이 바뀌고 있다.

이제까지의 근대화 · 공업화와 민주화 · 사회변혁이라는 두 가지 비전이 세계와 동북아의 물류 중심으로의 비약이라는 경제사회적 비전 쪽으로 바뀌고 있다.

물류 중심으로의 비약이라는 비전은 남북한 공유의 전 민족적 비전으로까지 부상되고 있다.

남북 접근과 민족통일의 중요한 계기가 될 것이다.

물질이 있으면 정신도 있다.

경제 옆에는 문화가 있는 법이다.

물류의 중심은 곧 문화교류에서도 중심이어야 한다.

대륙과 해양, 아시아와 유럽, 즉 동서양 사이의 문화교류의 중심으로 한반도가 또한 세때에 비약해야 한다.

세계문화창조와 교류융합의 허브로서의 위상에는 그만한 조건이 따르른다.

아시아의 고대에 대한 대대적인 문예부흥, 세계문명사의 새로운 미래를 위한 대규모 문화혁명, 그리고 이와 같이 고대로 들어가는 문예부흥과 미래로 나아가는 문화혁명을 똑같이 관통하는 새로운 미학의 건설, 즉 문학예술과 역사와 철학을 통전하는 새 차원의 문화 및 문화이론의 창조, 이 세 가지가 조건이다.

이 과제는 우리가 동아시아 전 민족과 구미, 이슬람 등 전 세계인과 함께 그들이 공동참여를 통해 달성해야 한다. 대혼돈에 빠진 세계사의 갈증에 찬 요구에 대한 아시아의 답변이다.

나는 이 과제를 해결하는 일에 미력이나마 나의 여생을 걸겠다.

만해문학상 수상소감
4335년 11월 25일

옳지 못한 정치에 대한 긴 세월의 저항은 일상적 삶의 황폐와 나날의 정신적 고통으로 귀결되었다. 근 10년간 나는 거의 잊혀졌고 혼자였다. 그러나 그 고통은 어쩌면 여러분 자신의 고통이기도 하다. 만해상은 바로 이 일치 때문에 주어지는 것 같다.

기이한 일은 또 있다.

이 상이 나의 모순어법에 동의를 표시한 점이다.

나는 이십대에 이미 형식논리와 변증법에 대한 회의를 품기 시작했고, 특히 변증법에 대한 일방의 흡수와 타방의 극복을 내 삶의 한 과제로 설정했다.

세계는 변화했고 인류의 정신도 크게 바뀌었다.

세계화와 지역화가, 보편적 지구화와 개인화가 같은 지평에서 함께 보합적 관계를 갖는 세상이다. 모순 사이의 통일성, 상생과 상극, 극단과 극단 사이의 상호 보완성, 음양법, 연기법, 'No'와 'Yes', 즉 불연기연의 생명논리, 그리고 서양의 모순어법, 즉 '옥시모론'이 현실적인 평화의 논리, 논리적 평화로서 대중화되어야 하는 시대다.

만해문학상이 바로 이 점에 동의한 것이 나의 놀라움이다.

마지막으로 창비가 제기한 '동아시아론'은 이 시대의 중요한 담론이다. 쇠퇴의 기미가 보이는데 그래서는 안 된다.

다만 동아시아론이 현실에서 힘을 가지려면 다음 세 가지 과제를 달성해야 한다. 하나는 아시아의 고대에 대한 동아시아 및 전 세계인의 대대적인 문예부흥, 그리고 새로운 생태학과 영성의 미래 문명을 건설하기 위한 대규모 문화혁명, 마지막으로 이 부흥과 혁명을 다같이 관통하는 새로운 미학의 탐구와 그 보편화다.

우아미 대신 숭고미가 중심에 서는 괴기와 환상이 현실주의와 결합하는 이른바 '추의 미학'이 전면에 떠올라야 한다. 그것이 바로 생명과 무의식, 리얼리즘과 모더니즘, 에콜로지와 사이버네틱스, 종이문학과 디지털문학이 서로 결합하고 융통하는 새 세대의 새로운 미학일 것이다.

이러한 삼대 과제를 조건으로 함으로써만 동아시아 문학과 문화론은 비로소 그 현실적 힘을 갖게 될 터이다.

대산문학상 수상소감

4335년 11월 28일

소감 발표를 4분 안에 끝내야 한다.

문득 생각이 미치는 것이 있다.

대산문학상과 만해문학상을 거의 동시에 받은 점이다. 한 후배가 말했다.

"큰 산과 만 개의 바다를 누비는군요"라고.

산과 바다는 그야말로 대륙과 해양이다. 대륙과 해양의 교류·교차·융합은 한반도 남북한 공유의 민족사적 비전이 되었다. 한반도 전체가 대륙과 해양 사이의 '랜드 브리지', 즉 거대한 부두로 평가되어 세계와 동북아의 물류 중심기지로 상승할 것이다.

그 밖에 산과 바다는 또 무엇일까?

추사 선생이 즐기는 시구 중의 하나에 '산은 높고 바다는 깊다(山崇海深)'라는 말이 있다.

산이란 생명의 상징이고 바다는 영성, 즉 마음의 상징이다. 생명의 최고 표현, 최고의 아름다움은 '숭고함'이며 영성의 최고 표현, 의식의 최고 가치는 '심오함'이다.

이것은 또한 생태학과 무의식의 표현이기도 하고 전통적으로는 목숨을 최고 가치로 하는 선仙과 마음을 중심 바탕으로 하는 불佛의 교호결합성을 상징하기도 한다. 미래 인류문화의 핵심 내용이다.

앞으로의 문학은 바로 이 같은 산과 바다의 세계를 탐구해야 한다. 오늘날 생태시와 명상시, 괴기성과 환상성이 젊은 문인들 속에서 두드러지는 것도 당연한 현상이다. 그러나 괴기성에는 숭고함이, 환상성에는 심오함이 필수적으로 요청된다.

나에게 문학의 길은 험난하기만 하다. 시를 쓰기가 날로 더 힘들어진다. 살기가 그만큼 어려운 것이다.

부디 이 상의 수상을 계기로 나의 문학에 높은 숭고함과 깊은 심오함이, 생명과 영성이 함께 깃들이기를 기원한다.

《김지하의 화두─붉은 악마와 촛불》의 머리글: 붉은 악마와 촛불

'붉은 악마'는 들끓는 불이요 태양이고, '촛불'은 달빛이며 고요한 물이다.

그런데 붉은 악마가 바로 촛불이다.

유월의 젊은 그들이 곧 십이월의 젊은 그들이다.

불이 물이 되고 양이 음이 되었다. 결국 그들은 양이면서 음이었다. 놀라운 일이다. 가만히 생각해본다. 아무리 생각해보아도 이 세대가 무엇인가를 할 것 같다.

그것이 무엇일까?

혼돈과 황폐와 재앙에 빠진 인류 및 지구의 뭇 생명에게 새 삶, 새 문화, 새 문명의 원형을 제시할 것 같다.

그들이 세계사의 방향에 나침반이 되어주는 한, 이 민족은 그 누군가 예언한 바 있는 성배의 민족이 될 것이다.

우리의 역사를 보라.

항상 지도자보다 민중이 훨씬 더 현명하고 용감하고 예감과 관용에 넘치는 민족이 이 민족이요, 이 민족의 역사였다.

임진란에서 동학에서 의병과 3·1운동, 4월혁명과 6월항쟁 그리고 지난 유월의 개벽적 사태에 이르기까지.

요컨대 리더십이 문제다. 정치는 아예 썩어버렸다고 하자. 그러면 지식인은?

역시 의문부호로 남는다. 지난 유월에 붉은 악마의 대파도 앞에 압도되어 나치즘이니, 파시즘이니, 집단 히스테리니 운운하던 지식인들이 이제 와서는 십대, 이십대, 삼십대 초반의 촛불 시위에 슬그머니 끼어들어 미군철수니 반미 같은 구호를 외쳐대며 십대보다 오히려 더 비전략적인 발언과 비현실적인 과격한 성명서들을 남발하고 있다.

촛불은 증오의 도구도 적대의 상징도 아니다. 그 반대마저도 결코 아니다. 촛불은 가장 경건하면서도 다소곳한 '모심'인 것이다. 촛불이 빛나는 밤거리에서 부시의 허수아비를 처형하는 사람들의 감수성은 도대체 어찌된 것일까?

순결하면서도 고요한 십대 소녀들의 손에 손에 받쳐든 촛불의 힘은 그 따위 적대나 증오 같은 것과 비교도 안 되는 심오하고 공번된 신령의 위력을 지닌다.

흔히 정치적으로 문리가 터졌다고 말하는 지식인들보다 훨씬 더 지혜롭고 의젓한 그들의 촛불을 보며, 나는 세계사의 흐름에 결정적인 영향을 줄 문화적 메시지에 결합된 그들의 미래를 깊이 확신하게 된다. '늘순'이 있는 세대다.

이 책은 붉은 악마와 촛불 세대를 의식하면서 그들의 새로운 사상이 문화를 통해 나타나리라는 강한 예감 아래 행한 문학 등 여러 강연들과 두 개의 짧은 글로써 구성되었다. '붉은 악마'에 관한 글은 맨 앞에, '촛불'에 관한 글은 맨 뒤에 싣는다.

그 사이 우리 역사, 특히 근대가 시작되는 때에 여러 사건, 여러 사태들이 있었지만, 나는 지난 유월 붉은 악마의 한 달과 지금 이 한겨울 촛불의 한 달에 직결된 선구적 사건을 1860년 4월 5일 11시 경주 용담에서 있었던 최수운 선생의 '동학계시東學啓示'와 1879년부터 1885년 사이에 충청도 논산 띠울마을에서 일어난 김일부 선생의 5년에 걸친 '간역묵시艮易默示'에서 발견한다.

이 직결의 논리가 차차 세계사에서 강조되는 날이 올 것이다. 붉은 악마와 촛불 세대가 세계역사의 방향이 그리로 향하도록 촉매할 것을 나는 믿기 때문에 하는 말이다.

그들은 결코 국수주의자가 아니다. 그러나 그들은 직감적으로 민족과 동양을 알고 있고 사랑한다. 그들은 결코 세계화주의자들이 아니다. 그러나 그들은 거의 생리적으로 열린 삶, 전 지구적인 개방사회를 지지한다.

이것은 분명 모순이다.

모순은 그 자체로서는 역시 어쩔 수 없는 모순일 뿐이다.

그러나 모순어법이나 역설, 음양법이나 연기법, 불연기연법으로서는 도리어 통일이다.

모순이면서 통일인 바로 이 논리가 그들의 생활논리다. 내 나이 또래 근처의 지식인들이 죽어도 받아들이지 못하는 이 역설을 그들은 생득적으로 받아들이고 익힌다. 누가 그들을 가르쳤는가? 아무도 가르치지 않았다. 그렇다면?

"컴퓨터에는 변증법이 없다."

다니엘 벨의 말이다.

그레고리 베이트슨은, 생명은 변증법 대신 '아니다, 그렇다'의 역설법이 지배하며 생명을 모방한 컴퓨터나 엘리베이터가 가장 단순화된 이진법 체계라 한다.

생명만이 아니다. 영성, 즉 마음이라는 이름의 무의식의 운동 역시 '아니다, 그렇다'의 이중적 운동을 기본으로 한다. 참선은 끝없는 이중 운동이다. 음양陰陽이나 색공色空이 다 그렇다. 심지어 이제는 물리학에서, 문명사에서도 그렇다. 데이비드 봄과 루이스 멈포드가 그 사례다. 뇌수과학은 이 같은 운동에 먼저 착안하여 뇌의 모사물인 컴퓨터의 작동원리를 변증법이 아닌 역설과 이진법으로 착종시킨 것이다.

우주와 인류의 진화 역시 내면 영성과 외면 생명 사이의 이 같은 교호 운동이며 모든 생성은 곧 이중적이다. 카오스 원리는 바로 이것을 기초로 하고 있다.

붉은 악마, 촛불 세대의 스승은 바로 인터넷이며 컴퓨터인 것 같다. 민족과 동양의 사상문화의 중핵으로 제시된 후천개벽의 원형, '태극궁궁'이 바로 이 같은 모순·통일의 이중 운동과 논리의 이중성·복잡성의 압축인 것을 특히 주목해야 한다.

젊은 그들은 정치나 경제를 초점으로 보지 않는다. 문화가 초점이며 그 새 문화 속에서 새 경제, 새 정치의 새 씨앗을 보고자 희망하는 세대다.

그들의 책무는 막중하고 그들의 가능성은 엄청나게 크다.

그러나 그들은 자신의 일상생활 자체를 그러한 문화로 관통하고자 한다. 바로 이 점이 그들의 미덕이다. 왜냐하면 우리 나이 또래 위아래는 다 함께 이론과 실천, 정신과 육체, 존재와 당위 사이의 분열과 갈등을 어쩔 수 없는 현실로 받아들이며 고뇌해온 세대이기 때문이다. 그에 반해 촛불들은 그 이중성 자체를 살아 있는 삶의 실존적 논리로 익숙하게 받아들인다.

붉은 악마들, 촛불들은 신화와 과학으로, 고대와 미래로 동시에 나아가며 동시에 쌍방향 통행을 시도하는 세대이다. 그리고 그들은 특히 문화를 근본적으로 바꾸고자 한다.

그러하매 이제 다음과 같이 정리할 수 있다.

붉은 악마, 촛불들이 주체가 되는 문화운동이 남북한에 밀어닥칠 동북아 물류 중심을 향한 경제특구의 확산과 병행하여 크게 일어나야 한다. 그것은 세 가지 과제를 목표로 해야 할 것이다.

첫째, 지금 퍼지고 있는 복고와 신화적 판타지 지향을 상승시키며 본격화하는 아시아 고대에 대한 대규모 문예부흥을 전 세계적으로 진행하는 것.

둘째, 아시아 고대 르네상스로부터 발화되는 새로운 사상과 문화를 토대로 하여 과학과 미학을 결합시키며 미래를 지향하는 과정에서 부딪치는 여러 문화적 장애물에 대한 전방위적인 문화혁명을 진행하는 것.

셋째, 첫째의 '고대로 들어가는(入古)' 문예부흥과 둘째의 '미래로 창조적으로 나아가는(出新)' 문화혁명을 내내 관통하는 새로운 미학의 탐구로서 현재 진행중인 감수성 변동을 바탕으로 괴기·골계·축제·숭고·심오·환상과 차원 높은 실재론 등을 결합하는 '추의 미학'에로 미의식과 상상력의 대쇄신을 시도하는 것이다.

이 세 가지 과제는 남북한과 동아시아, 나아가 유럽과 미국, 이슬람과 아프리카, 라틴아메리카와 모든 아시아 민족들의 여러 문화인·지식인 들의 광범위한 참가 속에서 다층위적·다단계적·다양식적인 탐구와 융합을 겨냥해야 할 것이며, 한반도를 세계문화의 용광로요, 일대 해방구로 전변시키는 목표를 수행해야 할 것이다.

나는 천시天時, 즉 역사적 요청이 그러하고, 지리地理, 즉 세계에서의 동아시아, 동아시아에서의 한반도가 가진 물심 양면의 교류·교차·융합의 '허브', 중심으로서의 이점利點이 그러하고, 마지막으로 지난 유월의 칠백만이 넘는 '붉은 악마 세대'와 지금 진행중인 '촛불 세대'의 카오스 민중, 대중적 민중 주체의 등장, 곧 인화人和가 그러함을 확인하고 또 확신한다.

전 민족 역사를 통해 오늘과 같은 웅혼한 대비약의 기회가 주어진 적은 별로 없다. 더욱이 문화적 비약의 콘텐츠인 새 삶의 원형이 이미 우리 앞에 뚜렷이 계시되어 있고 젊은 주체들이 벌써 그것을 접수하고 있으며 또 그것을 제시할 역사적 소명 또한 의식, 무의식 중에 그들에게 주어져 있다.

그들, '붉은 악마와 촛불' 세대는 민족을 대표하여 곧 '성배'를 부여받은 것이다. 다만 그것을 그들 자신이 확실히 깨닫는가 하는 문제만 남아 있는 것이다.

단기 4336년(2003년)
정월 초하루
일산에서
김지하 모심

촛불

단기 4336년, 서기 2003년.
계미癸未, 양력으로 1월 1일, 정월 초하루다.
촛불 시위가 지금 한 달째 계속되고 있다. 광화문과 전국 각처에서 수수만 명이 밤마다 촛불을 켜들고 소파SOFA, 즉 미주둔군 지위에 관한 한미행정협정의 전면적 개정을 요구하고 있다. 때로는 미군철수 요구도 튀어나온다. 그러나 그것은 전체 의사가 아니다. 또 때론 미대사관으로 쳐들어가자는 과격론도 일어난다. 그러나 역시 그것은 군중에게 전혀 받아들여지지 않는다.

중요한 것은 반미가 아니라 민족의 자존심이요, 죽어간 미선이와 효순이 두 영혼의 안위이며 앞으로 한미간에 마땅히 지켜져야 할 영성과 생명의 존엄인 것이다. 그래서 촛불을 켠 것이다.

촛불의 첫 제안자 김기보는 말한다.

"그래서 촛불을 켠 것이다. 촛불은 반미주의가 아니다. 촛불은 영적인 사건이다."

촛불이 본디는 반미주의가 아니라는 것은 이미 다 안다. 그러나 영적인 사건이라 함은 무슨 뜻인가?

두 죽음에 대한 진혼鎭魂인가?

그럴 것이다. 진혼은 당연한 일이다. 그것은 지금 진행되고 있는 경건한 촛불의 제사다. 그러나 다만 진혼뿐인가?

초혼招魂.

진혼과 함께 그들, 촛불을 켜든 젊은이들은 동시에 초혼을 행하고 있는 것이다.

무엇을 부르는 초혼이며 '불림'인가?

억울한 넋들인가?

그렇다.

그러나 아니다.

당연히 전쟁에 죽고 외침에 죽고 폭정에 죽고 가난과 질병과 굶주림에 죽은 억울한 넋들을 불러 위로하는 불림, 곧 초혼임은 사실이다. 그렇다.

그러나 그럼에도 불구하고 아니다. 단순히 억울한 넋만이 아니라 민족의 넋, 그 혼의 지극함과 그 혼의 깊음과 그 혼의 슬기를 부르고 있다. 민족혼은 세계와 삶에 대한 민족 자신의 사상이며 민족 자신의 평화와 생명과 영성의 메시지이다.

그 넋을 부르노라. 하루 이틀이 아닌 보름, 한 달, 아니 한 해의 마지막까지도 내내 촛불을 켜든 것이다.

그 넋을 부르노라!

아, 이제야 알겠다.

촛불을 켜든 젊은 그들은 바로 다름 아닌 지난 유월의 '붉은 악마', 그들인 것이다.

그들이기 때문에 저토록 긴 시간을 촛불의 지극한 '모심'으로 민족의 넋을 부르고 있는 것이다. 그들이기 때문이다.

그들이 그들 자신을, 유월의 그들을, 그들의 그 유월의 깊은 넋을 부르고 있는 것이다.

나는 생각에 잠긴다.

지난 유월 그들은 민족의 이름으로 무엇을 외쳤던가? 칠백만 명이 넘는 젊은 그들이 한 달 동안 밤낮없이 목 쉬도록 외쳐댄 것이 무엇이었던가? 그 민족의 깊은 넋, 오묘한 슬기의 속내는 과연 무엇이었던가?

1. 엇박: 3분박 플러스 2분박. 불림과 장단의 결합.
2. 치우: 유목과 농경의 결합. 무의식과 생태학. 디지털과 에코.

3. 태극: 음과 양. 역동과 균형. 혼돈과 질서의 결합.

지난 유월, 그들은 이 세 가지를 한 달간 밤낮으로 외쳐댔다. 밤낮으로 하나같이, 그러나 각각이 제 나름 나름으로.

문득 두 가지 이야기가 잇달아 떠오른다.

둘다 유럽에서 나온 말들이다.

하나는 '빅 카오스'다.

'빅 카오스', 즉 대혼돈인데, 유럽과 미국의 거대 신문들은 틈날 때마다 이것을 외친다. 현재 인류사회와 지구의 자연은 대혼돈에 시달리고 있다. 금융자본주의 세계시장의 불안정, 빈국과 부국 사이에 점차 더 깊어지는 경제 격차. 생태계의 전면적 오염과 파괴, 끊임없는 기상 이변이 그것이다.

이것을 해결하려면 인간·사회·자연의 치명적인 질병을 통일적으로 처방할 수 있는 탁월한 과학이 나와야 하는데, 그 과학이 창안·발견되려면 인간·사회·자연 전 방면에 걸친 인문학적 처방으로서의 문화이론이 나와야 하고, 또 그것이 가능하려면 역시 세 방면에 대해 통합적인 탁월한 담론이 있어야 한다. 문제는 그 담론이 가능할 수 있으려면 새 삶의 원형이 발견되어야 한다는 점이다.

또 다른 하나는 '원형의 예언'이다.

이미 고인이 된 독일인 루돌프 슈타이너는 러시아의 브라바트스키에 이은 유럽 최고의 대신비가였다. 유럽 녹색운동과 유기농, 그리고 생명과 영성 교육의 창시자이기도 한 그는 작고하기 전에 제자들에게 다음과 같은 예언을 남겼다.

"인류문명의 대전환기에는 새 문명, 새 삶의 원형을 제시하는 성배의 민족이 반드시 나타나는 법이다. 그 민족은 개인적으로나 집단적으로 탁월한 영성을 지녔으나 외세의 침략과 내부의 폭정으로 끊임없이 억압당해오는 과정에서 삶과 세계에 대한 꿈과 이상을 내상內傷처럼 안으로만 간직하고 있는 민족이다. 로마제국이 지배하던 지중해 문명시대의 전환기에는 그 성배가 이스라엘 민족에게 있었으나, 그때보다 더 근본적 전환기인 현대에는 그 민족이 극동에 있다. 이제 그 민족을 찾아 경배하고 힘을 다하여 그들을 도우라."

루돌프 슈타이너의 제자인 일본 인지학회人智學會 회장 다카하시 이와오高橋巖 씨는 일본에 돌아와 문헌과 정보 등을 통해 샅샅이 극동을 살피다가 우연히 한국사와 동학사東學史를 읽던 중 문득 큰 전율과 함께 그 민족이 바로 한민족임을 깨달았노라고 나에게 직접 실토한 바 있다.

이 두 가지 실례는 '촛불'과 과연 무슨 실제적 관계가 있는가?

또다시 짤막한 대답이 떠오른다.

지난 유월에 외쳐댄 붉은 악마의 메시지는 다름 아닌 세계사의 현재 상황에 대한 처방이며 대답이라는 것이다. 그 대답은 기이하게도 탁월한 문화이론·문화담론의 중핵인 '문·사·철'의 집약이다. 첫째, 문학예술 및 감성적 인간조직[人和] 주체에 관하여, 둘째 역사사회 및 과학적 지리地理 조건에 관하여, 셋째 철학종교 및 영지적靈知的 천시天時 운수에 관하여 대답·처방하고 있는 것이다.

엇박.

들뢰즈와 가타리는 다가오고 있는 세계사적인 카오스 민중의 문화적 패러다임을 '카오스모스(혼돈의 질서)'라고 예언한다. 엇박, 즉 3분박 플러스 2분박은 혼돈 및 역동과 질서 및 균형으로서 태생적인 '카오스모스 문화 원형'이다.

치우.

먼저 이제까지 동양정신의 정수요, 우리에게 문화를 일방적으로 주기만 한 것으로 돼 있는 중국과의 관계에서 사실은 서로서로 주고받는 '다이나믹스'의 관계임을 강조한다. 왜냐하면 치우는 동이족의 부족연맹체 추장으로서 중국의 화하족 추장인 황제와 74회의 혈전을 벌인다.

이 전쟁은 농경문명 일변도를 주장하는 중국족과 유목이동문명과 농경정착문명의 교호결합을 주장하는 한민족연맹체 사이의 문명 및 세계관 전쟁이다. 현재 유럽과 미국의 지배적 역사·사회·지구지리적 흐름은 유목이동문명 일변도이고, 반反세계화와 제3세계 국가들 그리고 환경주의자들은 유기농적인 농경정착문명 일변도적인 복귀를 주장한다. 유월의 붉은 악마나 치우를 로고화한 것은 세계사적으로 인류의 미래문명이 '유목-농경의 복합 형태'이어야 한다는 과학과 문명 원형의 예언을 뜻한다.

태극.

태극기는 동양철학의 집약이요, 동양과학의 꽃이라 할《주역》64괘를 모두 압축하는 네 괘와 상하로 서 있는 중국적인 흑백 형상이 아닌 좌우로 누워 있는 한국적 청홍 태극 형상으로서의 음양과 중도中道를 내포한 새로운 세계철학이 함축돼 있다.

여기에 네 정방正方이 아닌 네 간방間方에 벌려진 네 개의 그 괘상과 음양의 '배치', 즉 '계열화'의 형식으로 보아 김일부의 새로운 역학, 즉《정역》까지 암시하고 있는 것으로 볼 수 있다.

유럽적인 배제와 분단의 형식논리나 전쟁과 투쟁의 철학인 변증법과 러셀적인 논리계형論理階形까지를 모두 극복할 수 있는 '모순과 통합' '숨은 차원과 드러난 차원' 사이의 논리적 평화, 평화의 논리로서의 새로운 세계철학, 생명 및 영성의 통합과 선仙·불佛의 습합褶合을 가능케 할 새로운 정신으로서의 태극, 또는 '태극궁궁'의 원형, 철학종교적 원형을 제시한 것이다.

지난 유월, 나는 슈타이너와 다카하시의 예언이 망상이나 환상이 아님을 그야말로 큰 전율과 함께 깨달았다. 그러나 역시 한 점 의혹이 남아 계속 마음의 하늘 한 켠을 배회했다.

물론 젊은 그들은 그 어마어마한 열기와 흥분과 역동 속에서도 길거리의 쓰레기까지 치우는 질서의식과 함께, 외국에 패전하면서까지도 그들을 격려하는 관용을 보여주었다. 그것은 바로 '모순과 통합'이며 '아니다면서 그렇다'였다.

그러나 역시 그것은 어디까지나 스포츠였고 축제, 즉 태극으로 보면 양이었다. 흰빛 또는 붉은빛으로 불타는 생명이었다.

그늘, 음, 검은빛 또는 푸른빛, 제사 또는 문화의 측면에서는 그것이 바로 무엇이며 또 어떻게 나타날까? 이것이 나의 의문이었다. 여기에 드디어 대답이 온 것이다.

촛불!

촛불이다.

촛불은 제사다. '붉은 악마'의 거칠고 불타는 생명력, 그 축제에 비하면 보드랍고 고즈넉한 영적 사건, 즉 제사요, 음이요, 그늘이요, '밤에 켜는 제사로서의 촛불'이니 바로 '흰 그늘'이다.

촛불은 바슐라르의 물질신비주의에서 영감의 원천이다. 촛불은 유럽 문화의 골수인 기독교 신비의 중핵 '파스카(Pascha, 부활절)'의 상징이다. '자기를 태워 빛을 발하는 예수 희생제사'의 상징이다. 그것은 '넘어감', 즉 '통과'의 의례다.

'붉은 악마와 촛불.'

마침내 현대 한국 민중의 새 세대 문화의 신비는 아키타입archetype의 꼴을 갖춘다. 태극 또는 '태극궁궁'의 음양통합이 나타난다. 붉은 악마 '치우'의 숭고함과 '촛불'의 심오함이 치우의 생명력〔外有氣化〕과 촛불의 무의식〔內有神靈〕이 통합된다.

아, 촛불!

나는 한동안 긴 침묵 속에서 혹시라도 내 생애와 촛불이 지닌 공유의 지점이 있었는지를 생각해본다.

문득 떠오르는 것은 내설악 백담사다.

몇십 년 전이던가?

어느 날 갑자기 유신헌법이 공포되고 나는 내설악 백담사 골짜기로 몸을 피해 숨어들었다. 그 골짜기, 밤이면 우렛소리를 내는 여울에 귀 기울이며 좁은 방안에 한밤중 내내 타고 있는 촛불을 끝끝내 바라보면서 그 옛날 백담사에 머물던 만해 스님을 생각한 〈여울〉이라는 시가 남아 있다. 시구가 띄엄띄엄 기억 위에 떠오른다.

   옛 만해의 아픔
   가슴속 타는 촛불의 아픔

   저렇게 소리지르네 애태우네
   여울이 밤엔 촛불이 나를 못살게 하네

   기어이 스스로 죽음으로밖에는
   살길이 없어 가리라 매골모루로 가리라
   아아 타다 타다가
   사그러져 없어지는 새빨간 새빨간
   저 촛불의 아픔.

  그래. 그리하여 나는 유신헌법과 박정희의 종신총통제에 전면 반대하는 민청학련 사건으로 잡혀갔고 군사법정에서 사형선고를 받았다. 사형을 선고하자 내 앞줄에 있던 김병곤, 지금은 고인이 된 그가 뱉어낸 한마디, '영광입니다.'
  이 한마디가 나를 소용돌이 속에 빠뜨렸다. 내 눈앞엔 끊임없이 타다 타다가 사그러져 없어지는 촛불이 나타났다.

그러나 그것은 영광이었다.

자신을 불태워 세상을 밝히도록 결정된 사람의 운명은 영광이었던 것이다.

나는 그 무렵 잠시 가석방된 기간중에 《동아일보》에 발표한 〈고행…1974〉이라는 기고문 안에서 그 전체 사건의 이름을 '촛불 신비의 고행'이라고 불렀으며 '정치적 상상력의 승리'라는 숨겨진 부제목을 붙인 바 있다.

촛불.

정치적 상상력.

드디어 붉은 악마는 축제의 한 형태인 스포츠로부터 시작하여 가장 예민한 문화 중의 문화인 정치적 상상력에까지 이르렀다.

나는 학생 때, 1963년 한미행정협정체결 촉구시위에 참가한 적이 있다. 2개 중대의 병력이 총 끝에 착검하고 수평으로 총을 겨누며 전진해왔다. 엉겁결에 손으로 칼날을 쥐어 손바닥을 베는 소동도 일어났다. 내 가슴 한복판에 와 멈춰선 시퍼런 대검 칼날은 내 안에 시뻘건 분노와 함께.

아, 그렇다.

그때 내 뇌리에 떠오르던 것이 있었다.

'정치적 상상력'이라는 한마디였다.

붉은 악마들.

십대, 이십대, 삼십대의 촛불들에게 지금 출렁이고 있는 것은 정치적 상상력이다.

제사와 함께 떠오르는 정치적 상상력!

현대의 로마인 아메리카에 정면으로 도전한 촛불!

그러나 역시 김기보의 말은 옳다.

"그래서 촛불을 켠 것이다. 촛불은 반미주의가 아니다. 촛불은 영적 사건이다."

영적 사건.

정치는 정치로되 상상력의 영역이다. 그 상상력은 숭고와 심오의 제사. 촛불로, '모심'으로 승화하면서 역설적인 영광을 촛불 세대 전체에게 안겨주고 있다.

그 영광은 도대체 무엇일까?

영광은 슈타이너가 예언한 바로 그 '성배'다. 그러하매 촛불 세대는 지금의 촛불을 통해, '붉은 악마와 촛불의 역설(패러독스)'을 통해 세계인의 새 삶, 지구의 새 삶, 민족의 새 삶의 원형, 그 패러다임이자 아키타입을 제시하고 있는 것이다.

촛불은 분명 반미다. '아메리칸 로마'에 거스르는 것은 모두 다 반미요, 반미정치다. 그러나 촛불은 결코 반미가 아니다. 그것은 정치이지만 정치가 아니라 정치적 상상력, 즉 제사다. 이 세상에 그것 이상의 성스러움이 없다는 점에서 제사, 즉 정치적 상상력인 '촛불'은 가장 거룩한 영광이다.

젊은 그들은 촛불을 통해서 원형을 제시하고 있다. 계통적 기억을 통한 원형의 제시다. 지난 유월 원형의 본모습이 제시되었다. '엇박' 등의 '카오스모스 문화'가 '궁궁'이라면 태극기는 새로운 체계적 생명철학으로서의

'태극'이다. '엇박의 궁궁'이 후천의 상징이요, 지금 막 시작되고 있는 '혼돈적 질서'라면, 태극기의 태극은 선천의 부호로서 혼돈까지도 부분이기는 하나 제 안에 이미 포함한 새로운 세계철학인 '역학《주역》과《정역》'이다.

바로 이 '태극이면서 동시에 궁궁'인 그 원형이 붉은 악마가 들고 나온 상징인데, 이것이 바로 1860년 4월 5일 11시 경주 외곽 현곡면見谷面 가정리柯亭里의 구미산龜尾山 밑 용담龍潭 계곡에서 수운 최제우 선생에게 내린 하늘의 원형이다.

그때 하느님의 계시 내용은 이렇다.

"나에게 '신령한 부호〔靈符〕'가 있으니 그 이름은 '신선의 약〔仙藥〕'이요, '그 모양〔其形〕'은 태극이요, '또 다른 그 모양〔又形〕'은 궁궁이다. 이 부호를 받아 병든 뭇 생명을 구제하라."

기독교에는 섭리라는 말이 있다. 동양사상에서는 '하늘의 뜻〔天意〕'이라고 한다. 현대어로 바꾸면 무엇이 될까?

역사의 의지다. 이해하기 쉽게 말하자면 역사의 신비요, 시대의 징표인데, 이것이 곧 성배다.

나는 지난 유월에 태극을 보았다. 그리고 지금 궁궁을 보고 있다. 지난 유월에 태극의 양을 보았다면 지금은 태극의 음을 보고 있는 셈이라고 말해도 크게는 말이 된다. 아니, 그 반대라고 해도 괜찮다.

붉은 악마와 촛불 세대는 바로 그 새 삶의 원형인 '태극궁궁'을 세계 인류에게 제시하는 성배의 민족을 대변한다.

지난 유월 전 인류 앞에 그들은 그것을 제시했다. 세계인들, 그들의 놀라움은 성배 체험을 내장(內臟)한 뜻밖의 놀라움이다. 아니, 그들은 아직도 그들이 왜 놀랐는가, 이 민족이 어떤 민족인가를 채 모르고 있는 것이다.

나는 아메리카를 현대의 로마라고 불렀다. 아메리카의 대도시와 공항과 항만들은 세계의 축도요, 인류의 집합장이다. 아메리카의 능력은 그 크기와 능숙함으로 세계를 움직일 만하다. 다만 그들의 문화·역사의식·철학은 썩고 병들고 공허하다. 그들은 반대하고 싸워서 물리적으로 물리치는 소아병적인 병법이 아니라, 그들의 주체인 뇌, 즉 정신과 문화와 역사의식과 철학을 바꿀 새 삶의 원형을 제시함으로써 바로 그들을 통해서 세계를 바꾸고 지구 위에 생명과 영성의 새 문명을 세워야 한다.

나는 촛불을 일러 '소아시아의 바울'이라고 하겠다. 아직 로마 전도 이전의 소아시아 도시들에서 바울이 가졌던 사상사적 위상과 같다는 뜻이다. 로마는 게르만족에 의해서가 아니라 기독교 때문에 붕괴됐다는 토인비의 말을 새삼 새겨들어야 한다.

이런 의미에서 지금 촛불은 아메리카와 새롭고 창조적인 관계를 건설 중이다. 정치적 상상력, 정치적 신비, 문화적 정치관 이런 것이다.

촛불은 미군철수 주장과 같은 극단적 반미주의로 기울어서는 안 된다. 그것은 명백한 오류다. 왜?

첫째, 한미관계는 경제사회적으로 깊고 넓게 연결돼 있다 이 반도에 투자된 막대한 미국 자본과 무수한 기업들, 그것과 함께 한미간에서 움직이는 무수한 기업가들, 이민들, 유학생들, 여행자들, 물동량들, 지식과 과학의 교류, 문화예술의 방대한 교류 등은 미군철수 등 극단적 반미가 얼마나 비현실적인 관념론인가를 깨닫게 한다.

둘째, 한미간의 정치군사적인 유착이다. 미군이 철수하면 즉각적으로 동북아 정세에는 불균형과 공황이 온다. 그 공백을 메운다는 명분 아래 일본은 즉시 핵무장, 중무장, 군비확장과 함께 정치적 극우화를 단행한다. 중국은 이에 응해 즉각적으로 대대적인 군사비 증강과 신무기 증설을 강행하고, 잇따라 남북한은 그 동안 축소를 꿈꾸어왔던 군비를 이번에는 거꾸로 대폭 증강하며 그로 인해 각 방면의 재정이 위축되면서 정치적으로는 우파의 득세를 부채질할 것이다. 남북관계는 즉시 냉전시대의 긴장으로 되돌아간다. 북한 당국까지도 미군철수 등을 강변하기를 꺼리는 이유가 여기에 있다. 개혁개방이나 중국 모델은 북한에게 있어 물 건너가는 소리밖에 더는 안 되기 때문이다. 문화적으로도 대결과 갈등, 투쟁의 철학과 호전적인 대중문화만이 판치고 과학 역시 군사과학, 군수기술, 국방산업용으로 전화할 것이다.

셋째, 이 모든 현실 차원을 다 뛰어넘어서 나는 한미관계의 앞날을 1879년부터 1885년 사이에 공표된 충청도 연산, 지금의 논산 땅 김일부 선생의 새로운 역학인 《정역》의 핵심을 이루는 '간태합덕艮兌合德'의 예언에서 찾는다.

'간태합덕'이란 무엇일까?

'간艮'은 산의 뜻인데, 정동正東, 즉 한반도를 말하고, '태兌'는 연못의 뜻인데 정서正西, 즉 미국을 말한다. 《정역》에 의하면 다가오는 새 시대에는 한국과 미국이 '사회적 구조변혁〔禮三千〕'과 '문화적 창조〔義一〕'의 상호 협조로 서로가 서로를 돕는 '합덕合德' 관계가 된다는 것이다.

과연 이 양측 사이의 협조 내용인 변혁과 창조는 구체적으로 무엇일까?《주역》에서는 '간태' 관계를 '산택통기山澤通氣'라 하는데, '산과 못이 기운을 합한다'는 뜻으로 최수운 선생의 시에 있는 '산 위에 물이 있음이여(山上之有水兮)'의 그윽한 비밀과 한가지다. '산 위에 물 또는 못이 있음'은 다름 아닌 '신시'의 비유로서 '거룩함과 장바닥의 합일'인 '호혜시장互惠市場' 또는 제사경제의 일종인 '포틀래치'의 상징이다. 고대 아시아의 호혜시장은 반드시 물이 있는 산 위에서 열렸다. 천지天池가 있는 백두산이 바로 신시의 터전이다.

'호혜시장'은 인간과 인간 사이의 영적 관계인 우정과 모심 이외에 인간과 자연의 관계인 신비성과 생태계 보전까지를 모두 포함하는 교환구조로서, 제사와 상호 혜택과 상업적 교환을 동시에 함축한다. 따라서 한미간에 이 같은 새로운 '호혜와 교환의 세계적 이중 시장'의 창조적 구상이나 아이디어가 새로운 관계를 만들어갈는지도 모를 일이다.

《정역》에 의하면 '간태합덕'과 함께 강조되는 것이 '진손보필震巽補弼'인데, 물론 해석의 가능성은 여러 가지이겠지만, '간태합덕'의 '정동-정서의 창조적 결합'을 측면에서 보필하는 역할이 중국과 일본에 주어진다는 해석의 가능성과 여지가 크다.

그런데 이 같은《정역》의 가장 중요한 골자는 무엇일까?《주역》팔괘를 대체하는《정역》팔괘가 그것이다.

《정역》팔괘가 곧 역학으로 본 원형인 셈인데 동학의 '태극궁궁'과는 무슨 관계가 있을까?

《정역》은 동학의 역학적 전개다. 동학식으로 말하자면 삼칠자三七字 주문의 맨 마지막 완성 종료 부분인 '만사지〔萬事知〕'의 그 '만 가지 일〔萬事〕'이 다름 아닌 '수의 많음〔數之多〕'을 뜻하는 것으로 보아 《주역》 위에 겹쳐 《정역》의 출현을 예고한 것 같다.

왜냐하면 '공功'이 반드시 정치적 사태를 의미하는 동양사상사에서 '수數'는 반드시 '역수易數', 즉 '역학'을 뜻하기 때문이다. 그리고 '안다〔知〕'가 곧 '스스로 공부해서 그 진리를 알고 또 앎을 하늘에서 받음〔知其道受其知〕'이라는 점에서 독공과 계시가 합발合發한 결과인 김일부의 《정역》 팔괘는 기왕의 문왕 팔괘에 겹쳐(그 모양이 태극이고) 새로운 《정역》 팔괘를 상징한다(또 다른 한 모양이 궁궁이다). '또', 즉 '우又'로 연결시켜 선천 태극, 즉 《주역》과 후천궁궁, 즉 《정역》이 공존하되 후천의 궁궁에로 그 중심이 기우뚱하게 기우는 선후천의 균형으로서의 새 문명, 새 삶의 원형을 역학과 괘상으로 벌려놓은 것이라고 생각한다. '수의 많음〔數之多〕'은 '역수의 여러 종류〔易數之各種〕'를 뜻하는바, 여러 종류란 《주역》과 함께 다른 종류의 역, 곧 《정역》과 같은 새로운 역의 탄생을 예언한다. 하긴 《주역》의 〈계사전繫辭傳〉이 이미 《정역》, 또는 간역의 출현을 예고하고도 있다.

아니나 다를까?

《정역》에서는 《주역》의 중핵인 '율려律呂'를 '여율呂律'로 뒤집어 놓았다. 이것은 참으로 중요한 전환이다. '율'이 '양'이라면 '여'가 '음'인데 선천 2800년 중국 《주역》 시대의 율려는 양을 높이 들어올리고 음을 내리눌렀던 데 비해, 여율은 반대로 음을 높이 들어올리고 양을 도리어 조절하는 새로운 역과 우주질서의 이치이니 다른 말로는 '팔려사율八呂四律'이 된다. 음 또는 여성성, 카오스 등이 앞서고(여呂가 팔八이라는 점) 양 또는 남성성, 코스모스가 뒤에 서는(율律이 새四라는 점) 구조의 일대 전환인 것이다. 역학으로는 여율, 즉 팔려사율이 삶의 아키타입으로 압축하면 '기형태극 우형궁궁(其形太極 又 形弓弓)' 바로 그것이다.

왜? 어쩌자고 어려운 역 이야기를 이렇게까지 장황하게 늘어놓는 건 가? 지식 자랑인가?

아니다.

생각해보라, 촛불들이여!

그대들은 자기가 한 일을 자기가 알기 위해서도 서로 공부해야 한다. 내가 스무 살 때 4월혁명이 일어났는데 막상 그 주체였던 우리 젊은이들 자신은 자기가 무슨 일을 했는지 똑똑히 몰랐다. 5월쿠데타 이후부터 스스로에 대해서, 즉 민족과 민중에 대해서 공부하기 시작하면서 4월의 혁명적 의미를 깨달았고, 그래서 시작된 1963년의 한미행정협정체결 촉구시위와 1964년, 1965년의 한일굴욕회담 및 저자세 조약 반대운동으로부터 이른바 그 뒤의 민주화와 사회변혁, 민족문화운동 등의 씨를 뿌리기 시작한 것이다.

촛불들에게도 이제 똑같은 주문을 할 수 있다. 자기가 한 일을 자기가 설명하고 발전시키기 위해 이상과 같은 나의 이야기들을 잘 활용해보라.

'소파의 전면적 개정' 이외에 촛불 시위를 통한 새로운 한미관계는 그야말로 미국의 뇌수를, 그 정신과 문화를 뒤바꾸는 대개벽의 전초전인 셈이다. 소파는 개정하고 민족의 자존심은 살려야 하되 극단적 반미주의로 기울어서는 안 된다.

이젠 '소파'의 원만한 타결을 대통령 당선자인 노무현 씨에게 일임하라. 오늘이 정월 초하루다. 꼭 한 달이다. 그것이 슬기로운 정치적 상상력의 주체인 촛불다운 태도다. 거리 시위를 이제 끝낼 때가 되었다.

그리고 노골적이고 장기적이며 격파 위주의 반미운동을 눈에 핏발을 세워 강변·강요하는 세력과는 차라리 결별하는 한이 있다 하더라도, 혹시 조금은 외롭고 쓸쓸하더라도 붉은 치우, 그 현명하고 용맹한 치우의 후예답게, 붉은 악마답게 촛불은, 그 거룩한 영광, 원형 제시의 길고 흰 그늘의 길, 바로 그 성배의 소명을 굳세게 지키라.

생각이 여기에 이르니 십수 년 전 전라도 해남에 낙향했을 때 《검은 산 하얀 방》이라는 이십여 편의 시를 구술하기 직전에 그 서시序詩로서 먼저 구술한 〈촛불〉이라는 한 편의 짧은 시가 문득 기억에 떠오른다.

그 시를 마지막으로 인용하면서 이 글을 마칠까 한다.

촛불

나뭇잎 휩쓰는
바람 소리냐 비냐
전기는 가버리고
어둠 속으로 그애도 가버리고
금세 세상이 온통 뒤집힐 듯

눈에 핏발 세우던 그애도 가버리고

촛불

홀로 타는 촛불

내 마음 휩쓰는 것은

바람 소리냐 비냐.

단기 4336년(2003년) 1월 1일

일산에서

김지하 모심

수묵시화첩《절, 그 언저리》의 서문: 추醜의 미학

    지난 2년여 절 순례 시들을 써왔다. 그 30여 편을 수묵과 함께 묶어 한 시화첩을 내놓는다.

    젊었을 때 한 시화첩이 내 손에 있었다. 이탈리아 도보여행 시화첩으로 헤르만 헤세가 쓰고 그린 것이다. 시는 짧고 간결했으며 연필 크로키는 마른 붓맛(渴筆)처럼 몽롱하고 소산 疏散해서 울적하고 스산하고 틈이 많았다. 가히 헤세 낭만주의의 작은 꽃이었다.

    내 기억이 정확하지는 않지만 언젠가 앙드레 말로는 흑백예술, 그러니까 영화, 소묘 그리고 수묵 등을 가리켜 '세계의 우울'이라고 했던 것 같다.

흑백화는 그 나름의 색채관을 갖고 있다. 내 식으로 표현하자면 '흰 그늘'이다. 색채영화가 처음 나왔을 때 여기에 대한 비난의 기조는 잠재적으로 모두 바로 이 '흰 그늘'에 연계된 것들이었다. 중국의 남종화南宗畫가 북종화北宗畫를 보는 눈도 그렇다.

'흰 그늘'에 그림의 주안점을 두긴 두었다. 그러나 제대로 된 것 같지를 않다. 시 역시 태작이 많은 게 사실이지만 그러나 하나의 시도로서 읽혔으면 한다. 주된 시안詩眼이 선仙과 불佛의 결합상에 주목하는 점을 보아주었으면 한다는 말이다.

《화개》의 애잔함과 슬픔을 넘어 선仙적 생명의 숭고함에로, 모순어법의 섬광과 촌철살인寸鐵殺人을 넘어 불佛적인 영성의 심오함에로 나아가고자 했고, 그 과정에서 '괴怪'와 '기奇'와 '추醜'를 도리어 시 안으로 끌어들이고자 했다.

그 점에서 북극전, 백학봉, 광제국, 내소사, 운주사雲舟寺, 쌍계사, 지장암地藏庵, 청련암青蓮庵 등은 다소 성공적으로 보인다. 나머지는 파품破品인데, 그렇다고 버릴 것까진 없겠다. 공색空色과 청탁清濁이 함께하듯이 잘난 놈과 못난 놈은 반드시 엇섞이게 마련이기 때문이다. 어떤 것은 심지어 추하기까지 하다. 그러나 이 시화첩은 도공陶工이 못난 놈을 망치로 쳐서 파품시키기 그 이전의 모습을 모두 보여주려 한다. 이 또한 '추의 미학'이다.

사실 '추'를 통과하지 않으면 생태학과 무의식에 도달하지 못한다. 마치 코스모스에 대비한 카오스처럼 기왕의 미학적 법칙과 비례, 이미지와 비유체계의 혼돈이 바로 '추'이기 때문이며, '추'라는 이름의 이 실패 언저리엔 그러나 '괴'와 '기'와 '골계'와 '제의祭儀', 그리고 '비장'이 가까이에서 살고 있기 때문이다.

카를 로젠크란츠가 '추'를 통해 참다운 숭고미에 도달하고자 했듯이, 아돌프 루텐베르크가 '병病'을 통해 참다운 심오의 존재미를 획득하고자 했듯이, 그리고 추사가 '괴'와 '기'와 '졸拙'을 통해 참다운 '선불'의 세계, '산은 높고 물은 깊은(山崇海深)' 지예至藝의 땅에 이르려 했듯이.

지금은 문예부흥과 문화혁명의 때다. 젊은이들의 감수성과 상상력이 '신화神話'와 '복고復古'와 '엽기獵奇'와 '명상瞑想'과 '환상幻想'과 '희극喜劇' 그리고 숭고비장의 생태학과 장엄한 생명의 세계관을 지향하고 동경한다. 미학혁명이 요청되고 있는 것이다. 그 혁명은 추의 미학이 문예부흥과 문화혁명을 관통하면서 동시에 안팎에서 추진될 것이다.

오늘날에 필요한 생명과 영성, 생태학과 무의식, 에콜로지와 사이버네틱스, 리비도와 아우라, 주체와 타자, 농경문화와 유목문화가 새 차원에서 결합을 이루는 새로운 미학은 일단 하나의 추의 미학일 것이다.

돌아보건대 《화개》는 '슬픔의 정치학'이었다. 그렇다면 숭고와 심오, 괴와 기, 생명과 영성, 이른바 추의 미학과 정치학의 새로운 관계는 무엇일까?

널리 알려져 있듯이 '달마'는 불교의 보살행菩薩行의 하나요, '매화'와 '난초'는 그야말로 전실典實한 유학의 군자도君子道의 하나다.

이 시화첩의 시들이 선仙과 불佛을 만지면서도 영가詠歌와 게송偈頌과는 거리가 멀듯이, 그려진(그림이 아니라 친 것이지만) 달마와 난초와 매화가 문자향文字香이나 서권기書卷氣 또는 장바닥으로부터의 초탈超脫에 일단은 관계가 있지만(그렇다) 동시에 사실은 관계가 없는(아니다) 점에서 새로운 문화정치학의 가능성을 찾을 수도 있을 것이다.

선천과 후천이 공존하되 후천 쪽으로 그 중심이 약간 기우뚱한 균형이야말로 후천개벽이기 때문이다. 문예부흥과 문화혁명이라는 개벽, 과거로 가는 부흥과 미래로 가는 혁명의 동시진행인 후천개벽 말이다.

이 시화첩을 내는 데는 최원식, 이시영 형들의 권고와 결단, 강일우, 김미애 두 사람의 노고, 그리고 멀리 베이징에 있으면서까지 디자인을 맡아준 안상수 교수의 공이 컸다. 특히 안교수의 디자인이 아니라면 꿈꾸기 힘든 출판이었으니 채색도 아닌 수묵을 시화로 성공시키는 일은 오로지 수준 높은 디자인을 전제로 해서만 가능하기 때문이다.

나의 '먹참선'의 새 과제는 매화다. 매화철에 맞춰 묶은 이 이상한 시화첩을 이제 내놓는다. 부디 이 시화첩 출간을 계기로 창비와 우리 출판계 전체에서 시화를 비롯한 좀더 높은 안목의 동서문예작품 퓨전 출판들이 이어지기를 빌어 마지않는다.

단기 4336년(2003년)
양력 정월 초하루 아침 9시
일산에서
김지하 모심

감악산 밑에 작은 놈을 두고 오며

며칠 전 작은놈 세희가 입대하여 복무하고 있는, 포천 가는 길 감악산 밑 부대에 면회 갔다가 왔다. 피자를 먹고 콜라도 마시며 세 시간을 지내고 나서 돌아오려고 작별하는데 노을빛에 비친 세희의 애미령한 두 눈에 눈물이 고이는 듯했다.

'아직 아기로구나!'

속으로 되뇌며 돌아오는 길 내내 마음이 언짢았다.

누군가 세희를 보고 걱정하며,

"너무 착하기만 해서 손해 볼라!"

하던 말이 떠오른다. 그러나 나는 그때고 지금이고 정반대의 말을 하고 싶다.

'착해야 강하다.'

작은놈 세희는 큰놈 원보처럼 대학을 보이콧했다. 괜찮다. 예술가의 길을 갈 것이다. 이번에도 여러 번 반복해서 강조했다.

"제 할일 잘하고 예술가의 길을 가거라. 착해야 하지만 울지는 말거라."

돌아오는 노을길. 걱정과 안심이 교차한다. 문산과 교하 벌판의 드넓은 공간 앞에서 마음속으로부터 세희에게 짧게 부르짖는다.

'모셔라!'

그 동안 소 닭 보듯 닭 소 보듯 하던 아이. 세희와 이제와 다시금 '부자유친父子有親'을 회복한다. 마음 밑바닥이 훈훈해왔다. 걱정이 안심이요,

안심이 걱정이었다.

세희는 취사병이다. 새벽부터 저녁 늦게까지 밥을 푼다. 또 속으로 한마디 한다.

'밥 한 그릇이 만사지萬事知다.'

작은놈의 입대로 그 애에 대한 나의 사랑을 회복하고 확인했다. 내 생전 처음으로 군대에 대해 긍정적인 생각을 하게 되었다. 세상만사가 새옹지마라던가!

회상을 마치며

비가 온다.
끝낼 때는 비가 조금 오는 것도 좋다.
조금은 구슬픈 쪽이 더 좋다.
더욱이 실패한 인생을 회상함에랴!
모로 누운 돌부처! 아무리 해도 돌이 황금 될 리 없고 누워도 모로 누운 놈이 벌떡 일어나 곧추설 까닭은 없다.
《무기여 잘 있거라》의 마지막 장면이 생각난다. 내리는 빗속으로 집에 돌아간다는 것.
집에 돌아간다는 것.
흰 그늘에로 돌아가는 길.

성공이 아니어도 집에는 돌아갈 수 있음을 알겠다. 텅 빈 집이지만 집은 집이다. 오늘 저녁은 빗속을 걸어 어느 식당에라도 가서 고기를 좀 먹어야겠다. 헛헛하다. 긴 긴 회상이 끝났기 때문일까?

분명 실패한 인생이지만 두 가지만은 명백히 밝혀졌다. 하나는 객관적 사실이고 다른 하나는 내 속에 있는 희망의 정체이다.

최근에 내가 누군가로부터 귀담아 들은 용어인 '요기-싸르'가 바로 젊을 때부터 내가 내 삶에 요구해온 그 객관적 사실이고, 바로 그 명상과 변혁이라는 음양법의 밑바탕에서 무엇인가 내 힘에 의한 것은 아닌, 그야말로 한낱 망상적인 희망에 불과할지도 모를 어떤 초월적인 빛이 배어나길 기다리는 것, 그것이 나의 나머지 삶이라는 것, 즉 내 여생의 정체다.

'흰 그늘' 말이다. 그것은 논리 같지만 논리는 아니다. 논리로 이해하는 한, 쉽게 변증법적인 합명제로 흘러가버리기 때문이다. 그것은 분명 하나의 희망, 그러나 현실적인 치유에 대한 희망이다.

회상을 마치며 내 앞에 5, 6년간 반드시 해야 할 일이 또 있음을 분명히 깨닫는다. 나의 나머지 책무일 것이다. 그러나 그것은 빈 마음자리 아니면 안 되는 일. 가능할까? 노력할 것이다. 그리고 나서는 어딘가 흙집 귀퉁이 낮은 벽 밑에 엎드려 작은 글, 못난 그림으로 죽음을 기다릴 것이다.

나는 사람이 죽어도 쉽게 죽지 않는다는 것을 잘 안다. 소멸은 그리 쉬운 일이 아니다. 더욱이 선허仙墟에 깃들이는 일은. 그러하매 그것까지 소망할 염치는 없다. 문제는 앞으로 5, 6년 동안 일만을 위해서 조건 없이 이루어야 할 빈 마음자리다. 가능할까? 노력할 것이다.

비가 온다.
끝낼 때는 조금은 구슬픈 쪽이 더 좋다.
이 삶을 다시 회상하는 일은 아예 없을 테니까.

단기 4335년(2002년)
양력 8월 7일
일산에서
김지하 모심

다시 회상을 마치며

김지하 연보

다시 회상을 마치며

양력이긴 하나 계미년을 시작하는 정월 초하루에 이백 자 원고지 백 장에 가까운 글을 쓰고 작심대로 난초나 달마 대신 매화를 치기 시작했다.

난초는 잘 알려진 대로 극도로 섬세하고 변덕스러울 정도로 귀티가 있어 쉽게 모험적인 시도를 하기 어려울 뿐 아니라 책기운(書卷氣)이나 글자향기(文字香), 선비로서의 높은 교양과 수련에 의해 다져진 깊은 인품을 요구한다. 멀리는 지난 20여 년, 가깝게는 재작년 봄부터 그야말로 파천황(破天荒)의 무진장한 파지를 내면서 이리저리 갖은 실험과 온갖 시도를 다 해봤지만, 결국은 동양 삼국의 고금을 다 통틀어 완당의 〈불이선란(不二禪蘭)〉 단 한 작품으로 끝이 나는 지극한 예술의 경지(至藝之境)가 난초였던 것이다.

고전의 세계에 깊이 파묻히거나 금석(金石)을 통해 전서(篆書), 예서(隸書), 초서(草書)에까지 달통하지 않으면 가까이 가기도 힘든 영역이 바로 난이라는 걸 새삼 뼈저리게 느꼈다.

건방진 소리로 들릴는지 모르겠으나 20여 년의 사란(寫蘭)에서 얻은 결론이란 게 겨우 다음과 같은 한 가닥 오기뿐이다.

소남(所南)과 판교(板橋)와 노곤봉(盧坤峰)은 모두 너무 사실적이라 권태롭고, 석파(石坡)는 그 세심법(細心法)이 교활할 정도여서 지겨운 데가 없지 않고, 운미(芸楣)는 청초하긴 하지만 아예 풍류가 없다. 남는 것은 겨우 명나라 때의 중 백정(白丁)의 산란 몇 폭과 완당의 단 한 점 〈불이선란〉뿐이다.

왜 그러한가?

두 가지다. 난은 애당초 '바람의 항구'랄까, '변화의 역려'랄까, 곧 장자의 용어로 하면 '이시移是의 집'이어서 바람과 난을 동시에 잡지 못하면 백전백패다. 속도와 위상 사이의 불확정성 원리와도 같다.

난은 분명 형사形似 또는 실사實寫가 아니지만 끊임없이 변하는 기운(瓢然氣)과 변함없는 뼈기운(骨氣)을 함께 못 갖추면 성립이 안 되는 것이니, 사실은 실사가 아닌 것도 아닌 셈이 되고 만다. 그러나 요컨대 꼭 닮은 것의 실사(semblance)가 아니라 숨은 본체, 즉 탁월한 의미의 '리얼리티'가 잡혀 나와야 하는 것이다.

또 하나는 기운(氣)인데, 자유로워야 한다. 그림에 떨어지면 망한다. '그리지 말고 쳐야 한다.' 기운이기 때문이다. 그러니 석도石濤의 주장처럼 '한 획(一劃)'을 유지해야 하는 것이다. 한 획을 유지하려면 불佛, 즉 선禪적인 텅 빈 마음과 선仙적인 피나는 몸, 즉 기의 수련이 있어야 하는 것이다.

완당이 스스로 불도 선도 아니라고 한 것은 사실은 불이요, 선으로서의 유儒, 즉 참선비라는 소리다. 흉내로 될 일이 아니다.

작년 연말 그믐밤에 홀로 앉아 스스로에게 가만히 물었다.

'너는 선비냐?'

대답은 즉각 나왔다.

'아니다.'

'그럼, 너는 무엇이냐?'

이번엔 대답이 천천히 나왔다.

'예술가다.'

'난초를 잠시 멈춰라.'

'그러면 달마를 할까?'

또 질문이 이어졌다.

'너는 중이냐?'

'아니다.'

'그럼, 너는 무엇이냐?'

'시인이다.'

'예언자로구나.'

'…….'

'달마도 하지 마라.'

내가 다급하게 물었다.

'먹장난은 나의 유일한 낙이요, 노후의 저승 가는 길닦기이고, 또 그 말이 허용된다면 하나의 먹참선이다. 절대로 안 할 수는 없다.'

이번엔 천천히 한마디가 떨어졌다.

'그러면 새해부터 매화를 해봐라. 그것도 한매寒梅를! 꽃이 많지 않고 등걸이 기괴하고 고색창연한 매화, 한창 추울 때 꽃이 처음 피기 시작하는 얼음꽃 같은 백매白梅 말이다.'

'화형花兄 말인가?'

'그래, 빙기氷肌다. 너는 매화로 수련하는 게 좋다. 매화는 사실 목숨이고 예언이고 고독이다. 바로 그게 선仙이다. 매화를 집중하는 체험이 없이는 달마의 기초랄 수 있는 예스러움(古)과 기괴함(奇怪)에 못 간다. 그러나 달마는 항상

곁에 놓아라. 목숨 없이 몸 없는 것과 같다.'

'……'

이렇게 해서 계미년 초하루부터 매화를 치기 시작했다.

이 말을 왜 하는가?

지난 팔월에 회고록을 탈고하며 붙인 '회상을 마치며'에서 내 생애를 실패작이라고 실토한 것까지는 그럴 수 있는 일이지만 너무 처량하고 곡조 슬프게 그 점을 강변한 것이 좀 지나쳐서다.

일본에서는 '실패학失敗學'이 대유행이다. 그들은 심지어 '21세기에는 실패를 잘 활용해야 한다'라고까지 주장한다. 실패학은 내 경우에 어떤 교훈, 어떤 태도 변경, 어떤 마음의 결정으로 나타나야 할 것인가?

내가 그리 오래 살 것 같지는 않다. 그러나 사는 동안 무엇을 어찌할 것인가에 대해 지난 연말과 올 연초만큼 선명하고 깊이 있게 생각해본 적은 따로 없었다. 사회적으로는 홀로 내 나름대로 이미 밝힌 바 있는 문화운동의 세 가지 과제에 천착할 것이고, 개인적으로는 매화 그림과 함께 매화음梅花吟 같은 창연蒼然하고 고독한 시를 쓰고 싶다. 우주 너머 흰 그늘의 길 말이다.

난초와 달마를 안 한다는 게 아니다. 하긴 하는데 매화를 중심에 분명히 세우겠다는 것이고, 천년 묵은 매화 옛 등걸의 그 '괴'와 '기'와 '추'의 '창건기굴蒼健奇崛' 위에 '얼음꽃(氷花)'이라고도 부르고 '꽃우두머리(花魁)'라고도 부르는 몇 송이 아리따운 '꽃예언자'를 피워올려 검은 고대와 새하얀 미래를 함께 잡는 신선의 '먹참선', 즉 '선불仙佛' 수련을 해보자는 것이다. 그것이 곧 '숭고'요 생태변혁의 미학이며, 심오요 명상의 영성미학이기 때문이다.

그리고 그것은 나의 '입고출신入古出新'이니 나의 문예부흥이자 나의 문화혁명일 것이기 때문이며, 마침내는 나의 '흰 그늘'일 것이기 때문이다.

나의 생애가 '모로 누운 돌부처'임은 틀림이 없다. 그러나 실패한 부처, 벌판에 버려져 잊힌 돌부처라고 해서 그 조성할 때의 깊고 큰 원願이 '모심侍'이어서는 안 된다는 법이라도 있는가? 성공이냐 실패냐는 이제 거의 내 심중에도 안중에도 없다. 오직 내가 '모시느냐, 안 모시느냐'만 있을 뿐이다. '흰 그늘'이다. 이것이 나의 '실패학'이다.

매화를 그리는 데는 다섯 가지 요령(畵梅五要)이 있다. '몸체는 늙고 줄기는 괴상하고 가지는 깨끗하고 잔가지는 힘차고 꽃은 기이하게 하라(體古 幹怪 枝淸 消健 花奇)'이다.

밝고 밝은 후천개벽의 큰 운수는 각각 제 나름 나름으로 밝힌다고 했다(明明其運各各明 - 수운). 내 나름의 모심을 생각하고, 내 나름의 모심의 예술을 생각하고, 고색창연한 괴기와 추의 검은 등걸 위에 예언자의 깨끗하고 희디흰 얼음매화가 몇 송이 눈부시게 피어 '흰 그늘'의 '모심'이 한 호흡, 한 획에서 미친 듯이 춤추듯이 이루어지는 그 한매를 나의 군자가 아닌 신선으로 세우고, 거기에 난초의 군자와 달마의 선승을 더하며, 동이와 동학의 영적인 생명론 위에 인의론仁義論과 허공론虛空論을 다잡는다면 그 아니 좋겠는가! 실패라 하더라도 그리 곡조 슬픈 실패작만은 면할 수 있을는지 모를 일 아니겠는가!

회상을 마치는 글을 '실패학'을 들어 다시 쓰는 까닭이 바로 여기에 있다.

무슨 구체적인 계기라도 있었는가?

있었다.

첫째가 작은놈 세희를 면회하고 돌아오면서 각오한, '제대로 살다 가야 겠다'는 아비로서의 슬픈 결심 때문이다.

둘째, 세희 나이 또래의 붉은 악마들이 언젠가는 또 다른 형태로 다시 오리라던 나의 예언 그대로 이제 '촛불'로 되살아나 우리 세희까지를 포함한 젊은 그들이 바로 민족의 성배를 실현하는 역사적 주체라는 전망이 너무나도 확연하고 뚜렷하게 섰기 때문이다.

그리고 셋째, 내 주위의 여러 좋은 아우들이 모두 다 하나같이 문화나 미학이나 '문·사·철'에 관한 나의 평소의 생각과 촛불들의 미래를 함께 이어주어야 한다는 확신과 집념으로 가득 차 있기 때문이다.

지난 팔월의 마침글에서는 비가 오고 있었다. 한데 지금은 눈풍년이다. 구슬프기보다는 숭고하고 심오하다. 내 속에 있는 진정한 희망의 정체가 바로 다름 아닌 이 추운 정월 초하루의 밤거리에서 고즈넉이 타고 있는 저 촛불이라는 사실, 이것이 나에게 새로운 희망과 용기와 낙관의 구체적인 근거요, 계기인 것이다.

향후 5년 안에 새로운 문화운동의 세 가지 당연한 과제 이외에 '모심'이라는 이름의, 아담하고 시적인 산문집 한 권을 덧붙여 쓰고 싶다. 물론 그 내용은 생각하고 생각한 그 생각, '흰 그늘'이겠지만.

내 생애를 통틀어 더듬어 찾아온 그 무엇이 있다면, 그것을 한마디로 줄여 말하라면 '모심', 즉 '侍' 한 글자라고 즉시 대답하겠다. 아마도 내 삶의 마지막 정리작업일 터이다.

오늘 병원에 갔다가 돌아오는 택시 안에서 몇몇 가수들이 잡담을 하며 노래도 부르는 라디오 프로그램을 들었다. 그런데 가수 몇몇 사람의 노래, 대중가요를 들으면서 웬일로 '보석'이라는 낱말이 슬며시 뇌리에 떠올랐다. 대중적 민중의 삶, 그 어설프고 고달픈 삶 속에 숨겨진 한 보석이 바로 저 대중가요들은 아닐는지?

옛날 술과 친구와 노래를 즐기며 사방을 떠돌아다니던 때가 떠올랐다. 아득한 옛날이다. 이제 나는 술도 담배도 마저 끊었고 따라서 노래도 아예 끊었다. 어떤 경우에도 노래는 부르지 않는다. 작년 연말에 원주 시절의 선배 세 분과 인사동에서 밥 먹고 술 먹는 자리에서, 술이 한잔 돌고 나서 질펀하게 벌어진 노래판에서 단 한 소절도 떠오르지 않는 나의 먹통 가슴을 바라보며 나도 선배들도 기이한 슬픔에 잠긴 일이 있다.

대중적 민중, 카오스 민중의 삶에서 대중가요는 시보다 더 값진 시요, 보석보다 더 빛나는 보석일 수 있다. 나는 오늘 신효범과 이동기의 노래를 들으며 나의 모심이 이들이 부르고 또 빛을 내는 대중의 시, 민중의 보석, '대중가요'까지도 깊이 모셔야 한다는 생각을 했다.

신문을 보니 조용필 아우가 상처喪妻했다고 한다. 슬픈 일이다. 생각나는 일이 있다. 처음 그를 만났을 때 그가 나에게 한 말이, "저는 대중가수예요"였다. 자기를 낮추는 말이었다.

거기에 즉각 "나는 대중시인일세"라고 대꾸한 나의 생각은 도리어 나와 대중을 한없이 높이는 말이었다. 감옥 안에서 숱한 도둑님들이 나를 음으로 양으로 도왔기 때문이다. 나는 그 대중들에게 큰 빚이 있는 것이다.

나는 그와 매우 친해져서 호형호제하며 지냈다. 그러나 작년이던가, 그가 자기 콘서트에 와달라고 전화했을 때 바빠서였지만 냉정하게 거절한 일이 있다. 그 뒤로 마음이 편치를 않았다.

그렇다. 문상을 가야 한다. 내일이든 모레든 꼭 가야 한다.

왜?

그의 노래를 듣고 상처를 위로받곤 하던 지난날들의 고마움을 '모시기' 위해서다. 더욱이 그의 노래 가운데 내가 가장 좋아하던 노래는 〈촛불〉이 아니었던가! 그의 '촛불'을 '홋불'로 패러디할 만큼.

그렇다.

'촛불'을 모시러 가야 한다.

폴 발레리의 난해한 시구들 중의 가장 대중적인 시구, '바람이 분다. 살아야겠다' 대신 이제 나도 한마디 해야겠다.

'촛불을 켜라. 모셔야겠다.'

단기 4336년(2003년) 계미년
양력 1월 8일 저녁 7시
일산에서
김지하 모심

완연한 봄날이다. 단기 4336년(2003년) 양력 3월 20일, 이라크에 대한 미국의 공습이 시작되었다. 전 세계적으로 반미·반전의 물결이 일어나고 있다. 미국도 반미 진영도 똑같이 새 삶과 새 세계에 대한 '뜻의 길'을 못 찾고 있다. 길을 잃은 것이다.

감히 한마디 하건대 '붉은 악마와 촛불'들에게서 바로 그것이 싹트고 열리고 불타기 시작한다. 감히 말하건대 아메리카와 전 세계는 이 젊은이들에게서, 젊은이들은 문예부흥과 문화혁명과 새로운 추(醜)와 숭고의 생명미학에서 이것을 밝혀야 한다.

긴 글 말미에 또 짧은 토막들을 여럿 붙여놓은 것도 바로 이들의 콜라주 같은, 해체적인 '토막 몸짓'의 의미를 생각하느라고 튀어나온 것이다.

그 동안 나도 여기저기 온갖 곳이 다 아팠다.

비트겐슈타인과 니체, 횔덜린과 고야, 알튀세르와 고흐 등을 애써 생각함으로써 아픔을 넘어서곤 했다. 환각도 사실이며, 환상도 그 나름의 삶이다. 병원에서 한 달간 여기저기 이상한 곳들을 종합적으로 진단하고 치료를 마친 뒤 회고록의 마지막 교정을 끝냈다.

붉은 악마가 강인한 생명력을, 촛불이 고즈넉한 영성의 경건함을 내게 일깨웠다. 참으로 커다란 배움이었다.

모심이다.

결국 '모심'이라는 한마디에 나의 삶과 세계에 대한 앎을 집약할 수 있게 된 오늘까지의 삶이 꼭 실패만은 아닐지도 모른다는 희미한 긍정의 가능성이 떠오른다. 그늘, 어둠의 눈부심, '흰 그늘'이 곧 그 푯말이다.

그러나 이 지점에서 그만 그치자.

단기 4336년(2003년)
양력 3월 20일
김지하 모심

제목을 정하는 데도 망설임과 가로 걸리는 것들이 많았다. 똑 내 인생 같다. 지금까지, 지금, 아마도 지금 이후까지 나의 시업에서 떠나지 않을 우주 저편까지 이어지는 흰 그늘의 길, 내 운명과도 같은 이 길을 제목으로 잡아야 한다는 내 속의 울림이 들린다.

'모심'은 언젠가 내가 마지막으로 자그마한 소책자로 정리해야 할 한 명상록의 제목으로 유보한다. 그늘, 흰 그늘, 그늘의 길, 이 역시 나의 운명이다.

단기 4336년(2003년)
양력 5월 14일 5시
일산에서
김지하 모심

다시 더해야 할 짧은 말들이 있다. 며칠 전 공초空超문학상을 수상했다.

'모심'의 속마음만 더욱 굳어진다.

공초 선생은 밤을 아시아의 미학이요, 종교라고 했다. 아시아의 밤은 인류의 오늘과 내일의 아름다움과 거룩함을 숨기고 있다. 그러나 밤인 채인 아시아가 밝아오고 있다. 그 대신 유럽이 주도했던 세계가 모두 다 자기 나름의 새벽에 부딪치고 있다. 우선 아시아로부터의 새 미학 창조와 참다운 종교의 깊이가 드러나야 할 시간이다.

그 첫 행위는 시, 즉 한 모금의 물을 떠 인류 앞에 바치는 행위일 것이다. 우리가 그 일, 그 한 편의 시를 감당해낼 수 있을는지 의문이다. 소명은 이미 정해졌다. 이 민족의 소명 말이다. 그러나 노력해야 한다. 왜냐하면 이것은 우주의 사업이기 때문이다. 우주 저편으로까지 이어지는 흰 그늘의 길이기 때문이다.

전쟁? 우리는 분명 속고 있다.

단기 4336년(2003년)
양력 6월 6일
일산에서
김지하 모심

김지하 연보

1941년(1세)

음력 2월 4일, 아버지 김맹모金孟模와 어머니 정금성鄭琴星 사이의 외아들로 전남 목포시 연동 18번지에서 태어나다. 본명은 김영일金英一.

1947년(7세)

목포 산정초등학교에 입학하다.

1953년(13세)

산정초등학교를 졸업하고 목포중학교에 입학하다.
이 해 겨울, 부친이 강원도 원주에 일자리를 얻어 가족이 원주로 이주하다.

1954년(14세)

원주중학교 2학년에 편입하다.

1956년(16세)

서울 중동고등학교에 입학하여, 2학년 때부터 문예반 활동을 하다.
재학중에 늑막염을 앓아 휴학한 뒤, 원주에서 두 달 동안 요양하다.

1959년(19세)

중동고등학교를 졸업하다.
서울대학교 미술대학 미학과에 입학하다. 4·19 후에 미학과가 문리대 문학부로 옮겨진다.
문리대 연극회의 일원으로 활동하다.

1960년(20세)

4월혁명 후 학생운동에 본격적으로 뛰어들어 학내 민주화 시위와 '새생활계몽대'의 활동에 적극 참여하다.

미술대학 농성시위에 참여한 몇몇 선배들이 퇴학 처분을 받자 가을 학기와 이듬해 봄 학기까지 휴학계를 내고 서울과 원주, 대학가를 떠돌다.

원주기독청년회관에서 무위당 장일순 선생을 처음 만나다.

1961년(21세)

5월 13일, '민족자주통일연맹' 주최로 서울에서 열린 '남북학생회담 환영 통일촉진궐기대회'에서 조동일과 함께 판문점 남북학생회담의 '민족예술과 민족미학 회담' 분야의 남측 학생대표로 선정되어 이를 준비하다. 남북학생회담 개최 일주일을 앞두고 박정희가 쿠데타로 정권을 장악함으로써 이 회담은 좌절되고, 2학기에 복학할 때까지 목포의 부둣가를 떠돌다.

1962년(22세)

원주에서 최초로 시화전을 열다.

1963년(23세)

3월, 《목포문학》에 〈저녁 이야기〉라는 작품을 '김지하 金之夏'라는 필명으로 발표하다.

5월 초, 동숭동 학림다방에서 '지하 之夏'라는 필명으로 시화전을 열다.

겨울, 원주 시내의 한 다방에서 시화전을 갖다.

1964년(24세)

3월, 복학하다.

5월 20일, 서울대 문리대에서 거행된 '민족적 민주주의 장례식 및 규탄대회'에서 〈곡哭 민족적 민주주의〉라는 제목의 조사弔辭와 데모가 〈최루탄가〉를 쓰다.

6월 3일, 서울대의 '한일회담 즉각 중지'를 요구하는 가두시위 진출을 맡아 시위대를 광화문으로 이끌다. 이 일로 약 넉 달간 서울 서대문형무소에서 옥고를 치르다.

6월 13일, '6·3사태'의 여파로 대학에서 무기정학 처분을 당하다.

9월 20일, 서울지검에서 기소유예로 석방되고, 며칠 뒤 무기정학이 해제되다.

1965년(25세)

8월 22일, 박정희 정권이 위수령을 발동하여 시위대를 진압할 때 1급 지명 수배자가 되어 또다시 도피의 길에 오르다.
10월 12일, '구국학생연합 사건'으로 전국에 지명 수배되어 이 해 겨울까지 서울 답십리에 살던 친구 정현기의 집에 은신하다.

1966년(26세)

《청맥》으로부터 갑오동학혁명을 주제로 한 서사시를 청탁받고, 총 300행 규모의 미완성 서사시 〈우슬치〉를 창작했다가 폐기하다.
3월, 수배가 해제되자 재입학하여 미학연습, 예술사론, 예술심리학, 현대시론 등의 학과목 공부에 열중하다.
8월 30일, 졸업하다.

1967년(27세)

2월, 폐결핵이 악화되어 서울 서대문시립병원에서 입원 치료를 받다.

1969년(29세)

6월, 서울 서대문시립병원에서 퇴원하다.
8월, '코리아 마케팅'이라는 회사의 카피라이터로 취직, 약 넉 달간 직장생활을 하다.
11월, 《시인》 11월호에 시 〈황톳길〉 외 네 편을 '지하'라는 필명으로 발표함으로써 공식적으로 등단하다.

1970년(30세)

《사상계》 5월호에 담시 〈오적五賊〉을 '김지하'라는 필명으로 발표하다.
6월 20일, 풍자극 〈나폴레옹 꼬냑〉의 연출을 맡아 무대에 올리기 하루 전인 이날, 체포되다.
6월 26일, 일본의 《주간 아사히》에 〈오적〉이 소개되다. 이때 누군가 그의 이름을 '金芝河'라고 써서 이후 이 이름으로 공식화되다.

7월 7일, '오적 필화 사건'에 대한 제1차 공판이 서울지방법원에서 열리다.

12월, 첫 시집 《황토》(한얼문고)를 출간하다.

1971년(31세)

4월 8일, '민주수호국민협의회' 결성에 참여하다. 이 무렵 천주교 원주대교구 기획실의 농촌협동운동 관련 기획위원으로 일하면서 부활절에 원주대교구 단구동 성당에서 영세(세례명 프란체스코)를 받다.

6월, 폐결핵이 재발하여 인천 적십자병원에서 약 한 달간 입원치료를 받다.

10월 5일, 원주대교구에서 열린 '부정부패 규탄대회'에서 발표한 선언문의 초안을 쓰다.

10월 15일, 박정권이 서울 일원에 위수령을 발동하고 무장군인을 대학에 투입, 학생들을 연행하다. 이때 시위 배후조종 혐의로 지명 수배되어 강원도 탄광 지역으로 피신하다. 피신중에 희곡 〈금관의 예수〉를 집필하다.

12월, 일본 도쿄에서 담시 〈오적〉과 희곡 〈구리 이순신〉 등이 수록된 작품집 《긴 어둠의 저편에》(주오코론사)가 출간되다.

1972년(32세)

《창조》 4월호에 담시 〈비어蜚語〉를 발표하다.

4월 12일, 서울 모래내의 하숙방에서 체포되어 중앙정보부로 연행되다.

5월 31일, 반공법 위반 혐의로 입건되었으나 폐결핵 때문에 기소유예 처분을 받고, 마산의 국립결핵요양원에서 7월 15일까지 강제 연금생활을 하다.

1973년(33세)

4월 7일, 명동성당에서 김영주와 결혼하다.

9월, 일본의 경제침략 정책을 비판한 장편 풍자시 〈분씨물어糞氏物語〉(뒤에 〈똥바다〉로 개제)를 쓰다.

10월, 농촌계몽극 〈진오귀鎭惡鬼〉를 쓰다.

12월 24일, '민주회복을 위한 개헌청원 백만인 서명운동'을 위한 '헌법개정청원운동

본부' 결성에 참여하다.

12월 29일, 풍자시 〈오행五行〉을 집필하다.

1974년(34세)

긴급조치 제1호, 제2호가 발동하자 석 달 동안 강릉 등지에서 도피생활을 하며 조영래·나병식·이철·유인태·서중석 등과 접촉, 반유신투쟁을 위한 전국적 규모의 학생조직의 필요성을 강조하고, 이에 필요한 활동자금을 조영래를 통해 전달하다.

4월 9일, 민청학련 사건의 배후 조종자로 지명 수배를 받자 다시 도피하다.

4월 19일, 장남 원보가 태어나다.

4월 25일, 영화 〈청녀靑女〉의 촬영 팀이 묵고 있던 대흑산도에서 체포되다.

7월 13일, 민청학련 핵심 관련자 32명에 대한 비상보통군법회의 제1심 판결에서 사형이 선고되다.

7월 20일, 국방장관의 판결 확인 과정에서 사형선고를 받은 김지하를 비롯한 5인이 무기징역으로 감형되다. 이 무렵, 미국·일본·프랑스·독일 등지에서 김지하 구명운동이 활발히 전개되다.

8월 15일, 재일교포 시인 강순의 번역으로 《김지하 시집 오적·황토·비어》(아오키 서점)가 일본에서 출간되다.

1975년(35세)

2월 15일, 민청학련 관련자 148명이 '형집행정지' 처분으로 석방되다. 이날 밤 투옥 열 달 만에 영등포교도소에서 출옥하다.

2월 25~27일, 3회에 걸쳐 《동아일보》에 옥중수기 〈고행…1974〉를 연재하다.

3월 12일, 함세웅 신부가 '민주회복국민회의'의 대변인직을 맡아줄 것을 요청하자 이를 수락하다.

3월 13일 정릉의 처갓집 박경리 여사의 자택을 나서는 도중 중앙정보부 요원에게 체포되어 반공법 위반 혐의로 구속되다.

계간 《창작과비평》 봄호에 〈빈산〉, 〈불귀不歸〉 등 시 열두 편이 발표되나 즉각 판매금지 조치를 당하다.

4월 4일, 중앙정보부가 날조한 '나는 공산주의다'라는 내용의 자필 진술서가 포함된 100쪽 분량의 '김지하에 대한 반공법 위반사건 관계자료'가 문공부에 의해 국내외에 대량 배포되다.

5월 3일, 천주교 정의구현사제단 앞으로 보내는 옥중서신을 통해 자신을 공산주의자로 몰지 말라는 내용의 '양심선언'을 발표하다. 이 양심선언은 감옥 밖으로 은밀히 유출시킨 김지하의 옥중수첩을 토대로 조영래가 집필한 것이다.

6월 29일, '아시아·아프리카 작가회의'에서 '로터스 특별상'을 김지하에게 수여하기로 결정하다. 아울러 '김지하 석방요구서'를 박대통령에게 발송하다.

이 무렵 미국, 일본, 유럽 등의 작가들과 지식인들에 의해 1975년도 노벨문학상, 노벨평화상 후보로 추천되다.

9월 16일, 비상보통군법회의 감찰부가 김지하에 대한 무기징역의 '형집행정지' 결정을 취소하다. 이로써 반공법 위반 혐의로 재구속되어 다시 무기징역수가 되다.

1976년(36세)

12월 14일, 제13차 공판에서 검찰이 김지하에게 기왕의 무기징역형에 징역 10년, 자격정지 10년을 추가로 구형하다.

12월 31일, 재판부가 반공법 위반 혐의로 징역 7년, 자격정지 7년을 추가로 판결하다.

1977년(37세)

1월 6일, 제1심 판결에 불복하여 서울고법에 항소하다.

1978년(38세)

8월, 천주교 정의구현사제단이 김지하의 법정 최후진술 내용을 수록한 소책자 《암흑 속의 햇불》을 발간하다.

1979년(39세)

박정희 시해 사건, 이른바 10·26 사건이 발생한 이즈음, 감옥 생활 5년째에 접어들면서 불교와 동학 관련 서적 등을 다시 읽기 시작하고, 테야르 드 샤르댕의 사상에 심취하다. 또 백 일 동안 참선을 하고 감옥의 시멘트 틈새에 개가죽나무가 뿌리내리는 장면을 목격한 뒤, '생명사상'에 대해 깊이 고민하고 기존의 투쟁방식과는 전혀 다른 새로운 전환을 모색하다.

1980년(40세)

12월 12일, 국내외의 지속적인 석방운동으로 투옥 5년 9개월 만에 석방되다. 이후 원주에 머물며 옥고에 지친 심신을 수양하기 위해 장일순 선생에게 묵란을 배우고, 장선생과 지속적인 만남을 가지며 생명운동, 풀뿌리운동, 구체적인 생활·문화·사상 운동에 매진하기로 마음먹다.

1981년(41세)

9월, 둘째아들 세희가 태어나다.

12월 2일, '아시아·아프리카 작가회의'에서 1975년에 선정됐던 '로터스 특별상'과 오스트리아의 '브루노 크라이스키 인권상 위원회'가 주는 '브루노 크라이스키 인권상'을 동시에 수상하다.

이 해에 '세계시인대회'가 수여하는 '위대한 시인상'을 수상하다.

1982년(42세)

5월, 첫 시집 발간 이후 22년 만에 시선집 《타는 목마름으로》(창작과비평사)가 출간되다.

12월, '대설大說' 《남南 1》(창작과비평사)이 출간되다.

1983년(43세)

천주교 원주대교구 기획실의 사회개발위원회 위원직을 사임하다.

1984년(44세)

4월, '밥이 곧 하늘이다'라는 주제의 이야기 모음집 《밥》(분도출판사)을 출간하다.

7월, 첫 시집 《황토》(풀빛)를 재출간하다.

8월, 대설 《남 2》(창작과비평사), 산문집 《민족의 노래 민중의 노래》(동광)가 출간되다. 이즈음 사면복권되다.

12월부터 '사상기행'을 시작하다.

1985년(45세)

3월, 대설《남 3》(창작과비평사)이 출간되다.

7월, '김지하 이야기 모음'《남녘땅 뱃노래》(두레)가 출간되다. 이즈음 원주와 해남 등지를 왕래하며 동학과 생명사상의 체계적 심화에 주력하다.

1986년(46세)

3월, 시집《애린(첫째권)》(실천문학사)이 출간되다.

5월, 강원도 삼척 두타산 무릉계곡에서 체험한 영적 충격을 집필한 시집《검은 산 하얀 방》(분도출판사)이 출간되다.

9월,《애린(둘째권)》(실천문학사)이 출간되다.

1987년(47세)

6월, 수상록《살림》(동광)이 출간되다.

9월 17일, '민족문학작가회의' 창립 총회에서 이사로 선임되다.

10월 19일, 판금서적 431종이 공식 해금되어《오적》《타는 목마름으로》등이 일반 서점에서 판매되기 시작하다.

이 해 겨울, 원주기독병원에서 잠시 입원 치료를 받다.

1988년(48세)

4월, 대설《남》집필을 중단하고, 수운 최제우의 삶과 죽음을 다룬 장시《이 가문 날에 비구름》(동광)을 출간하다.

11월, 해남을 떠나 광주에 머물다가 상경하다.

12월 23일, '한국민족예술인총연합'의 지도위원으로 추대되다.

1989년(49세)

6월, 서정시집《별밭을 우러르며》(동광)가 출간되다.

1991년(51세)

3월, 산문집 《타는 목마름에서 생명의 바다로》(동광), 《김지하 전집(서정시, 담시, 희곡집, 산문집 1·2)》(동광)이 출간되다.

《동아일보》에 회상기 〈모로 누운 돌부처〉를 발표하다.

6월, 산문집 《뭉치면 죽고 헤치면 산다》(동광)가 출간되다.

11월, 시선집 《마지막 살의 그리움》(미래사)이 출간되다.

1992년(52세)

6월, 생명사상에 관한 글을 묶은 산문집 《생명》(솔)이 출간되다.

11월, 문학선집 《모로 누운 돌부처》(나남)가 출간되다.

1993년(53세)

1~5월, 《결정본 김지하 시전집 1·2·3》(솔)이 출간되다.

여름, 솔출판사에서 '그물코' 네트워크 개소식을 갖고 이후 '생명운동' 소식지 《그물코》를 20여 회에 걸쳐 발간하다.

《결정본 김지하 시전집》으로 문학과지성사에서 제정한 제5회 '이산문학상'을 수상하다.

1994년(54세)

1월, 동학혁명 100주년을 기념하여 집필한 《동학이야기》(솔)가 출간되다.

8월, 신작 시집 《중심의 괴로움》(솔)이 출간되다. 이즈음 거처를 서울 목동에서 일산으로 옮기다.

10월, '생명 가치를 위한 민초들의 모임(생명민회)'을 결성하다.

11월, 생명운동과 주민자치에 관한 담론을 모은 산문집 《옹치격》(솔)이 출간되다.

1995년(55세)

10월, '틈'과 '모심' 사상을 주제로 한 산문집 《님》(솔)이 출간되다.

1996년(56세)

1월, 생명운동의 확산을 위해 채희완·김영동·심정수·최태연 등과 함께 '신풍류회의'를 결성하다.

3월, 생태정치학자 문순홍과의 대담을 엮은 《생명과 자치》(솔)가 출간되다.

11월, 1970년대에 발표된 시편들을 모은 시집 《빈 산》(솔)이 출간되다.

1998년(58세)

8월부터 9회에 걸쳐 '율려학회' 창립 준비를 위한 학술세미나 등을 개최하고, '율려사상'과 '신인간운동'을 주창하다.

12월, 일본 가와사키의 시민운동 단체가 주최한 초청 강연회에 참석하다.

1999년(59세)

3월 23일, 환경운동연합이 주최한 동강댐 건설 반대시위에 참가하다.

4월, 일본 오사카에서 〈재일동포와 민족문화〉란 주제로 초청강연을 하다.

《김지하의 사상기행 1·2》(실천문학사)가 출간되다.

이해 봄부터 명지대 국문과 석좌교수로 임명되어 매달 한 차례씩 미학과 시학에 관해 특강 형식으로 강의하다.

6월, '민족정신회복시민운동연합'의 대표로 취임하다.

7월, '율려'에 관한 강연모음집 《율려란 무엇인가》(한문화)가 출간되다.

8월 4일, '율려학회' 창립대회에서 '율려학회' 회장으로 추대되고, '마고를 찾아서'라는 주제로 창립 기념강연을 하다.

9월, 월간 《말》과의 인터뷰에서 새로운 대안사상으로 율려운동을 펼치게 된 이유, 1991년 당시 《조선일보》 기고문 파동으로 진보진영과 불편한 관계를 초래한 일 등에 대해 해명하고, 진보진영과의 화해를 요청하다.

10월, 명지대 등에서 행한 미학 강의를 한데 모은 《예감에 가득 찬 숲 그늘》(실천문학사)이 출간되다.

12월, 시선집 《꽃과 그늘》(실천문학사)이 출간되다. 이 무렵 '겸손하게 열심히 일한다'

는 뜻의 '노겸勞謙'이라는 아호를 쓰다.

2000년(60세)
1월, 민족문학작가회의 자문위원으로 추대되다.
2월, 문화운동에 대한 담론을 모은 《옛 가야에서 띄우는 편지》(두레)가 출간되다.

2001년(61세)
5월 4일, 민족문학작가회의가 서울 시청 앞에서 주도한 '박정희기념관 건립 반대 일인 시위'에 참가하다.
9월, 인터넷 신문 《프레시안》에 회고록 〈나의 회상, 모로 누운 돌부처〉가 연재되기 시작하다.
12월, 학고재화랑에서 '미의 여정, 김지하의 묵란'전을 열다.

2002년(62세)
7월, 회고록 〈나의 회상, 모로 누운 돌부처〉가 제2부부터 《월간중앙》에 동시에 연재되기 시작하다.
5월, 시 〈백학봉白鶴峰〉으로 제14회 '정지용문학상'을 수상하다.
10월, 《김지하 사상 전집 1·2·3》(실천문학사)이 출간되다.
11월, 시집 《화개花開》로 제17회 '만해문학상'과 제10회 '대산문학상'을 수상하다.

2003년(63세)
1월, '붉은 악마'와 '촛불 시위'에 관한 수상을 담은 산문집 《김지하의 화두―붉은 악마와 촛불》(화남)이 출간되다.
　　　문학강연 및 대담집 《사이버 시대와 시의 운명》(문학동네)이 출간되다.
4월, 수묵시화첩 《절, 그 언저리》(창작과비평사)가 출간되다.
6월, 시 〈절, 그 언저리〉로 제11회 '공초문학상'을 수상하다.

* 이 연보는 《김지하 사상 전집 1》의 〈김지하 연보〉(이승철 정리)에서 발췌한 것입니다.